复旦大学新闻学院高峰学科建设经费资助出版

新媒体技术下的
医患报道改进研究

Research on Improving Doctor-Patient Reporting
under New Media Technologies

王晓虹 著

上海交通大学出版社
SHANGHAI JIAO TONG UNIVERSITY PRESS

内容提要

本书基于框架理论视阈,从文本框架、新闻生产框架、受众接受框架三方面考察了我国医患报道,从个人层次、媒介常规层次、组织层次、跨媒介和社会/制度层次、社会系统层次五个层面剖析了医患报道的新闻生产框架的转变因素,并结合新媒体技术的发展趋势,从媒体、医院、公众和政府四个层面提出了医患报道的改进策略。

本书适合新闻传播从业人员以及研究人员参考阅读。

图书在版编目(CIP)数据

新媒体技术下的医患报道改进研究 / 王晓虹著 ——
上海:上海交通大学出版社,2023.12
ISBN 978-7-313-29893-5

Ⅰ.①新… Ⅱ.①王… Ⅲ.①医患关系-新闻报道-研究-中国 Ⅳ.①G212

中国国家版本馆 CIP 数据核字(2023)第 252595 号

新媒体技术下的医患报道改进研究
XINMEITI JISHU XIA DE YIHUAN BAODAO GAIJIN YANJIU
....

著　　者:王晓虹
出版发行:上海交通大学出版社　　　　　地　　址:上海市番禺路 951 号
邮政编码:200030　　　　　　　　　　　电　　话:021-64071208
印　　刷:苏州市古得堡数码印刷有限公司　经　　销:全国新华书店
开　　本:710mm×1000mm　1/16　　　印　　张:15.25
字　　数:233 千字
版　　次:2023 年 12 月第 1 版　　　　　印　　次:2023 年 12 月第 1 次印刷
书　　号:ISBN 978-7-313-29893-5
定　　价:69.00 元

序 一

读书读到博士,应该学以致用,为社会做些贡献。

前几年网上流行一篇调侃短文《饱学之士》讽刺中国博士不会说人话,满腹专业名词,迂腐呆傻。的确,中国有少数博士对社会和民众疾苦不关心,沉浸在书斋里,不了解社会,不了解人情,不了解中国问题,只会读书,玩弄概念。

新闻传播学是一门实践性学科,它应该关注社会性问题,回答、解决社会问题。我们讲的深奥知识、概念不应该仅停留在一个知识分子的小圈子内互相捧场,而应该让菜场大妈也能懂,让社会底层民众也能懂,这不仅仅是一种学术修养,更是一种社会责任。我们应该具备这样一种责任感,让社会因为我们的存在而变得更好!

所以,好的研究应该做到以下三点。

一要心系民众疾苦。好的研究除了应具备理论意义、理论价值之外,更应该关注其社会价值,也就是应该心系民众疾苦,解决社会实际问题。读书读到博士,如果不关心底层民众的苦难,那这博士读得还有什么意义呢?一位好学者,首先应该富有悲悯心,他同情普罗大众,关心民生苦难,他希望通过自己的研究和探索能解答一些问题、改善一部分人的生活、让社会变得更好。

二要有问题意识。有了对民众苦难的悲悯心,有了对某个社会问题的深入了解,一个好的研究应该能够发现问题、提出问题。问题意识是一个好研究的生命,这个问题能否切中要害,能否抓住本质核心是关键。能否提出恰当的问题,考验着研究者对该领域的观察力、洞察力和理解力。问题是支撑起整篇研究的关键,整篇研究应该沿着"发现问题—回答问题"的思路迸发。

三要甘于潜心一线。有了关心民众疾苦的发愿,有了合适的研究问题,接下来需要脚踏实地寻找答案,怎么干? 要甘于潜心一线,回到现实生活中去,回到田野一线,体验生活,观察事物,其中涉及研究者的人际交往能力、对问题的观察力、对理论把握的能力、对线索思考挖掘的能力,以及毅力和恒心。

所幸,我指导的博士生王晓虹的医患报道研究做到了以上三点。

她关注的是急需解决的医疗问题。医疗问题、医患关系是近年来的重大民生问题,几乎涉及我们每一个人。王晓虹在 2016 年博士生入学面试时就提出要研究医患关系报道,并作了研究计划,等到了博士开题时,她仍然不忘初心,提交了关于医患报道的开题报告,说明她在这方面是有使命感的。

本研究找到了医患报道领域内有意义的研究问题。本研究比较可贵的地方在于作者发现了一个有趣的现象,那就是医患报道的报道倾向的转变,并基于此,提出了一个有意义的研究问题,即:医患报道的报道倾向为何会发生转变?

研究问题很关键,也不是能随便提出的,没有经过深入考察,提出的问题就会很浅,甚至是个伪命题。王晓虹在这方面是做了投入的。2018 年夏天,她做了 380 篇医患报道的内容分析,从数据结果中,她发现一个隐秘现象:我国医患报道的报道倾向发生了转变。为了验证这个发现,她又查找了大量文献资料,发现其他学者的研究结果也支持她的观点,但是,到底是什么原因导致医患报道倾向发生了转变呢? 她翻阅了国内外相关文献,找不到答案,于是这个小小的研究空白就成为她的研究切入点,她的整篇论文就围绕这个问题展开。

作者深入田野扎根医院一线调研。实践性研究一定不能只在文献堆里进行,那种从头到尾待在图书馆里码出的论文必定没有深入一线的研究富有生命力。王晓虹为了调查清楚问题的原因,通过各种关系,访谈了新闻业界近二十位医疗卫生条线记者、编辑、副主编,她还在上海同济医院担任医院满意度调研志愿者,每周去同济医院给门诊病人做满意度问卷调查,或者是打电话给出院病人做电话问卷。她在医院蹲点了近一年,从田野一线获得了大量宝贵的一手资料。

读的书愈多,愈亲近世界,愈明了生活的意义,愈觉得生活的重要。研究不能跳脱于生活本身,读书做学问最终是为了让社会更好,让人们更幸福。与大家共勉,是以为序。

复旦大学新闻学院教授、博士生导师
刘海贵

序 二

谈到医患矛盾,几乎人人有感可发。人非圣贤,岂能无疾?而一旦有求于医,则或因言语不和而生愤懑,或为病痛消除而萌感激。小者可成饭后谈资,大者用为媒体资讯。

我也曾患病、求医、吃药、打针,碰到庸医同样皱眉,幸逢高手也会庆幸。我也曾阅读有关新闻,读到违理之时,不禁拍案而起;听到感人之处,也会落泪动情。

正因有诸如此类的种种亲历,当翻开王晓虹博士所著《新媒体技术下的医患报道改进研究》一书时,倒是立刻有了三分亲切、五分熟稔。同时也来了兴趣:医患矛盾,平凡普遍。这个大众面临的日常问题,是如何以洋洋洒洒的十五万文字,成就为一种研究成果的呢?

人说,倘若选题奇巧,文章便成功了一半。此话不虚。

初看本题,似乎属于社会学范围。然而作者只是虚晃一枪,却另辟蹊径,从新闻学的腹膈单刀直入。将社会问题通过框架理论搭建成一种跨学科研究的宽阔舞台和医界、记者、舆情互相交织的多维天地,于是,似乎在不经意间,一座人间世的普遍社会问题与新闻学的理论融合交汇的大厦,巍然问世。

生活之树常绿,而理论总是灰色的。

本书原为博士论文。论文理论的抽象,总是"高处不胜寒"的,往往使许多非本行读者望而却步。然而,本书行文却另有一功:从第二章开始,作者采用多种手段展示自己的采访方法和技巧,让读者从中窥探到许多难得的生动材料。依靠这些,作者又以"思维导游"的本领,把读者带入事件发生的具体情境之中和新闻交集的风口浪尖之上,俯仰颠簸,感同身受。

书中涉及的许多具体的方法和技巧,乃至社会新闻采访中的一些敏感问题,都是外行人说不出来、本行人却不大愿意说、即使说又不一定说得清楚的问题。作者在字里行间频频拾贝,分门别类,从容呈现,中肯论列,给读者以新闻专业的启发、引导与熏陶。这一切,对于初入此道的年轻记者,都不啻为一种有益的业务指南。

如果说,文学习惯将"真事隐去"提供"假语村言",那么,新闻学则必须以其真实可靠的详尽数据,给人以事实与信服。前者以虚为根,后者以实为美。

考察本书,无论其坐标图示还是统计表格,都充满了科学的实证精神。其材料选择之精湛、段落铺排之逻辑,处处给人以折服与信赖。我花了不少工夫考校数据、检视坐标,想从中找出某些瑕疵与纰漏,然而一一徒劳而返。可见作者功夫之深入、行文之谨慎。

此外,由于本书从医生、记者和舆情提出了医患矛盾发生、发展乃至消融的轨迹,线索清晰、判断明了,于是,给其他诸如教育、卫生、体育等领域的相似问题的研究,提供了可资借鉴的路径与方法。因此,此书对于从事相似领域研究的同仁,亦不失为由此及彼的样板和参考。

作为一个曾经教授过新闻课程的老师,我觉得这是一本有论有据的好书,值得向新闻界的朋友们推荐。

是为序。

上海大学教授

李白坚

目　录

第一章

绪　论

第一节　研究对象与研究路径

国家卫健委医政医管局在第二届中国医患关系高峰论坛上公布数据:2000年以来,医疗纠纷呈现数量连续递增的高发态势,2002年至2012年的十年间,全国医疗纠纷数量增长了10倍,2013年达到12.6万件[①]。中国医师协会发布的2018年《中国医师执业状况白皮书》称:"62%的医师认为执业环境没有改善,50%的医护人员认为工作没有得到社会认可,66%的医师经历过不同程度的医患冲突,绝大多数为偶尔的言语暴力(51%),且45%的医师表示不希望子女从医。"[②]

需要指出的是,医患关系的紧张可能与媒体的负面医患报道有关。2011年《中国医师执业状况白皮书》指出,有53.7%的医师认为是媒体的负面报道造成医患关系的紧张,2014年该数值上升到了84.31%[③]。在医师界看来,媒体大量的负面医患报道可能促成了人们对医生群体的偏见。

新闻报道通过一套复杂的运作机制建构了人们看待世界的框架,供给并限制了人们对事物的看法和观点,潜在形塑了受众立场[④]。受众通过媒介提供的

① 新华报业网.80%医院有过严重医患纠纷!一年超10万件!听业内大咖们怎么说[Z/OL].(2018-05-06)[2019-01-02].http://news.sina.com.cn/o/2018-05-06/doc-ifzfkmth9680586.shtml.

② 中国医师协会.2017中国医师执业状况白皮书[R/OL].(2018-01-10)[2018-10-23].http://www.cmda.net/rdxw2/11526.jhtml.

③ 中国医师协会.2017中国医师执业状况白皮书[R/OL].(2018-01-10)[2018-10-23].http://www.cmda.net/rdxw2/11526.jhtml.

④ 塔奇曼.做新闻[M].北京:华夏出版社,2008.

框架来看待并理解这个世界,而媒介却像探照灯一样,选择性地挑选并照亮有可能崭露头角的部分事件,通过对内容的选择性呈现,以及对呈现方式的精心编排和组织,建构起一套媒介框架。加上受众本身对某现象、群体抱持某种无法避免的刻板印象,而媒介提供的对这个世界的某种描绘图景又不断加深受众的该偏见,循环作用并强化受众头脑中的刻板印象①。根据李普曼的观点,媒介提供的医患负面报道可能建构、加深、强化了受众头脑中对医生群体的负面刻板印象,从而恶化了医患关系。

医患关系是一个影响范围较广的议题,该议题也具有一定的现实意义和紧迫性,且该问题被证明可能在一定程度上与大众媒介的负面医患报道有关。因此,医患报道是一个较有价值的新闻传播学研究议题。

接下来确定研究路径,即通过哪几个维度探索"医患关系报道"。我们认为适合的研究路径需要满足以下几个条件:①有内容分析的板块,用以梳理医患报道的文本特征,确定医患报道文本特征的变化趋势。②有对新闻生产过程的考察,从新闻生产机制上来考察医患报道为何会呈现出某种文本特征,哪些力量左右并确定了其文本特征。③有对受众态度的考察,旨在考察受众是如何看待和接受医患报道的。

在明晰了研究路径所需具备的条件之后,笔者认为框架理论的分析维度比较适合搭建此研究路径,框架理论的研究路径主要分为三个维度,第一个维度是探索报道的文本框架,以揭示一段时期内报道的总体情况,更重要的是确定报道倾向的变化发展过程。框架分析的第二个维度是对新闻生产框架的考察,以确定在报道的新闻生产过程中存在哪些框架,且这些框架对医患报道倾向产生了什么样的影响,其中有哪些框架起了主导作用。框架分析的第三个维度是对受众框架的考察,以确定受众在阅览报道时的接受框架,且哪些因素影响了受众框架。

本书从框架理论来考察医患报道,研究视角的关注点稍区别于一般框架理论路径。一般框架理论的研究关注点在于剖析"框架"特征,重点描述报道文本、新闻生产、受众接受过程存在哪些框架,以及考察这些框架的具体表现形式、特点和缺陷等。本书重点关注医患报道倾向的变化过程,借助框架理论分

---

① 沃尔特·李普曼.公众舆论[M].阎克文,江红,译.上海:上海人民出版社,2006.

析路径,重点关注医患报道倾向的变化规律和变化原因,并在此基础上提出改进策略。

需要指出的是,本书对框架理论的运用可能是对框架理论的发展,表现于挖掘框架理论在某个具体框架上深度运用的可能性。一般框架理论研究路径将框架理论视为既有的研究结论来使用,从横向上发展新闻报道的框架类型、比较框架异同、分析框架特点、总结框架意义,并重复验证"媒介作为一种框架""媒介提供框架"等既定结论。本书关注医患报道倾向框架的变化趋势及变化原因;分析医患报道倾向框架变化趋势、特征;探索新闻生产框架中各类因素和报道倾向之间的互动关系。比起一般框架分析研究路径,本书更关注某一个具体框架发生的变化及规律。通过图 1-1 呈现本书与一般框架理论分析路径的区别与联系。本书结构示意图如图 1-2 所示。

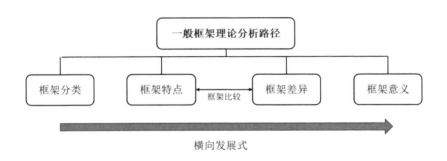

图 1-1　一般框架理论分析路径示意图

第二节　理论准备与研究问题

框架理论是本书的分析框架与分析路径,搭建起全书的分析脉络。因此,文献综述部分将围绕框架理论展开,并结合实际提出研究问题。

一、框架理论的脉络回顾及评述

(一)框架概念的源起、定义及内涵演变评述

框架概念最早来源于心理学,由心理学家雷戈里·伯特森(Gregory

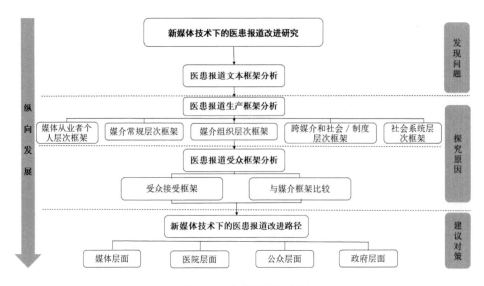

图 1‐2　本书结构示意图

Bateson)提出,伯特森指出,人的言语包含两种不同抽象层次:一种是语言,称为"元语言";另一种是"元传播",即人们表达"元语言"的框架。在伯特森看来,框架是制作信息和理解信息的规则,框架用来确定包含一些信息并且排除另一些信息[①]。认知心理学家卡尼曼(Daniel Kahneman)和特维斯基(Amos Tversky)将框架视为认知"基模"(schema),当人们在提取对某一时间的记忆时就会不自觉地启动基模,而基模就成为认知事物的诠释基础[②]。心理学中讨论的框架是一种人们在认知世界过程中运用的认知结构,认知结构以"基模"的形式储存在记忆系统中,心理学关注的是人们的认知结构(认知基模)有何特点且从何而来。目前,在心理学界普遍较为接受的观点认为,人们头脑中的认知基模来自人们过去的生活经验,尤其是儿童时期在原生家庭中获得的生活体验和观念。可以说,心理学关注的是人们头脑中的框架是什么、怎样的且从何而来的问题。

---

① GREGORY B.A theory of play and fantasy:a report on theoretical aspects of the project of study of the role of the paradoxes of abstraction in communication[J].Psychiatric research reports,1955,12 (2):39-51.

② 万小广.论架构分析在新闻传播学研究中的应用[J].国际新闻界,2010(9):6-12.

社会学家借鉴了心理学的认知基模概念,并将其运用到人对社会场景的解释中。第一个将框架理论引入人文社会学的学者是戈夫曼(Erving Goffman),在其 1981 年的著作《框架分析:关于经验组织的一篇论文》(*Frame Analysis: an Essay on the Organization of Experience*)中首次将框架概念引入社会人文领域,戈夫曼讨论了框架分析的基本原理,即情境是如何被认知框架定义的[①]。戈夫曼从人们如何定义情境出发,分析框架认知在定义情境过程中的作用,并在此基础上,提出了著名的"拟剧理论",指出人们在不同的情境中采取不同的角色策略。在戈夫曼看来,"拟剧理论"的核心问题之一就是人们如何定义、识别不同情境。在戈夫曼看来,回答这个问题的关键在于"框架"——即人们是通过借助过去生活经验凝练形成的"认知框架"来对情境进行定义和识别。戈夫曼指出,框架是人们解释生活环境的认知范式:"人们基于一定的框架对现实生活进行解释……人们借助框架以'明确、认知、辨认、标识'(locate, perceive, identify and label)事件和信息。"[②]戈夫曼运用了心理学领域的"认知基模"概念,阐述人们在社会环境中是如何通过运用"认知基模"(戈夫曼将其称为"框架")来识别社会情景,并决定扮演何种角色。

部分前人研究在其文献综述中阐述是戈夫曼把框架理论引入了新闻传播学领域,但经过细考,确切地说戈夫曼并没有把框架理论直接引入新闻传播学领域,而是把心理学范畴的框架概念引入了社会学领域,从人如何定义社会情境出发探讨框架的含义和作用。

戈夫曼认为,所有客观现实都必须经过人们主观转换才能成为人们的认知对象。由于人们对事物的认知过程都是主观的,这个转换过程就显得格外重要,每个人都有一套转换符号,这套转换符号,或者可以称为转换模式,就是认知框架。"一切现实符号需要经过认知符号的加工,才能被人们主观认识。"[③]于是,调音(keying)成为框架分析的核心概念,因为调音涉及框架的组合过程,

---

① GOFFMAN E. Frame analysis: an essay on the organization of experience [J]. Contemporary ontemporary sociology-a journal of reviews,1981,10(1):60-68.
② GOFFMAN E. Frame analysis: an essay on the organization of experience[M].Boston:Northeastern University Press,1986.
③ GOFFMAN E. Frame analysis: an essay on the organization of experience[M].Boston:Northeastern University Press,1986.

调音涉及人们赋予行为以不同意义的组合形式。

至于框架的来源,戈夫曼认为框架的形成同时受到社会环境和个体主观经验的共同作用①。那么,哪些事物可以大量且持续不断地提供人们以社会经验和社会文化意识呢?

大众媒介! 大众媒介提供了人们认知世界、周遭事物的主要信息,也大量提供了人们认知世界的原因、解释和思考方法,可以说,新闻媒介在很大程度上扮演着提供人们认知周遭环境的中介。沿着"人们通过媒介来大量获取环境图景"路径,框架概念开始正面遭遇了新闻媒介,沿着这一脉络,新闻传播学者开始把框架概念引入了新闻传播学。

那么,新闻媒介本身是否存在着框架呢? 答案无疑是肯定的,新闻媒介本身存在着框架,而媒介提供的框架又不断形塑人们的认知框架。因此,对媒介框架的来源和形成的考究无疑具有了必要性。至此,戈夫曼提出的"初始框架"概念(primary frameworks)逐渐成为新闻传播学领域的一个重要研究概念②。

在新闻传播学领域,媒介框架概念的内涵发展经历了一个从"限定边界"向"限定意义"的转变过程。

作为选择和突显的媒介框架。吉特林是最早对媒介框架下定义的学者之一,吉特林(Todd Gitlin)在《新左派运动的媒介镜像》一书中指出媒介框架(media frames)是"认知、解释和表达的连贯模式"③"媒介框架就是选择、强调和表达的原则"④"框架是选择性的呈现,强调与排除"⑤"框架涉及对事物的存在、意义、价值这类根本问题的选择及呈现规则"⑥。以上论述表明,媒介框架理论在早期主要强调的是"强调现实的某些方面,同时忽略另外一些方面"⑦,关注的核心问题是媒介挑选并强调了哪些信息、剔除遮蔽了哪些信息。吉特林把媒介框架视为媒体工作者选择、组织、呈现事物的稳定且长期的架构。

① 郭佳丽.东方卫视医患关系新闻报道研究(2012-2014)[D].上海:华东师范大学,2006:15.
② REESE S D,Gandy O H,Grant A E. Framing public life[M].Mahwah:Erlbaum,2001.
③ 托德·吉特林.新左派运动的媒介镜像[M].张锐,译.北京:华夏出版社,2007.
④ 托德·吉特林.新左派运动的媒介镜像[M].张锐,译.北京:华夏出版社,2007.
⑤ GITLIN T.The whole world is watching[M].Berkeley,CA:The University of California Press,1980.
⑥ 托德·吉特林.新左派运动的媒介镜像[M].张锐,译.北京:华夏出版社,2007.
⑦ LAWRENCE R G.Game-framing the issue:tracking the strategy frame in public policy News[J].Political communication,2000,17(2):93.

　　作为评价和解释的媒介框架。继承吉特林的媒介框架概念并稍作发展的是恩特曼(Entman)，恩特曼对媒介框架的定义非常简洁："媒介框架包含对社会现实的某些方面加以选择和凸显"[①]，这与吉特林对媒介框架概念的描述基本一致，恩特曼仍在此基础上作了进一步发展，指出媒介框架除了强调、突显某一议题或事实之外，还需提供"道德评估、原因推论、意义解释、处理方式的建议"[②]，恩特曼认为，框架除了确定读者"看什么"，还需要通过提供原因、意义确定读者"如何看"的问题；甚至通过提供建议，诱发读者的潜在行动。从概念的含义来看，恩特曼进一步扩大了媒介框架的内涵。

　　作为一种中心思想的媒介框架。这一阶段的代表人物是甘姆森(Gammson)和谭克达(Tankard)。甘姆森视框架为"既是形式也是内容"[③]，作为一种内容框架，在甘姆森看来框架即"新闻内容的中心思想"[④]，"为一系列故事提供中心意义"[⑤]，"类似于心理学的基模概念，为人们提供一系列组织事物的原则"[⑥]。他将媒介框架分为两个层面，"边界"(boundary)和"架构"(building frame)。"边界"类似于吉特林的媒介框架的"选择、强调、表达原则"和恩特曼的媒介框架"选取、突出"内涵，是指媒介通过选取、强调报道对象、报道角度和报道内容来框架读者的视野，只有进入媒介曝光范围的事物才有可能被人们感知。"架构"是从媒介提供的事物意义和原因来框定人们认知事物的角度，媒介框架不仅限定表达范围还框架表达的意义。"架构"概念类似恩特曼提出的媒介框架的"定义问题、判断原因、提出解决之道"。谭克达(Tankard)

---

①　ENTMAN R M.Framing:toward clarification of a fractured paradigm[J].Journal of communication，1993，43(4):51-58.

②　ENTMAN R M.Framing:toward clarification of a fractured paradigm[J].Journal of communication，1993，43(4):51-58.

③　臧国仁.新闻报道与真实构建:新闻框架理论的观点[C].政治大学传播学院，传播研究集刊，1998(12):36.

④　GAMSON W A，et al.Media&the social construction of reality[J].Annual Review of Sociology，1992(18):373-393.转引自臧国仁.新闻媒体与消息来源——媒介框架与真实建构之论述[O/ML].台北:三民书局，1999.

⑤　GAMSON W A，MODIGLIANI A. The changing culture of affirmative action[J]. Research in Political Sociology，1987(3):143.

⑥　GAMSON W A，et al.Media&the social construction of reality[J].Annual Review of Sociology，1992(18):373-393.转引自臧国仁.新闻媒体与消息来源——媒介框架与真实建构之论述[O/ML].台北:三民书局，1999.

同样将媒介框架描述为"通过选择、强调、凸显、排除等规则方式呈现新闻事件的主题思想"①。"框架理论与第二层议程设置理论内涵是相同的,即媒介通过选择和突显影响人们对事情重要性的看法,还告诉人们如何去想。"②媒介框架理论开始被认为不仅限于建构人们认识哪些事物,还限定人们如何认识事物。

至此,媒介框架的内涵从最初限定"看什么"发展到决定"怎么看"。从早期作为"选取和突显"意涵,再到作为"评价和解释"意涵,再到作为"一种中心思想"意涵,媒介框架理论的内涵不断发展扩大。早期媒介框架被视为一种"镜头",选择呈现一部分事物,排除另一部分事物,框定了事物的呈现边界。这时期的媒介框架概念属于相对静态性的概念,媒介框架被视为限定边界的镜头,更强调媒介框架限定人们"看什么"的问题。发展到后期,媒介框架理论开始向"中心思想""思考架构""原因提供""价值判断"等意义层面发展,强调媒介框架限定人们"如何看"的问题。

作为一种个体认知过程的媒介框架。这一阶段的代表人物是诺里斯(Norris)、甘斯(Gans)、潘忠党等。诺里斯从记者认知角度出发,将媒介框架定义为记者在进行新闻生产时的个人预设图式③。甘斯指出,媒体框架是媒体从业者在新闻生产过程中惯常使用的方式,包括认知事物、挑选素材、阐释方式等④。潘忠党和科西奇把媒介框架理解为媒介工作者在回忆信息、使用信息、解释信息过程中使用的认知图式,"是符号工作者长期组织言说(包括口语和视觉)过程,以选择、强调和排除等方法,长期形成固定的认知、解释与呈现形态。"⑤这一阶段的媒介框架理论回到了认知心理学,从媒体生产者个体出发,关注媒体生产者的个人认知图示及其框架符号对新闻产品可能产生的框架限定。

这一阶段媒介框架研究与之前的不同在于:之前媒介框架研究关注的是新

① DAVID H W.Thoughts on agenda setting,framing and priming[J].Journal of Communication,2007 (57):142 - 147.
② 夏倩芳,张明新.新闻框架与固定成见:1979—2005 年中国大陆主流报纸新闻中的党员形象与精英形象[J].新闻与传播研究,2007,14(2):29 - 41.
③ NORRIS P.The restless search light:network news framing of the post-cold war world[J].Political Communication,1995(12):357 - 470.
④ GANS H D.eciding what's news[M].New York:Harper and Row,1979.
⑤ 潘忠党.架构分析:一个理论亟需澄清的领域[J].传播与社会学刊,2006(1):17 - 46.

闻报道的框架,即从语言学和符号学角度考察新闻文本的媒介框架;而此阶段媒介框架研究更关注新闻生产者,即记者个人的框架,更加偏向心理学视角。从对报道文本语言上的关注,转向对背后新闻生产者的心理的关注,这是媒介框架理论发展脉络方向性上的转变,这一转向非常重要,因为从新闻文本转向了对生产者的关注,从媒介呈现转向了对新闻生产过程的关注,开启了媒介框架研究的新面向。

（二）框架理论的哲学基础

框架理论的哲学基础源于社会建构主义,建构主义关注知识的生产过程,主张知识的生产是一个动态建构的过程。有学者指出,社会建构主义实际是一种视角——关注知识在社会中是如何产生的视角。"尽管社会建构主义思想纷纭,但社会建构主义理论实质是对知识进行发生学的研究,即从社会生产过程的角度研究知识……社会建构主义是一种关于知识是如何生产的哲学思想,这种思想提醒我们在知识的生产或建构过程中了解知识。"[①]

建构主义的核心问题是:知识是如何被生产出来的。建构主义从互动决定论的立场出发,试图打破单向决定论,从多元共同建构视角,考察知识生产过程。社会建构主张事物的发展和衍变是全社会共建的结果。

对于社会建构主义,哲学界有一个相对比较公认的判断:"建构主义是社会科学家阻止后现代主义潮流的理念"[②]。建构主义区别于现代主义,也不是后现代主义。建构主义从建构的角度来看待知识的发生,它不把知识的发生看作一个既定的结构,而重在强调结构的可变性和建构性;同时,它也不像后现代主义那样从解构的视角来看待知识,消解现代性的主体性根基。建构主义把知识看作全体人类智慧的结晶,是一个动态建构的过程,这个过程中有冲突、协商和融合,在交互式动态嵌入、互为建构的过程中产生知识:"温和的社会建构主义观点认为社会要素形成了对世界的解释。激进的社会建构主义认为,世界或其某些重要部分,在某种程度上是理论、实践和制度的建构。社会建构主义虽具有不同的形式,但其共同特点是某些领域的知识是我们的社会实践和社会制度

---

① 安维复.社会建构主义:后现代知识论的"终结"[J].哲学研究,2005(9):60-67.
② 安维复.社会建构主义:后现代知识论的"终结"[J].哲学研究,2005(9):60-67.

的产物,或者相关的社会群体互动与协商的结果。"①

　　建构主义主张知识生产过程的动态性。这里有两个关键点:①建构主义主张建构知识因素的多样性,即知识不是被某一项因素单独决定的。"分析哲学看来,'意义'决定一切;在功能主义看来,'功能'决定一切;实用主义看来,'效用'决定一切;解释哲学看来,'理解'决定一切;技术主义看来,'技术'决定一切;存在哲学看来,'存在'决定一切。"②建构主义否定这种单一决定因素,主张知识是全体人类智慧的结晶。②建构主义主张知识的建构过程是互动性的。"社会建构主义强调知识生产的建构性,因而有效抵御了本质主义和客观主义……它强调知识建构的社会性,因而有效抵御了个人主义和心理主义……它强调对知识进行社会建构的辩证性,因而有效抵御了绝对主义和各种决定论。"③在建构过程中各种因素之间互相作用、互动,通过冲突、协商、融合的建构过程,多因素彼此影响作用。

　　建构主义的真理观是动态且建构的,建构主义的真理观孵化培育了建构主义的基本主张。建构主义不赞成后现代主义坚持的不存在任何绝对真理。在建构主义看来,真理是存在的,却是"集体智慧的结晶",同时也区别于现代主义主张的纯净的、绝对的真理观。可以说,建构主义是继现代主义、后现代主义之外的第三条道路。

　　从建构主义的立场来考察新闻传播学,其中涉及的"知识建构"这一关键问题至少涉及两个层面:①新闻生产过程如何生产新闻知识。②新闻报道如何作为知识来源建构受众的知识框架。前者考察的是新闻报道及各类媒介产品的知识在新闻生产过程中是如何被建构生产出来的,它考察的是新闻知识的来源和建构过程。后者考察的是作为知识的新闻报道又是如何被受众接纳,成为受众知识体系的一部分。

　　在新闻知识的生产过程中,有一个关键问题就是知识真实性问题,从建构主义立场来看,真实性问题涉及三个层面:客观社会真实、符号社会真实、主观

①　杜涛.框中世界:媒介框架理论的起源、争议与发展[M].北京:知识产权出版社,2014.
②　安维复.社会建构主义:后现代知识论的"终结"[J].哲学研究,2005(9):60-67.
③　安维复.社会建构主义:后现代知识论的"终结"[J].哲学研究,2005(9):60-67.

社会真实①。客观社会真实是指独立于人意识之外的客观现实；符号社会真实是指通过符号表现呈现出来的世界样貌；主观社会真实是指存在于人头脑之中的世界景象②。而新闻报道构筑的真实属于符号社会真实的范畴，参与建构人们的主观真实。媒介的符号真实的建构过程并不是如实照搬现实真实，而是对现实真实的选择性呈现，甚至是对现实真实进行改写和再现的过程。臧国仁指出新闻并不是呈现世界本来的模样，而是通过媒介符号对世界进行了选择性呈现与表达，有时甚至是重构③。新闻媒介机构通过对报道对象的选择、报道议题的选定、新闻图片的选择和呈现、消息来源和采访对象的选择、观点比例的安排、正反意见的篇幅和位置排布等，将社会真实通过新闻生产转化为媒体的符号真实。

既然社会建构主义的核心问题是考察知识的来源，那么延续其哲学思想的媒介框架理论的核心问题即考察新闻知识从何而来。具体而言，这个大问题可以拆分为两个小问题：①哪些因素制约限定并生产了新闻知识；②各种因素通过何种规则来生产新闻知识。从社会建构主义视角来看，新闻知识的生产是一个由多种因素共同建构的过程，断不是一个由既定的、纯粹的、静止的框架导致的，必须注意这个框架是多因素的、多变的、动态的，这是我们从建构主义得到的一点启示。

（三）媒介框架的研究路径

目前绝大部分媒介框架研究主要集中于媒介文本框架层面，部分研究聚焦于对某新闻专题或新闻事件进行框架分析④，一些研究选取若干媒体，分析比较几家媒体的文本框架差异，⑤另有研究关注不同框架对传播效果的影响⑥。

实际上媒介框架研究应该涉及三个层面，除了媒介文本框架之外，还有新

① 钟蔚文.从媒介真实到主观真实——看新闻，怎么看？看到什么？[M].台北：中正出版社，1992.转引自王光悦.媒介报道之政策议题类型与其框架之研究[D].台北：政治大学，2005：17.
② 郭佳丽.东方卫视医患关系新闻报道研究（2012－2014）[D].上海：华东师范大学，2006：17.
③ 臧国仁.新闻媒体与消息来源：媒介框架与真实建构之论述[M].台北：三民书局，1999.
④ ENTMAN R M.Framing：toward clarification of a fractured paradigm[J].Journal of Communication，1993，43（4）：51－58.
⑤ SEMETKO H A，VALKENBUR P M. Framing european politics：A content analysis of press and television news[J]. Journal of Communication，2000，50（2）：93－109.
⑥ CHYI H I，MCCOMBS M E. Media salience and the process of framing：coverage of the columbine school shootings. Journalism and Mass Communication Quarterly，2004，81（1）：22－35.

闻生产框架和受众框架。恩特曼将框架分析、话语分析、新闻传播学三个领域衔接起来：框架(frame)对应话语分析的"话语"概念，对应新闻传播学的媒介内容研究，即关注媒介文本层面。框架化(framing)对应话语分析的"话语建构"概念，对应新闻传播学的媒介生产研究，即关注媒介框架的建构层面。框架效果(framing effect)对应话语分析的"话语接收"概念，对应新闻传播学的效果研究，即关注框架的接受层面①。但后两者框架在目前研究中几乎被忽略。

对媒介文本框架的研究方法的分类，在学界比较公认的来自学者臧国仁。20世纪90年代，新闻框架研究开始将重心转移到语言学，着力对媒介文本进行探究，臧国仁称之为框架理论的"语言学转向"。臧将框架理论研究分为高、中、低三个层次：高层次结构指报道的主题等；中层次结构指对事件的归因、评价等；低层次结构报道中指句、词、字的运用②。

具体而言，新闻框架的文本研究路径分为四种："谭克达的'框架清单'分析取向，潘忠党的'论述结构'分析取向，甘姆森的'诠释包裹'分析取向，梵·迪克(Van Dijk)的'批判论述'取向。"③

1. 框架清单

谭克达提出了框架清单法，以揭示新闻文本中所透露出的"涵义"框架④，并提出框架清单的11个指标：大标题和小标题；副标题；照片；图片说明；导语；新闻源；引用；醒目引文；标志(文章所属的特别系列图标)；统计数字和图标；文章的推论或短评。此方法考察新闻框架如何通过选择、剔除等方法来建构新闻

① SCHEUFELE D A，TEWKSBURY D. Framing，agenda setting，and priming：the evolution of three media effects models[J]. Journal of Communication，2007，57(1)：9－20. 转引自党明辉.公共舆论中负面情绪化表达的框架效应——基于在线新闻跟帖评论的计算机辅助内容分析[J].新闻与传播研究，2017(4)：41－63.

② 臧国仁.新闻媒体与消息来源——媒介框架与真实构建之论述[M].台北：三民书局，1999.转引自颜梅、庄剑锋.框架理论视野下的电视法制新闻报道研究——以"药家鑫案"的报道为例[J].国际新闻界，2012(8)：61－66.

③ 孙彩芹.框架理论发展35年文献综述[J].国际新闻界，2010(9)：18－24＋62.

④ TANKARD J W.The empirical Approach to the study of media framing.In.REESE S D,. GANDY O H，GRANT A E. Framing public life：perspectives on media and our understanding of the social world[M].New Jersey：Erlbaum，2003.

文本的核心观点①。框架清单比较适合于对某一议题的报道文本展开研究,比如医患报道。它通过建立框架目录,然后制定目录及其每项类目的定义和内涵,将某一类议题报道文本的某一特征归类到某一框架目录的某一类目中。

2. 论述结构

论述结构分析取向的代表人物主要有潘忠党,该取向沿袭梵·迪克的新闻话语分析路径,按照微观命题和宏观命题,将新闻文本进行拆解和归类②。此方法比较适合于对某一事件的个别报道案例进行深入的文本分析,如果对某一议题的大量报道作话语分析,则难以将话语分析结果进行整合。

3. 诠释包裹

甘姆森提出的"媒介包裹"分析法同样把框架分析作为一种话语进行分析,甘姆森的"媒介包裹"用"诠释包裹"(interpretive package)和"信号矩阵"(framing devices)对报道文本进行话语分析,以"对新闻报道的修辞和叙事进行剖析,揭示新闻报道中的框架建构过程中可以识别的机制。"③"诠释包裹"是"媒介包裹"分析法的核心概念,指文本的中心思想。"信号矩阵"指围绕中心思想而采用的一系列元素,包括隐喻、史例、警句、描述和视觉影像五个象征元素(框架装置),以及原因分析、结果和诉诸原则三个推理元素(推理装置)④。五个象征元素和三个推理元素通过各种组合机制,产生出文本的中心思想(诠释包裹),即文本框架。

4. 批判论述

梵·迪克以认知心理学为取向,采用了心理学的"基模"概念,提出"新闻基模"(news schemata)。梵·迪克采取言说分析,把新闻言说意义分为局部意义和宏观意义,宏观意义类似于语篇中心思想,梵·迪克认为可以从报道标题、报

① TANKARD J W.The empirical Approach to the study of media framing.In.REESE S D,. GANDY O H, GRANT A E. Framing public life:perspectives on media and our understanding of the social world[M].New Jersey: Erlbaum, 2003.

② 潘忠党.架构分析:一个亟需理论澄清的领域[J].传播与社会学刊(香港),2006(01):17-46.

③ 臧国仁. 新闻报道与真实构建:新闻框架理论的观点[C].政治大学传播学院传播研究集刊,1998(12):36.

④ GAMSON W A, MODIGLIANI A. Media discourse and public opinion on nuclear power: a constructionist Approach[J].American Journal of Sociology,1989(95): 1-37.

道摘要、主旨句、结论句来推断①。可以看出,梵·迪克的言说分析对潘忠党等的"论述结构"的提出有着重要影响,潘忠党在梵·迪克批判论述的基础上进一步细化了言说分析法。

从研究现状来看,"框架清单"是目前学界较常使用的框架分析法,作为经典分析方法,其结构性较强,操作简便②。本书也借助于"框架清单"分析法对三大新闻媒体的医患关系报道展开文本框架分析,框架清单法的研究结果可以量化,较易进行对比整合,可以通过制图对比,直观展示研究结果。

与此同时,国内新闻传播学框架研究忽略了另外两个框架层面,即新闻生产框架和受众接受框架。恩特曼指出,除了文本框架,框架还存在于传播者的认知、文本接收者的认知和传播活动与文本流通的社会文化场景中③。臧国仁也指出,框架存在于组织、个人、文本三个层面,都对新闻报道的再现产生影响④。黄旦也指出,新闻生产是框架理论的核心问题,即媒介是如何反映、规范现实的⑤。其他学者也同样指出,"框架分析存在三大研究领域——新闻生产研究、媒体内容研究和效果研究。"⑥潘忠党也发现了这一现象,并用话语概念来描述这三个领域:话语呈现(媒介内容);话语建构(新闻生产);话语接受(受众框架/效果框架)。同时,潘也指出,在新闻传播学领域,学者向来把话语呈现(媒介内容框架)作为框架分析的核心⑦。

对新闻生产框架、受众框架的忽视是目前国内框架分析研究存在的较为显著的问题。而新闻生产框架又非常重要,它揭示新闻报道的中心思想、核心观点是如何被确定的,以及在权力博弈过程中各种因素如何对报道产生影响。鉴于此,本书将医患报道的新闻生产框架作为重点研究内容,力图呈现各种因素在此过程中的互动过程。

---

① 唐闻佳.3·14西藏报道中的国际媒体分化形象分析[J].国际新闻界,2008(5):38-42.
② 王培培.近年新闻传播领域框架理论研究综述[J].青年记者,2009(21):53-54.
③ ENTMAN R M.Framing:toward clarification of a fractured paradigm[J].Journal of communication,1993,43(4):51-58.
④ 臧国仁.新闻报道与真实构建:新闻框架理论的观点[C].政治大学传播学院,传播研究集刊,1998(12):36
⑤ 黄旦.传者图像:新闻专业主义的建构与消解[M].上海:复旦大学出版社,2005.
⑥ 陈阳.框架分析:一个亟待澄清的理论概念[J].国际新闻界,2007(4):19-23.
⑦ 潘忠党.框架分析:一个亟需理论澄清的领域[J].传播与社会学刊(香港),2006(1):17-46.

二、研究问题提出

根据以上理论述评,本书将基于框架理论视野,从医患报道的文本框架、新闻生产框架和受众框架三个维度考察医患报道,并提出医患报道的改进策略。首先,通过梳理医患报道的文本框架,大致勾勒出医患报道倾向的发展过程;其次,通过深入探析医患报道的新闻生产框架,尝试回答医患报道倾向何以发生转变;再次,通过对比受众框架与媒介框架的差异,得出受众接受框架。最后,提出医患报道的改进策略。

因此,本书的核心问题是:在新媒体技术下,在中国国情中,医患报道倾向呈现出哪些变化特征? 其变化的原因是什么? 其改进策略是什么? 它可以拆分为四个子问题:

(1)医患报道是否存在报道倾向上的转向? 如果是的话,那么其报道倾向的阶段性特征是什么?

(2)如果医患报道倾向的确存在转向,那么转向是如何发生的? 在医患报道新闻生产过程中,记者、编辑、医院宣传部分别扮演着什么样的角色,这些角色是如何互动的? 这种互动关系与医患报道倾向的转变有着什么样的内在联系? 媒介技术在其中又扮演着什么样的作用?

(3)如果医患报道倾向的确存在转向,那么受众对医患报道倾向的转变是否察觉?

(4)新媒体技术下的医患报道该如何改进?

其中,第一个问题将在第二章医患报道的文本框架研究中给予回答,第二个问题将在第三章医患报道的新闻生产框架研究中给予回答,第三个问题将在第四章医患报道的受众框架调查中给予分析,第四个问题在第五章新媒体技术下的医患报道改进路径中给予回答。

第三节　分析框架、研究方法、章节安排

一、分析框架及若干重点问题

本书的分析框架按照以下路径展开:医患报道的文本框架——医患报道的

新闻生产框架——医患报道的受众框架——医患报道的改进路径。具体而言，本书通过对医患报道文本框架的分析，勾勒出医患报道的报道倾向的阶段性特征；通过对医患报道新闻生产框架的考察，呈现医患报道倾向的阶段性变化原因及可能的影响因素；通过对医患报道受众框架的调查，确定各类因素对受众框架的影响程度；通过从媒体、医院、受众和政府四个层面的分析，提出医患报道的改进路径。

　　研究时间段的选择对于确定医患报道倾向的变化周期而言是一个重要问题。如果研究时间段太短则无法呈现出医患报道倾向的变化周期过程；如果研究时间段太长，鉴于精力和时间有限，影响研究质量。参考已有的关于医患报道的研究，时间跨度最长的研究是 16 年[①]，最短的是 1 年[②]，我国最早的医患报道研究开始于 1980 年[③]，大量医患报道研究始于 2001 年[④]，其中大部分医患报道研究集中于 2010 年到 2015 年的医患报道[⑤]，相对而言，近 3 年（即 2016—2018 年）的相关研究较少。

　　因此，本书取折中方案，选取 2011—2018 年共 8 年的医患报道。2011 年之前的报道框架可通过梳理大量既有的研究结论获得，旨在搭建起一个相对完整的医患报道图景。

　　此外，还涉及一个操作层面的问题。根据建构主义主张，框架不是一个既定的静态的概念，而是一个变化的发展的概念——即意味着媒介框架在不同时期会呈现出不同特点。现有的部分研究惯于把媒介框架视为一个静态概念，表

①　李卓倧.新闻框架视角下医患关系报道研究——以 2001—2016 年《中国青年报》为例[D].兰州：兰州大学，2017.
②　徐璐，杜伟钊.医疗类新闻报道倾向性研究[J].新闻爱好者，2011(15)：32-33.陈雪春.沈阳地区报纸医患关系报道的呈现与受众认知研究[D].沈阳：辽宁大学，2017.
③　彭曼.我国近期报纸医生的传媒形象研究[D].武汉：华中科技大学，2007.
④　李卓倧.新闻框架视角下医患关系报道研究——以 2001—2016 年《中国青年报》为例[D].兰州：兰州大学，2017.侯琳.《南方周末》和《钱江晚报》医患关系报道的框架分析[D].杭州：浙江传媒学院，2016.
⑤　徐璐，杜伟钊.医疗类新闻报道倾向性研究[J].新闻爱好者，2011(15)：32-33.郭丽佳.东方卫视医患关系新闻报道研究(2012-2014)[D].上海：华东师范大学，2015.李林蔚.《南方都市报》医患关系报道框架研究[D].广州：暨南大学，2017.

现在操作层面上：部分研究把多年的医患报道框架作为一个整体进行分析[①]，比如有研究把2001—2016年共16年的医患报道的数据作为一个整体进行分析，而不是按照年份来呈现。按年份分析可以清晰呈现医患报道框架的变化过程，而作为一个整体进行分析则无法呈现框架的变化过程和发展趋势。

因此，本书遵循建构主义主张，采取动态的、变化的视角来看待媒介框架。在内容分析的具体操作层面上，按年份来分析、呈现数据结果，力图呈现医患报道框架的变化图景。

二、研究方法

本书分为三大部分，分别考察医患报道的文本框架、生产框架和受众框架。

第一部分是医患报道的文本框架研究，重点考察医患报道倾向的变化趋势和变化过程，这一章主要采用内容分析法，采取"框架清单"分析路径考察医患报道的文本框架。上文提及，相当一部分研究惯将历年来的医患报道作为一个整体来呈现，存在无法揭示医患报道倾向的周期性变化特征等弊端。因此，这部分将分析结果按年份为单位进行呈现及分析，力图厘清历年来医患报道框架的变化过程及趋势，描绘医患报道倾向的变化周期图景。

第二部分考察医患报道的新闻生产框架，这一部分属于"过程性问题"[②]，此类问题比较适合于质性研究，这部分计划采用质性研究中的深度访谈法，对涉及的机构和人员进行深度访谈。主要涉及的机构包括媒体、医院。其中医院还涉及两类部门，一类是医院的业务部门，包括各科室等；另一类是医院的宣传部门，近年来医院宣传部门在健康报道中扮演着重要角色。访谈具体涉及的人员包括：长期从事医疗卫生条线的记者、编辑、副主编，以及医院宣传部部长或负责人、宣传人员、医生、护士、后勤人员等。通过一手访谈资料，力图还原医患报道新闻生产过程中各种力量的互动博弈和纠缠过程，以及各类因素对医患报道倾向可能产生的影响。

---

① 陈步伟.新医改背景下医生媒介形象研究——以《人民日报》和《现代快报》为例[D].南京:南京大学，2013.谷鹏.从新媒体传播的医患报道中解读医生媒介形象——以新浪微博（2009—2016）为例[D].苏州:苏州大学，2017.

② "过程性问题"，探究事件发生发展的过程性问题，研究重点是事件的动态过程变化。参见 陈向明.质的研究方法与社会科学研究[M].北京:教育科学出版社，2009.

　　第三部分考察医患报道的受众框架,这部分主要采用问卷调查法,重点考察受众对目前医患报道的接受态度和对医患关系的一般态度,并将受众框架与媒介框架进行比较,发现两种框架存在的差异,找出受众接受框架的潜在特征。

　　第四部分提出医患报道的改进策略,这部分主要采用深度访谈,结合新媒体技术的发展趋势,从媒体、医院、公众和政府四个层面,提出适合我国国情的医患报道改进路径。

三、章节安排及各章重点问题

　　本书以框架理论视角切入,以"报道倾向"为考察重点,力图呈现医患报道倾向的变化过程和变化趋势,并考察影响报道倾向转变的因素。本书按照"文本框架——发现医患报道倾向转变""新闻生产框架——考察医患报道倾向转变的原因""受众框架——发现与媒介框架的差异""改进对策——提出医患报道改进路径"搭建起全文脉络。

　　基于上述脉络,本书主要分为四部分,分别对应上述医患报道的文本框架、新闻生产框架、受众框架、改进路径。在每一部分的展开过程中,重点关注医患报道倾向,力图呈现医患报道倾向周期图景。

　　第一部分(第二章)主要考察医患报道的文本框架。关注医患报道倾向的变化趋势和变化过程,本章重点考察医患报道是否存在报道倾向上的转变。如果医患报道的确存在报道倾向上的转向,那么,尝试确定报道倾向转变的各个阶段,以勾勒出医患报道倾向的阶段性特征。

　　第二部分(第三章)主要考察医患报道的新闻生产框架。关注医患报道倾向的转向是如何发生、发展的,存在哪几类影响因素,这些因素是如何推动医患报道倾向发生转向的。在医患报道新闻生产过程中,记者、编辑、医院宣传部、政府宣传部门扮演着什么样的角色,这些角色随着时间的推进是如何互动的?这种互动对医患报道的倾向产生着什么样的影响?媒介技术在其中扮演着什么样的角色?政治力量是否如通常所预料的那样强大?

　　第三部分(第四章)主要考察医患报道的受众框架。关注的是受众框架与媒介框架是否存有差异?哪些因素影响了受众的接受框架?和前文关系上来看,这一章主要作为对第一部分医患报道文本框架的补充。

第四部分(第五章)主要提出医患报道的改进路径。结合新媒体技术的发展趋势,从媒体、医院、公众和政府四个层面,提出适合我国国情的医患报道改进路径。

第二章

医患报道的文本框架

第一节　研究设计

一、研究对象

（一）媒介选择

本书选择三个移动新闻客户端：人民日报 App、澎湃新闻 App、凤凰新闻 App 作为研究对象，主要基于以下几个原因：

1. 手机阅读成为主流

首先，手机阅读已经替代电脑阅读、纸媒阅读，成为最主流的阅读方式。据中国互联网络信息中心（CNNIC）第 51 次《中国互联网络发展状况统计报告》显示，截至 2022 年 12 月，我国手机网民规模达 10.67 亿，互联网普及率达 75.6%[①]。手机移动客户端 App 突破了地域限制，已经替代了电脑网页阅读，成为最为主流的阅读方式。

其次，新闻客户端 App 是社交平台的主要新闻内容提供者。"二微"平台（微信、微博）已经成为大多数年轻人获取新闻消息的主要来源，而微信、微博的绝大部分医患报道均转载自手机新闻客户端。

再次，与手机自媒体大 V 相比，传统主流媒体具有无可比拟的权威性和影响力。人民日报 App、澎湃新闻 App、凤凰新闻 App 是三家具有代表性的新闻

---

① CNNIC：第 51 次《中国互联网络发展状况统计报告》［R/OL］.（2023 - 03 - 03）.［2023 - 08 - 30］. http://www.100ec.cn/index.php/detail-6624695.html.

客户端,均有传统媒体背景。人民日报 App 是人民日报的手机客户端;澎湃新闻 App 脱胎于《东方早报》;凤凰新闻 App 和凤凰卫视渊源颇深。有了传统媒体背书,三款 App 的公信力比起自媒体要高得多,影响力也更大。

2. 三家媒体具有代表性

一方面,三款 App 具有不同地域特色。人民日报 App 总部设在北京;澎湃新闻 App 总部设在上海;凤凰 App 所属凤凰卫视控股有限公司,公司总部位于香港,大陆中心在深圳。北京、上海、深圳是中国最具特色的三座城市,分别代表了三种地域文化。北京作为首都,象征着国家权力;上海作为全国金融中心,是海派文化的发源地,融合了传统与现代特征;深圳是中国设立的第一个经济特区,与香港一水之隔,深受港文化影响,最为自由开放。

另一方面,三款 App 分表代表了党媒、商业媒体、介于党媒和商业媒体之间三种媒介属性。人民日报是中共中央党媒,人民日报 App 代表着党中央话语。澎湃新闻 App 脱胎于上海《东方早报》,性质处于市场化媒介和党媒之间。凤凰 App 所属凤凰卫视,是一家商业媒体,主要以营利为目的。

3. 三家媒体具有影响力

苹果手机 App Store(苹果商店)的“新闻”类客户端排行中,凤凰 App 排行第 4 位,评分 4.8 分(满分 5 分),2 526 个评分;人民日报 App 排行第 8 位,评分 4.8 分(满分 5 分),5 643 个评分;澎湃新闻 App 排行第 16 位,评分 4.8 分(满分 5 分),92 810 个评分。从排行情况和评分来看,三款 App 是广泛使用和广受好评的主流新闻客户端。

(二) 研究文本选择

本书考察的是三家新闻客户端的医患关系报道,因而先要鉴定清楚什么是医患关系报道。医患关系报道分为广义和狭义两种。

广义上,医患关系报道涉及范围广大,包括:医疗体制改革、医保制度、药价控制、健康知识科普、医患矛盾调解、医患纠纷冲突、医患情、医患主题文娱节目及产品等,但凡涉及医患问题的都属于广义上的医患关系报道。

狭义上,医患关系报道是指和医疗行为有关,且涉及医患双方利益的新闻报道,具体包括:医患冲突(暴力、非暴力)、医患情、医患现状等。

本书关注的是狭义上的医患关系报道。

　　首先,报道对象限定于医方和患方。医方指医疗行为过程中的医院、医生、护士、管理人员等医务人员群体;患方指患者及其家属、监护人员以及其所在的工作部门、单位等群体。

　　其次,报道内容涉及医患权力和职责。主要是指在医疗服务过程中涉及医患双方的权力和职责问题。

　　最后,报道内容涉及医患利益。考察医疗服务过程中和医疗环境中医患双方利益问题,包括医患双方利益的被侵害、医患双方友爱互利等。

　　(三)研究时间段选择

　　横向上,考察 2017—2018 年人民日报 App、澎湃新闻 App、凤凰 App 三个新闻客户端的医患关系报道。

　　纵向上,考察 2011—2018 年人民日报 App 的医患关系报道。选择人民日报 App 一家媒体作为纵向考察对象,出于两方面考虑:一是研究精力、时间有限;二是人民日报 App 是党媒客户端,其影响力在三家媒体中最大,且人民网上的医患关系报道保存全面,可以追溯至 2011 年。

　　(四)样本抽取

　　横向上,本书以"医患关系""医生""患者"作为关键词,在人民日报 App、澎湃新闻 App、凤凰 App 上进行搜索,选取 2017 年 1 月 1 日至 2018 年 8 月 1 日的医患关系报道,由于凤凰 App 保存新闻篇数有限,故通过凤凰 App 网页版凤凰网进行补充搜索,搜索结果去重后,分别获得样本:人民日报 36 则、澎湃新闻 102 则、凤凰 114 则,共计 252 则样本。

　　纵向上,以"医患关系""医生""患者"作为关键词,在人民日报 App 进行搜索,由于人民日报 App 于 2014 年 6 月 12 日上线①,故 2011 年 1 月—2014 年 6 月 11 日的医患关系报道通过人民日报 App 的网页版人民网进行搜索。每年限定抽取报道数量 20~22 篇,抽取方法为搜索结果按照相关性排序后,选取网页和 App 上每年前 20~22 条医患关系报道,计算中以百分比计。共获得 2011—2018 年人民日报医患报道样本总计 165 则。

---

① 人民网. 致读者:全新的人民日报客户端今天正式上线[EB/OL].(2014 - 06 - 12)[2023 - 07 - 25]. http://media.people.com.cn/n/2014/0612/c14677 - 25136715.html.

二、研究问题、研究方法

(一)研究问题

针对本章拟解决的核心问题"医患报道是否存在报道倾向上的转向",本章将从横向和纵向两个层面来回答这个问题。

横向上,主要考察澎湃新闻、凤凰、人民日报三大新闻媒体[①](2017—2018年)医患报道倾向的变化特征。主要从报道基调框架、报道偏向框架、报道框架、主题框架、消息来源框架等方面展开。

纵向上,主要考察人民日报(2011—2018 年)医患报道倾向的变化特征。主要从报道基调框架、报道偏向框架、报道框架、主题框架、消息来源框架等方面展开。

(二)研究方法

本章采用内容分析法,结合计算机辅助数据分析软件,探究样本报道的词语、体裁、篇幅、图片、标题、消息来源、立场基调等元素特征,分析医患关系报道倾向的框架变化趋势。

三、类目建构

本书以框架理论为指导理论,以谭克达的框架清单法为具体研究路径,结合前人研究经验和本书实际需求,建构了以下清单类目。

(1)事发地点:事发地点即医患报道中具体医患事件的事发地点。

指标说明:本类目旨在考察人民日报(北京)、澎湃新闻(上海)、凤凰(香港、深圳)三家媒体的医患报道和其媒体所在地域有无明显关联。

①上海:报道中明确表述事发地点在上海的报道归入此类。

②北京:报道中明确表述事发地点在北京的报道归入此类。

③香港:报道中明确表述事发地点在北京的报道归入此类。

④广东:报道中明确表述事发地点在广东的报道归入此类。

⑤国内其他地区:报道中明确表述事发地点是除上海、北京、香港、广东以外的省市归入此类。

---

① 为了行文方便,关于三家媒体的称呼,以下不再加"App"的表述。

⑥模糊：报道中没有提及具体事发地点。

（2）稿件来源：主要指稿件是否原创，分为原创、转载两类。

指标说明：本类目旨在分析人民日报、澎湃新闻、凤凰三家媒体的原创报道和转载报道的比例，为进一步的深入研究做好准备。

①原创：若标明为原创作品的医患报道，归为此类。

②转载：若从其他媒体上转载的医患报道，归为此类。

（3）转载来源：本类目旨在考察三家媒体转载其他媒体报道的来源。

指标说明：本类目旨在分析人民日报、澎湃新闻、凤凰三家媒体转载的医患报道的来源。

①党报/机关报：转载自国家、省市级的党办报纸或机关报的医患报道，归为此类。

②商业新闻报：转载自商业类的报刊的医患报道，归为此类。

③都市报：转载自都市报的医患报道，归为此类。

④其他期刊：转载自期刊类的医患报道，归为此类。

⑤网站：转载自除以上①—④传统媒体外的新闻网站，比如门户网站的医患报道，归为此类。

⑥微信公众号：转载自个人、机构或组织的微信公众号的医患报道，归为此类。

⑦新媒体客户端：转载自新闻类移动客户端的医患报道，归为此类。

（4）报道体裁：主要指医患报道的文本类型。

指标说明：本类目旨在分析医患事件主要以何种体裁进行报道。

①消息：篇幅短小，以陈述简单事实为主的医患报道。

②通讯/特稿/专题报道：篇幅较长，以详细陈述细节为主的医患报道。

③评论：对医患事件进行观点性评论为主。

④图片新闻：通篇以图片形式呈现医患事件。

⑤人物专访：对专家、医生、患者、学者等人物的采访报道。

（5）报道篇幅：指医患报道的字数。

指标说明：本类目旨在分析医患事件主要以多少字数进行报道。

①200字以内：字符数在200个以内的医患报道（不含200）。

②200～500 字:字符数在 200～500 个以内的医患报道(含 200,不含 500)。

③500～1 000 字:字符数在 500～1 000 个以内的医患报道(含 500,不含 1 000)。

④1 000～2 000 字:字符数在 1 000～2 000 个以内的医患报道(含 1 000,不含 2 000)。

⑤2 000 字以上:字符数在 2 000 个以上的医患报道(含 2 000)。

(6)图文方式:指医患报道中图片的使用情况。

指标说明:本类目旨在分析医患报道有无使用配图。

①纯文字:只有文字表述,没有图片。

②图文结合:文字表述结合图片使用。

③纯图片:只有图片使用。

(7)描述与解释:指对医患事件的事实陈述和意见表达的情况。

指标说明:本类目旨在分析医患报道的主客观性程度。

①有描述也有解释:既有事实陈述也有意见表达。

②纯描述:只有事实陈述。

③无法判断:以上两者情况都不符合。

(8)议题:指医患报道涉及的主题内容。

指标说明:本类目旨在分析医患报道的主题分布情况。

①医疗纠纷事件发展/过程:关于非暴力性医疗纠纷事件的报道。

②涉医恶性事件:关于暴力性医疗纠纷事件的报道,包括对医暴力和医闹事件。

③知识延伸/卫生知识解读:对医学相关知识及争议点的普及与讨论。

④媒体评论:对医患关系的新闻评论。

⑤医患声音:医生和患者对医患关系、医患事件的观点及看法。

⑥专家学者建言献策:专家学者对医患关系的建言献策。

⑦就医现状/调查情况/医生现状/调查数据:对医疗行业、医生职业现状、患者就医等情况的调查。

⑧正面典型:讲述医患情、医生个人先进典型事迹。

⑨医媒关系:关于医生、医院与媒体间关系的报道。

⑩制度法律层面:医患关系涉及的制度和法律问题的探讨。

⑪其他:不属于以上任何一类。

(9)总体框架:主要指医患报道的出发点。

指标说明:本类目旨在分析医患报道从何种角度进行阐释。

①纯冲突框架:主要阐释患者及家属和医生医院间的利益冲突。

②人情味框架:主要阐释医生和患者间的温情故事。

③经济影响框架:主要从经济后果角度阐释医患事件或者医患关系。

④道德和责任框架:主要从道德和责任角度评价医患事件或医患关系。

⑤制度法律框架:主要从制度层面来分析医患事件。

⑥描述性框架:无意见,纯事实。

(10)归因框架:指报道对医患事件发生原因的分析。

指标说明:本类目旨在分析医患报道主要从哪些角度对事件进行归因。

①经济利益框架:主要从经济利益层面对医患事件进行归因。

②道德标准框架:主要从道德层面对医患事件进行归因。

③政府责任框架:主要从政府责任、制度层面对医患事件进行归因。

④专业水平框架:主要从医生专业技术层面对医患事件进行归因。

⑤信息不对称框架:主要从医患双方掌握的信息不对称层面对医患事件进行归因。

⑥医院管理框架:主要从医院体制和管理方式层面对医患事件进行归因。

⑦描述性框架:纯事实描述,无原因分析。

(11)报道思路:指医患报道的写作思路。

指标说明:本类目旨在分析医患报道的写作思路有哪几种模式。

①政府—政策:强调政府提出的和医患关系有关的政策。

②冲突—后果:强调发生了哪些医患冲突和纠纷,产生了哪些后果。

③和谐—温情:强调医患和谐关系。

④关系—质疑:强调医患关系的现状、问题并提出质疑和拷问。

⑤问题—应对:强调医患关系面临哪些问题,应该采取哪些应对方式。

(12)图式结构:指报道文本的写作结构。

指标说明：本类目旨在分析医患报道主要运用了哪些写作结构。

①标题：医患报道是否有标题。

②导语：医患报道是否有导语。

③主要事件：医患报道是否对主要事件进行了描述。

④后果/结果：医患报道是否交代了事件的后果、结果。

⑤环境描述：医患报道是否交代了该事件背景。

⑥以前事件：医患报道是否交代了同类事件的情况。

⑦口头反应：医患报道是否对当事人进行了采访。

⑧预测与评价：医患报道是否对该事件进行了评价，对未来发展趋势进行了预测。

(13)标题基调：指标题透露出的倾向和内涵。

指标说明：本类目旨在分析医患报道标题的内在倾向。

①积极标题：标题肯定某一医患现象。

②消极标题：标题质疑某一医患现象。

③中立：标题的观点中立。

④无倾向/无观点：标题没有明显观点。

(14)报道总体基调：指通篇报道透露出的立场和态度。

指标说明：本类目旨在分析医患报道的整体倾向和立场。

①正面：肯定某一医患现象。

②负面：批评某一医患现象。

③中立：报道态度中立。

(15)报道视角：指报道叙述的主体立场。

指标说明：本类目旨在分析医患报道隐含的叙述视角。

①患方视角：报道主要从患者角度进行叙述。

②医方视角：报道主要从医生角度进行叙述。

③兼顾医患立场：报道兼顾医患双方视角进行叙述。

④官方视角：报道主要从政府角度进行叙述。

⑤其他：报道主要从媒体视角进行叙述。

(16)报道偏向：指报道文本透露出维护某一群体的倾向。

指标说明:本类目旨在分析医患报道隐含的倾向。

①偏向医护人员:报道文本透露出维护医护人员的倾向。

②偏向患者:报道文本透露出维护患者及患者家属的倾向。

③中立态度:报道文本倾向中立。

④无:报道文本没有透露出立场。

(17)消息来源:指报道中出现的采访对象、引语的来源。

指标说明:本类目旨在分析医患报道更多采用哪一方引语作为消息来源。

①无法判断的消息来源:没有交代消息来源。

②其他新闻媒体:消息来源来自其他媒体的报道。

③记者:消息来源来自记者。

④意见领袖:消息来源来自除媒体/官员/学者外的意见领袖。

⑤学者:消息来源来自学者专家。

⑥旁观者:消息来源来自事件旁观者。

⑦患方本人:消息来源来自患方本人。

⑧患方家属/监护人:消息来源来自患者监护人,或者其他患方家属。

⑨政府机构/官员:消息来源来自政府单位或者政府官员。

⑩法律条文/会议文件:引用法律条文或者会议文件作为消息来源。

⑪医院管理层:消息来源来自医院管理层,包括:医院宣传部领导、院长、科室主任等。

⑫其他医生:消息来源来自非涉事医生。

⑬涉事医生:消息来源来自涉事医生。

⑭涉事护士:消息来源来自涉事护士。

⑮其他护士:消息来源来自非涉事护士。

⑯网友评论:消息来源来自网友评论。

⑰无:无引用、无采访。

(18)双方出场:指医患双方的引语在报道中出现的比重。

指标说明:本类目旨在进一步分析医患报道消息来源的比重。

①仅患者:消息来源仅引用患者方。

②仅医务人员:消息来源仅引用医务人员方。

③患者多:患方引语比医务人员引语比重多。

④医务人员多:医务人员引语比患方引语比重多。

⑤双方平均:医务人员引语和患方引语比重差不多。

⑥双方均无:既没有医务人员引语,也没有患方引语。

(19)网民评论数:指网民对一篇医患报道的评论数量。

指标说明:本类目旨在考察一篇医患报道受读者关注的程度。

①0 条:没有网民评论。

②1～10 条:网民评论数 1～10 条(包含 10 条)。

③11～50 条:网民评论数 11～50 条(包含 50 条)。

④51～100 条:网民评论数 51～100 条(包含 100 条)。

⑤101～300 条:网民评论数 101～300 条(包含 300 条)。

⑥301～500 条:网民评论数 301～500 条(包含 500 条)。

⑦500 条以上:网民评论数 500 条以上(不包含 500 条)。

(20)点赞数:指网民对一篇医患报道的点赞数量。

指标说明:本类目旨在考察一篇医患报道受读者欢迎的程度。

①0 个:没有网民点赞。

②1～10 个:网民点赞数 1～10 个(包含 10 个)。

③11～50 个:网民点赞数 11～50 个(包含 50 个)。

④51～100 个:网民点赞数 51～100 个(包含 100 个)。

⑤101～300 个:网民点赞数 101～300 个(包含 300 个)。

⑥301～500 个:网民点赞数 301～500 个(包含 500 个)。

⑦501～1 000 个:网民点赞数 501～1 000 个(包含 1 000 个)。

⑧1 000 个以上:网民评论数 1 000 个以上(不包含 1 000 个)。

第二节 医患关系报道的文本框架

一、医患关系报道的基本情况

(一) 医患报道涉及的事发地点

380 篇医患报道的事发地点占第一位的是国内其他地区(233 篇,60%);第二位是模糊(72篇,19%);第三位是北京(42篇,11%);第四位是上海(21篇,5%);第五位是广东(18篇,5%);最少事发地为香港(1篇,0%),见图2-1。

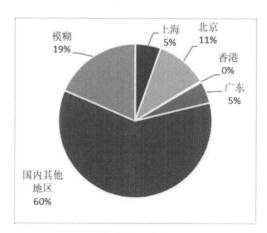

图2-1　医患报道涉及的事发地点统计图

(二)医患报道的稿件来源大部分为转载

原创比例上,所有样本中超过3/4为转载(288篇,76%);原创不足1/4(92篇,24%)。从原创比例来看,新媒体时代原创报道数量偏少,三家媒体76%的医患报道转载自其他媒体平台,原创报道数量偏少是新媒体时代的信息特征,见图2-2。

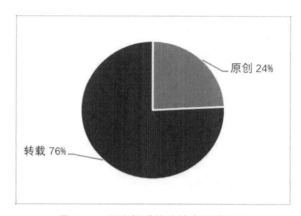

图2-2　医患报道的稿件来源统计图

（三）医患报道的转载来源以党报/机关报为主

三家媒体上医患报道的转载来源以党报/机关报为主（63篇，22%），其次是微信公众号（62篇，22%），再次是都市报（61篇，21%）、网站（60篇，21%），这四部分转载来源占了总转载比例的86%。占比较少的是商业新闻报（24篇，8%）、其他期刊（15篇，5%）。值得注意的是，四大转载来源中传统媒体[党报/机关报（63篇，22%）、都市报（61篇，21%）]总占比43%，新媒体[微信公众号（62篇，22%）、网站（60篇，21%）]总占比也为43%，意味着新媒体报道已占医患报道转载来源的半壁江山，个人和机构的自媒体[微信公众号（62篇，22%）]占医患报道转载来源的1/5。可见，个人和机构的自媒体在医患报道中已开始掌握一定程度话语权，这对医患报道的转向意义重大，见图2-3。

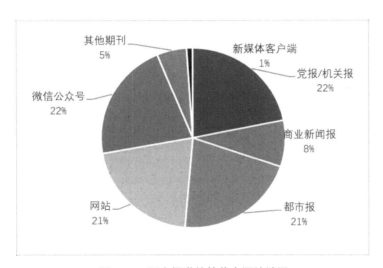

图 2-3 医患报道的转载来源统计图

（四）医患报道的报道体裁以通讯为主

医患报道的报道体裁以通讯/特稿/专题报道为主（170篇，45%），其次是评论（123篇，32%），这两类报道占了总样本的77%。图片新闻（33篇，9%）、人物专访（31篇，8%）、消息类（23篇，6%）报道较少，见图2-4。

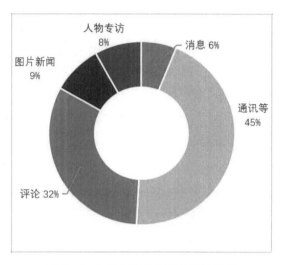

图 2 - 4　医患报道的报道体裁统计图

（五）医患报道的报道篇幅以 1 000～2 000 字为主

医患关系报道大部分以大篇幅报道为主。医患报道的报道篇幅以 1 000～2 000 字为主（131 篇，34%）。依次是 500～1 000 字（126 篇，33%）、200～500 字（63 篇，17%）、2 000 字以上（53 篇，14%）。最少的篇幅是 200 字以内（2%）。近半数（48%）的医患报道篇幅在 1 000 字以上［1 000～2 000 字（34%）、2 000 字以上（14%）］，与上述医患报道体裁以通讯类和评论类等大篇幅报道为主相符，见图 2 - 5。

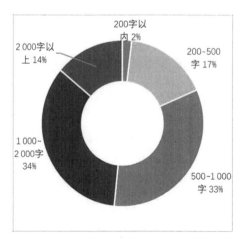

图 2 - 5　医患报道的报道篇幅统计图

（六）医患报道的纯文字报道和图文报道比例相当

医患报道的纯文字报道和图文报道比例相当。纯文字报道（196 篇，52％），图文报道（180 篇，47％），比例均衡。纯图片报道最少（1％），只有 4 篇。从统计结果来看，医患报道仍然以纯文字报道为主。笔者在编码统计时发觉，大部分医患报道的配图大多为漫画，或是网络配图，真实医患图片比较少，见图 2-6。

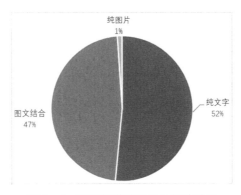

图 2-6　医患报道的图文比例统计图

（七）医患报道写作以描述加解释为主

医患报道写作以描述加解释（269 篇，71％）为主，纯描述报道（104 篇）相对较少，占比 27％。从统计结果来看，描述加解释报道（71％）与通讯类（45％）、评论（32％）总和（77％）的比例相当，说明大部分通讯类报道以描述加解释性内容为主，见图 2-7。

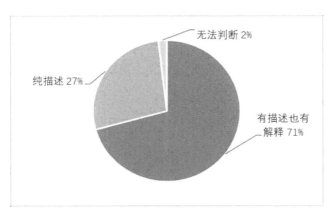

图 2-7　医患报道写作方式统计图

（八）超过半数的医患报道没有专业人士出场

超过半数的医患报道没有专业人士出场（224篇，59%），即缺乏医生、卫健委、医师协会、第三方专家的采访内容，只有41%的报道有专业人士出场（155篇），见图2-8。

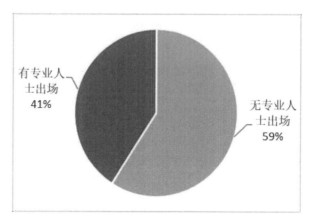

图2-8　医患报道专业人士出场统计图

二、横向分析：三家新闻媒体（2017—2018）医患关系报道框架

这部分主要考察2017—2018年两年间人民日报、澎湃新闻、凤凰三家移动新闻客户端的医患报道倾向。

（一）三家媒体2017—2018年医患报道议题

从报道议题来看，近两年三家移动新闻客户端在"正面典型"议题上占比最多。人民日报的医患正面典型议题占比20%（9篇），凤凰的医患正面典型议题占比最多（67篇，54%），澎湃新闻医患正面典型议题占比居中（30篇，33%）。见图2-9。

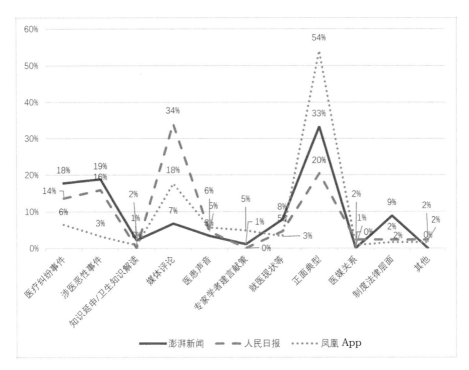

图 2 – 9　三家媒体 2017—2018 年医患报道议题统计图

凤凰和澎湃新闻 2017—2018 年的"正面典型"议题是其所有议题中占比最大的,明显超出了对其他议题的报道。

人民日报 2017—2018 年"正面典型"议题占其所有议题中第二位,仅次于"媒体评论"议题。究其原因,和人民日报的媒体性质有关。人民日报代表党中央声音,需要通过大量媒体评论传达中央态度和意见来引导舆论。但值得注意的是,"正面典型"议题是人民日报除"媒体评论"之外排第二位的医患议题。

媒体医患报道"正面典型"议题独占鳌头和近年来医患报道倾向的转变有关。关于医患报道倾向的转变问题,本书将在接下来的章节中作重点阐述,在此仅指出,2017—2018 年"正面典型"议题成为医患报道的第一议题。

为了进一步说明医患报道的"正面典型"议题意味着什么,本小节将进一步通过和其他三个主要议题的对比,来说明"正面典型"议题的具体特征。对比主要从报道偏向、报道视角、报道基调、报道思路、总体框架、标题基调六个方面展开。

从报道倾向来看,比起其他三个议题,"正面典型"议题明显偏向医护人员(75篇,62%)。"媒体评论"议题只有21%的占比偏向医护人员、"就医现状"议题有33%的占比偏向医护人员、"医疗纠纷(暴力)"议题有37%的占比偏向医护人员。四个议题的"中立"偏向的报道占比差不多(33%～38%)。见图2-10。

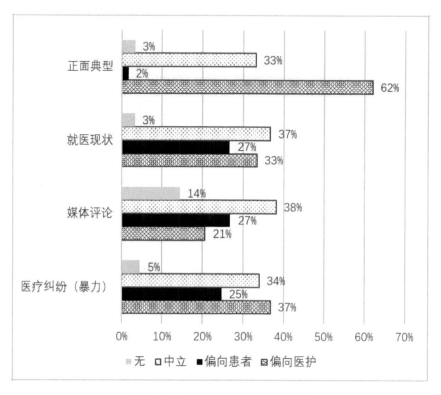

图2-10　四大议题报道倾向比较图

比起其他三个议题,"正面典型"议题偏向患者的占比最少(2篇,2%)。相比之下,"媒体评论"议题有27%的报道偏向患者(26篇,27%)、"就医现状"议题有27%的报道偏向患者(8篇,27%)、"医疗纠纷(暴力)"议题有25%的报道偏向患者(27篇,25%)。

所以,从报道倾向来看,"正面典型"议题明显偏向医护人员。

从报道视角来看,比起其他三个议题,"正面典型"议题明显偏向医方视角(64篇,53%)。"媒体评论"议题只有5%的占比偏向医方视角(5篇,5%)、"就医现状"议题有17％的占比偏向医方视角(5篇,17％)、"医疗纠纷(暴力)"议题有14％的占比偏向医方视角(15篇,14％)。见图2-11。

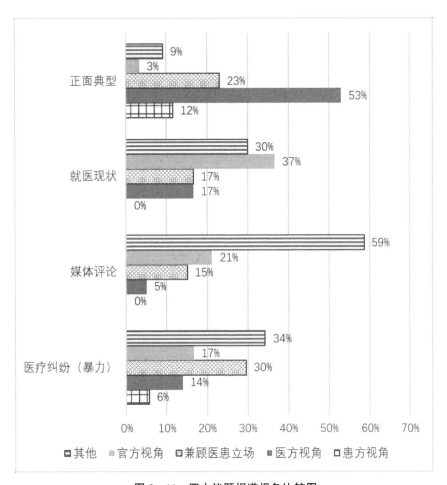

图2-11　四大议题报道视角比较图

所以,从报道视角来看,"正面典型"议题明显偏向医方视角。

从报道总体基调来看,比起其他三个议题,"正面典型"议题明显以正面基调为主(117篇,97％)。"媒体评论"议题有12％的占比以正面基调为主(12篇,12％)、"就医现状"议题有17％的占比以正面基调为主(5篇,17％)、"医疗纠纷(暴力)"议题有6％的占比以正面基调为主(6篇,6％)。见图2-12。

比起其他三个议题,"正面典型"议题负面基调报道最少(0篇,0％)。相比之下,"媒体评论"议题有 50% 的报道是负面基调(49 篇,50%)、"就医现状"议题有 73% 的报道是负面基调(22 篇,73%)、"医疗纠纷(暴力)"议题有 64% 的报道偏向患者(70 篇,64%)。

所以,从报道总体基调来看,"正面典型"议题明显以正面基调为主。

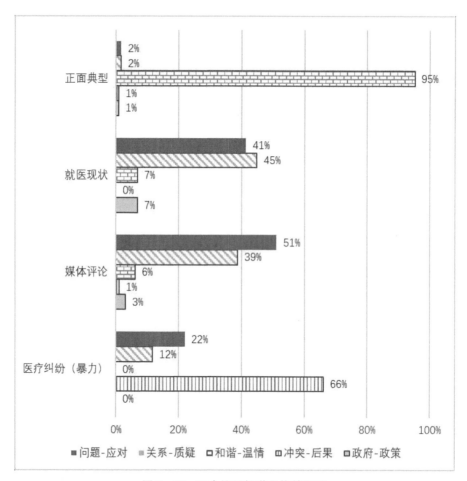

图 2-12　四大议题报道总体基调图

从报道总体思路来看,比起其他三个议题,"正面典型"议题明显偏向"和谐—温情"思路(117 篇,95%)。"媒体评论"议题有 6% 的报道为"和谐—温情"思路(6 篇,6%)、"就医现状"议题有 7% 的报道为"和谐—温情"思路(2 篇,7%)、"医疗纠纷(暴力)"议题没有报道为"和谐—温情"思路(0 篇,0%),所以,从报道总体思路来看,"正面典型"议题明显偏向"和谐—温情"思路。见图2-13。

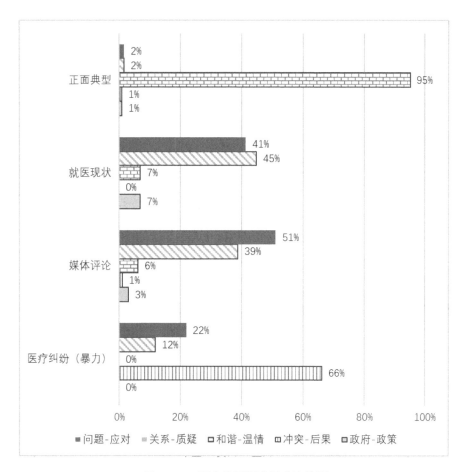

图2-13 四大议题报道思路比较图

从报道总体框架来看,比起其他三个议题,"正面典型"议题明显以人情味框架为主(108篇,91%)。"媒体评论"议题有13%的占比为人情味框架(13篇,13%),"就医现状"议题有6%的占比为人情味框架(2篇,6%)、"医疗纠纷(暴力)"议题有2%的占比为人情味框架(2篇,2%)。见图2-14。

比起其他三个议题,"正面典型"议题最少采用冲突框架(0篇,0%)。相比之下,"媒体评论"议题有14%的报道采用了冲突框架(14篇,14%)、"就医现状"议题有29%的报道采用了冲突框架(9篇,29%)、"医疗纠纷(暴力)"议题有

68%的报道采用了冲突框架(78篇,68%)。

所以,从报道总体框架来看,"正面典型"议题明显采用了人情味框架。

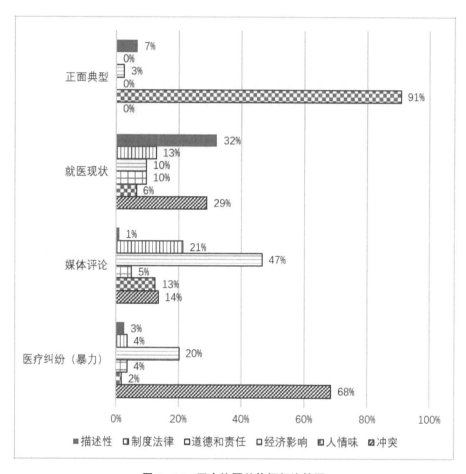

图 2 - 14　四大议题总体框架比较图

从标题基调来看,比起其他三个议题,"正面典型"议题的标题明显以积极基调为主(100篇,83%)。"媒体评论"议题的标题只有8%的占比为积极基调(8篇,8%)、"就医现状"议题的标题有17%的占比为积极基调(5篇,17%)、"医疗纠纷(暴力)"议题的标题只有3%的占比为积极基调(3篇,3%)。见图2-15。

比起其他三个议题,"正面典型"议题消极基调的标题最少(16篇,13%)。相比之下,"媒体评论"议题有49%的标题基调为消极(48篇,49%)、"就医现状"议题有 80％的标题基调为消极（24 篇,80％）、"医疗纠纷（暴力）"议题有72％的标题基调为消极（78 篇,72％）。

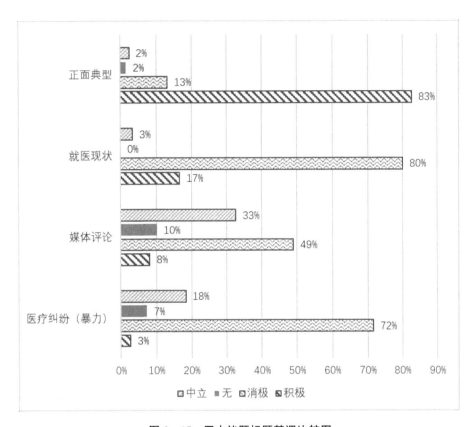

图 2‑15　四大议题标题基调比较图

所以,从标题基调来看,"正面典型"议题的标题明显以积极基调为主。

综上,研究发现 2017—2018 年"正面典型"议题成为三大新闻客户端医患报道的第一议题。进一步研究发现,比起"医疗纠纷（暴力）""媒体评论""就医现状"三个议题,从报道总体偏向来看,"正面典型"议题明显偏向医护人员;从报道视角来看,"正面典型"议题明显偏向医方视角;从报道总体基调来看,"正面典型"议题明显以正面基调为主;从报道总体思路来看,"正面典型"议题明显偏向"和谐—温情"思路;从报道总体基调来看,"正面典型"议题明显采用了人情味框架;从标题基调来看,"正面典型"议题的标题明显以积极基调为主。

（二）三家媒体 2017—2018 年医患报道的报道思路

2017—2018 年，人民日报、澎湃新闻、凤凰移动客户端的医患报道的报道思路呈现三个特征。

"和谐—温情"为第一报道思路。凤凰网"和谐—温情"思路占比 59％（68篇，59％）、澎湃新闻"和谐—温情"思路占比 38％（38 篇，38％）、人民日报"和谐—温情"思路占比 31％（11 篇，31％）。近年来，三大新闻移动媒体在医患报道中主要运用了"和谐—温情"思路，见图 2‑16。

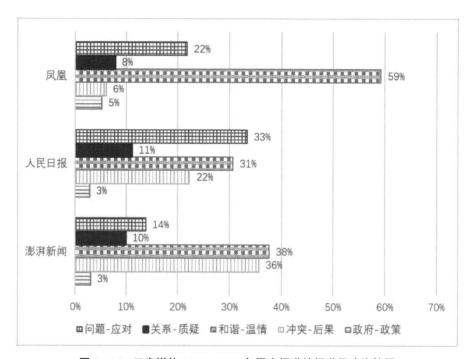

图 2‑16　三家媒体 2017—2018 年医患报道的报道思路比较图

"问题—应对""关系—质疑""冲突—后果"思路运用较少。"问题—应对"思路在凤凰网、澎湃新闻人民日报医患近两年的医患报道中分别占比 25％、14％、12％；"关系—质疑"思路在凤凰网、澎湃新闻人民日报医患近两年的医患报道中分别占比 9％、10％、4％；"冲突—后果"思路在凤凰网、澎湃新闻人民日报医患近两年的医患报道中分别占比 7％、36％、8％。

"政府—政策"报道思路运用最少。近年来，凤凰网运用"政府—政策"报道思路占比5％(6篇,5％)、澎湃新闻运用"政府—政策"报道思路占比3％(3篇,3％)、人民日报运用"政府—政策"报道思路占比3％(1篇,3％)。近年来,三大新闻移动客户端的医患报道很少触及对医疗政策、政府医改的讨论。

这一小节的研究发现,2017年、2018年医患报道的报道思路主要以"和谐—温情"为主,很少触及对"政府—政策"的讨论,这一发现与对医疗卫生条线记者的访谈结果高度吻合。

(三)三家媒体2017—2018年医患报道消息来源

2017年、2018年三家媒体医患报道引用消息来源呈现出的总体特征是:对医院、医生、护士等医务人员的引用率明显高于对患方、患方家属的引用率。

首先来看近两年来医患报道对医院、医生、护士等医务人员消息的引用情况。①对涉事医生的引用最为频繁,人民日报有33％的医患报道引用了涉事医生的消息(19篇,33％)、澎湃新闻有18％的医患报道引用了涉事医生的消息(45篇,18％)、凤凰有12％的医患报道引用了涉事医生的消息(18篇,12％)。②对医院管理层的引用也较为频繁。人民日报有9％的医患报道引用了涉事医生的消息(5篇,9％)、澎湃新闻有8％的医患报道引用了涉事医生的消息(20篇,8％)、凤凰29％的医患报道引用了涉事医生的消息(42篇,29％)。③对其他医生的引用情况。人民日报有7％的医患报道引用了其他医生的消息(4篇,7％)、澎湃新闻有5％的医患报道引用了其他医生的消息(13篇,5％)、凤凰6％的医患报道引用了其他医生的消息(9篇,6％)。④对涉事护士的引用情况。人民日报有2％的医患报道引用了涉事护士的消息(1篇,2％)、澎湃新闻有5％的医患报道引用了涉事医生的消息(14篇,5％)、凤凰2％的医患报道引用了涉事医生的消息(3篇,2％)。⑤对其他护士的引用情况。人民日报没有医患报道引用其他护士的消息(0篇,0％)、澎湃新闻有2％的医患报道引用了其他医生的消息(5篇,5％)、凤凰1％的医患报道引用了其他医生的消息(1篇,1％),见图2-17。

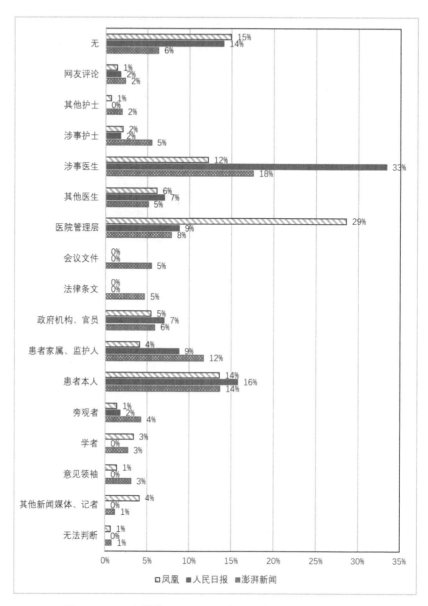

图 2-17 三家媒体 2017—2018 年医患报道消息来源比较图

将近两年来医患报道对医院、医生、护士等医务人员消息的引用按照媒体类别进行总和计算,得出人民日报移动客户端的医患报道引用医务人员的消息作为消息来源总计比例为 51%(涉事医生 33%、医院管理层 9%、其他医生

7％、涉事护士2％、其他护士0％）；澎湃新闻移动客户端的医患报道引用医务人员的消息作为消息来源总计比例为38％（涉事医生18％、医院管理层8％、其他医生5％、涉事护士5％、其他护士2％）；凤凰移动客户端的医患报道引用医务人员的消息作为消息来源总计比例为50％（涉事医生12％、医院管理层29％、其他医生6％、涉事护士2％、其他护士1％）。

其次，来看近两年来医患报道对患方、患方家属消息的引用情况。①对患方本人消息的引用情况。人民日报有16％的医患报道引用了患方本人的消息（9篇，16％）、澎湃新闻有14％的医患报道引用了涉事医生的消息（35篇，14％）、凤凰有14％的医患报道引用了涉事医生的消息（20篇，14％）。②对患者家属、监护人消息的引用情况。人民日报有9％的医患报道引用了患者家属、监护人的消息（5篇，9％）、澎湃新闻有12％的医患报道引用了涉事医生的消息（30篇，12％）、凤凰有4％的医患报道引用了涉事医生的消息（6篇，4％）。

将近两年来医患报道对患方、患方家属消息的引用按照媒体类别进行总和计算，得出人民日报移动客户端的医患报道引用患方、患方家属的消息作为消息来源总计比例为25％（患方本人16％、患者家属/监护人9％）；澎湃新闻移动客户端的医患报道引用患方、患方家属的消息作为消息来源总计比例为26％（患方本人14％、患者家属/监护人12％）；凤凰移动客户端的医患报道引用患方、患方家属的消息作为消息来源总计比例为18％（患方本人14％、患者家属/监护人4％）。

综上，人民日报对医务人员消息引用率51％，对患方及家属消息引用率25％；澎湃新闻对医务人员消息引用率38％，对患方及家属消息引用率26％；凤凰对医务人员消息引用率50％，对患方及家属消息引用率18％。

本小节研究发现，近两年来，人民日报、澎湃新闻、凤凰医患报道消息来源的总体特征是：对医务人员的引用率明显高于对患方、患方家属的引用率。

（四）三家媒体2017—2018年医患报道归因框架

2017—2018年三家媒体医患报道的归因框架以"道德标准"框架为主。凤凰71％的医患报道以"道德标准"框架来归因（87篇，71％）；人民日报45％的医患报道以"道德标准"框架来归因（19篇，45％）；澎湃新闻33％的医患报道以"道德标准"框架来归因（33篇，33％）。见图2-18。

从统计结果发现,近两年医患报道的归因框架主要落在道德层面,少有触及政府责任、医疗体制层面("政府责任"归因框架在三家媒体被运用的情况如下:人民日报14%,澎湃新闻10%,凤凰7%)。

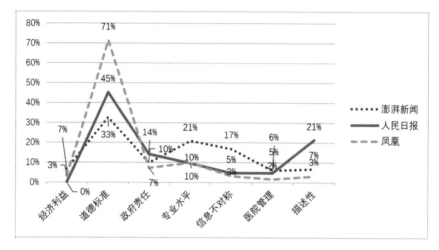

图2-18　三家媒体2017—2018年医患报道归因框架比较图

比较人民日报2011—2018历年的医患报道的归因框架发现,2017—2018年的医患报道第一归因框架是"道德标准"(2017年为43%,2018年为50%),见图2-19。前文已述,2017—2018年医患报道主要以"正面典型"框架为主,且在四大议题中"正面典型"议题有82%的归因框架采用了"道德标准"框架。

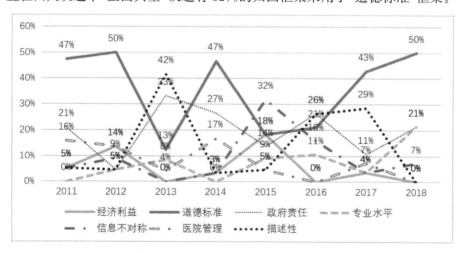

图2-19　人民日报2011—2018年医患报道归因框架比较图

　　2014、2012、2011 这三年人民日报医患报道采用"道德标准"框架的比例相对较高,分别为 50%、47%、50%,而 2014、2012、2011 三年医患报道最主要的议题均为"媒体评论"(见图 2 - 20),媒体评论的基调有 50% 是负面立场(见图 2 - 21),意味着 2014、2012、2011 年医患报道的"道德标准"归因框架更多地是运用在了负面立场的媒体评论当中。这点是区别于 2017—2018 年的,2017—2018 年的"道德标准"归因框架更多的是使用在了"正面典型"议题中。中间存在一个过渡时期(2015—2016 年),2015—2016 年医患报道采用"道德标准"框架的比例相对较低(2015 年为 18%,2016 年为 21%)。

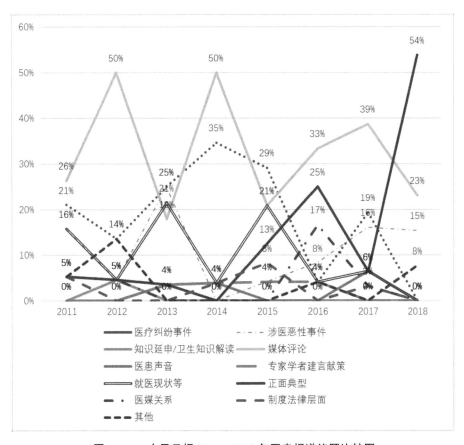

图 2 - 20　人民日报 2011—2018 年医患报道议题比较图

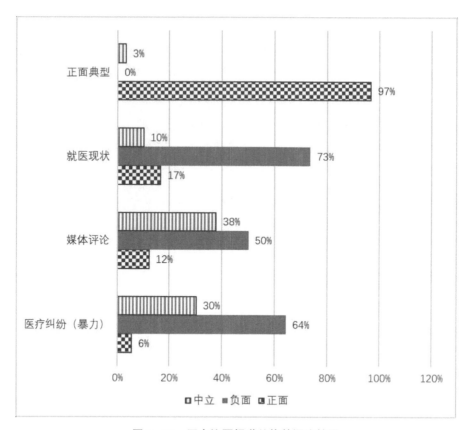

图 2 - 21 四大议题报道总体基调比较图

研究发现,三家媒体医患报道"道德标准"归因框架的运用在时间上呈现出一个波浪曲线。2011—2014 年间,该归因框架被运用较多,且更多运用于负面立场的媒体评论当中。2015—2016 年间是一个过渡时期,该归因框架的使用陷入低潮期。2017—2018 年,该归因框架再次被广泛运用,且较多运用于正面立场的正面典型议题中。

(五)三家媒体 2017—2018 年医患报道医患双方出场

从 2017—2018 年医患报道医患双方出场的总体情况是:医护人员出场明显多于患者出场。人民日报"仅医护人员"和"医护人员多"两种情况总计 50%:"仅医护人员"10 篇,占 28%;"医护人员多"8 篇,占 22%。"仅患者"和"患者多"两种情况总计 9%:"仅患者"2 篇,占 6%;"患者多"1 篇,占 3%。澎湃新闻"仅医护人员"和"医护人员多"两种情况总计 30%:"仅医护人员"15 篇,占 15%；"医护人员多"15 篇，占 15%。"仅患者"和"患者多"两种情况总计9%："仅患者"3 篇，占 3%"患者多"6 篇，占 6%。凤凰"仅医护人员"和"医护人员"两种情况总计 20%："仅医护人员"12 篇，占 11%；"医护人员多"10 篇，占9%。"仅患者"和"患者多"两种情况总计 12%："仅患者"10 篇，占 9%；"患者多"3 篇，占 3%。见图 2 - 22。

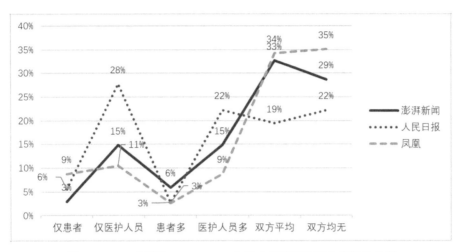

图 2 - 22　三家媒体 2017—2018 年医患报道医患双方出场比较图

从媒体层面来看，人民日报医患报道的医护人员出场率和患者出场率之比明显高于其他两家媒体。人民日报医患报道的医护人员出场率与患者出场率之比为 5.55(50%/9%)；澎湃新闻医患报道的医护人员出场率与患者出场率之比为 3.33(30%/9%)；凤凰医患报道的医护人员出场率与患者出场率之比为1.66(20%/12%)。

从统计结果来看，近两年来医患报道中医护人员出场明显多于患者出场。

（六）三家媒体 2017—2018 年医患报道的报道视角

2017—2018 年，三家媒体医患报道的报道视角主要以医方视角为主。"医方视角"是近两年三家媒体医患报道的第一视角。人民日报"医方视角"占比39%（14 篇，39%）；澎湃新闻"医方视角"占比 31%（31 篇，31%）；凤凰"医方视角"占比 40%（46 篇，40%）。见图 2 - 23。

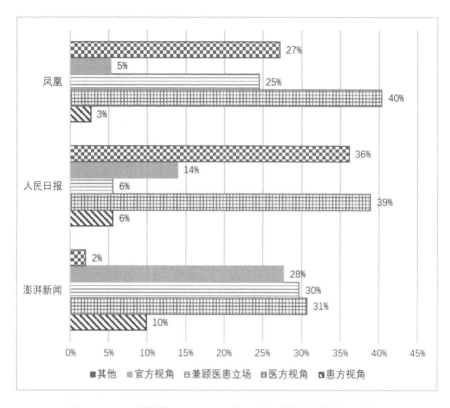

图 2‑23　三家媒体 2017—2018 年医患报道的报道视角比较图

从统计数据来看,"医方视角"成为近两年来医患报道的第一视角。这说明近年来媒体多从医生角度报道医患关系。

(七) 三家媒体 2017—2018 年医患报道总体框架

2017—2018 年三家媒体医患报道的总体报道框架以"人情味"为第一框架。凤凰有 56％医患报道采用了"人情味"框架(65 篇,56％);澎湃新闻有 36％医患报道采用了"人情味"框架(36 篇,36％);人民日报有 33％医患报道采用了"人情味"框架(12 篇,33％)。见图 2‑24。

从统计数据来看,"人情味"框架是近两年医患报道的第一框架。

(八) 三家媒体 2017—2018 年医患报道偏向

2017—2018 年三家媒体医患报道偏向主要偏向于医护人员。凤凰有 58％医患报道倾向偏向于医护人员(66 篇,58％);人民日报有 42％医患报道偏向于

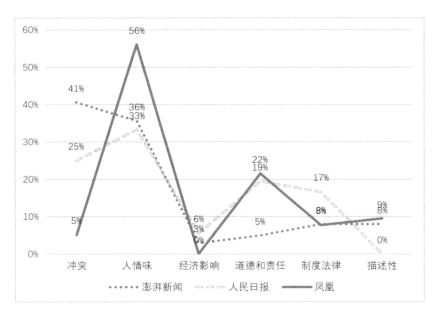

图 2 ‑ 24   三家媒体 2017—2018 年医患报道总体框架比较图

医护人员（15 篇，42％）；澎湃新闻有 38％医患报道偏向于医护人员（38 篇，38％）。见图 2 ‑ 25。

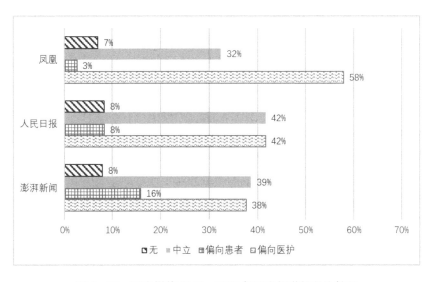

图 2 ‑ 25   三家媒体 2017—2018 年医患报道偏向比较图

　　2017—2018 年三家媒体偏向于患者的医患报道占比非常少。凤凰只有3％医患报道偏向倾向于医护人员（3 篇，3％）；人民日报有 8％医患报道偏向倾向于医护人员（3 篇，8％）；澎湃新闻有 16％医患报道偏向倾向于医护人员（16 篇，16％）。

　　从统计结果来看，2017—2018 年三家媒体医患报道偏向倾向于医护人员，极少有报道偏向于患者。

　　小结：从报道议题来看，2017—2018 年"正面典型"议题成为医患报道的第一议题。进一步研究发现，从报道总体偏向来看，"正面典型"议题明显偏向医护人员；从报道视角来看，"正面典型"议题明显偏向医方视角；从报道总体基调来看，"正面典型"议题明显以正面基调为主；从报道总体思路来看，"正面典型"议题明显偏向"和谐—温情"思路；从报道总体基调来看，"正面典型"议题明显采用了人情味框架；从标题基调来看，"正面典型"议题的标题明显以积极基调为主。

　　从报道思路来看，2017—2018 年"和谐—温情"成为医患报道的第一报道思路，且很少触及"政府—政策"思路上的讨论。

　　从消息来源来看，2017—2018 年医患报道对医务人员的引用率明显高于对患方、患方家属的引用率。

　　从归因框架来看，2017—2018 年"道德标准"成为医患报道的第一归因框架。且医患报道"道德标准"归因框架的运用在时间上呈现出一个波浪曲线。2011—2014 年间，该归因框架被运用较多，且更多运用于负面立场的媒体评论当中。2015—2016 年间是过渡时期，该归因框架的使用陷入低潮期。2017—2018 年，该归因框架再次被广泛运用，且较多运用于正面立场的正面典型议题中。

　　从医患双方出场来看，2017—2018 年医护人员出场明显多于患者出场。

　　从报道视角来看，2017—2018 年"医方视角"成为医患报道的第一视角。

　　从报道总体框架来看，2017—2018 年"人情味"框架是第一总体框架。

　　从报道偏向来看，2017—2018 年医患报道总体偏向于医护人员，极少偏向患者。

综上,本小节研究发现:2017—2018 年人民日报、澎湃新闻、凤凰医患报道样本的框架特征是:医生以正面形象出场。

三、纵向分析:人民日报(2011—2018)医患关系报道框架

本小节选取 2011—2018 年人民日报的医患报道作为考察对象,考察医患报道倾向在更长时间阶段内的变化方向和变化趋势。

(一)人民日报 2011—2018 年医患报道标题基调

2011—2018 年人民日报医患报道标题基调呈现出的变化趋势是:消极基调的标题总体趋少,积极基调的标题总体趋多。

消极基调的标题数量 8 年间呈现出倒 U 字形曲线。在 2013 年达到顶峰(83%),2014—2015 年跌落,2016 年达到谷底,2017 年之后明显下降。2011 年为 13 篇,68%;2012 年为 12 篇,55%;2013 年为 20 篇,83%;2014 年为 14 篇,61%;2015 年为 13 篇,59%;2016 年为 4 篇,21%;2017 年 10 篇,43%;2018 年3 篇,23%。见图 2 - 26。

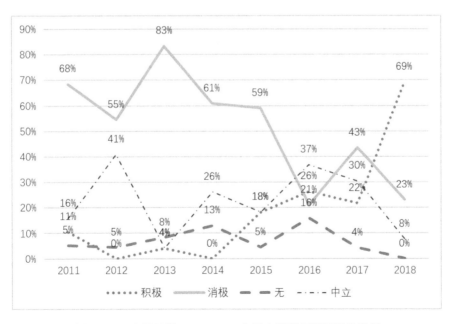

图 2 - 26　人民日报 2011—2018 年医患报道标题基调比较图

积极基调的标题数量 8 年间呈现出大 V 字形曲线。2015—2016 年是个转折时期,2015—2016 年之前积极基调的标题数量一直非常少,2015—2016 年有个明显的上升期,积极基调的标题明显增多,2017—2018 年持续显著增多。

从统计结果来看,2011—2018 年医患报道消极基调的标题总体趋少,积极基调的标题总体趋多。且 2016 年左右是一个转折期,2016 年之前,消极基调的标题多,积极基调标题少;2016 年开始,消极基调的标题显著减少,积极基调标题显著增多。

(二)人民日报 2011—2018 年医患报道报道视角

2011—2018 年人民日报医患报道视角呈现出的变化趋势是:患方视角总体趋少,医方视角总体趋多。

患方视角的报道数量 8 年间呈现出倒 U 字形曲线。在 2013 年达到顶峰(21%),2014 年起开始跌落,2015—2017 年达到谷底。2011 年为 0 篇,0%;2012 年为 0 篇,0%;2013 年为 5 篇,21%;2014 年为 2 篇,4%;2015—2017 年均为 0 篇,0%;2018 年 2 篇,15%。见图 2 - 27。

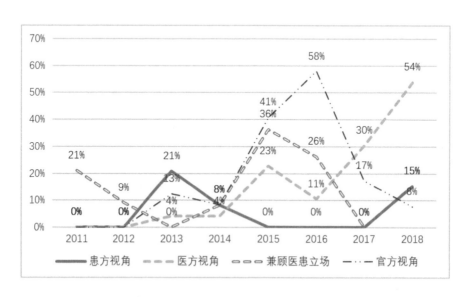

图 2‐27　人民日报 2011—2018 年医患报道的报道视角比较图

医方视角的报道数量 8 年间呈现不断上升趋势。2015 年是明显增加期,比前一年增长了 15%。2015 年之前医方视角的报道数量缓慢增长，2015 年之后有个明显的上升期，医方视角的报道数量明显逐年增多，到 2018 年达到顶峰（54%）。

从统计结果来看，2011—2018 年患方视角的报道数量总体趋少，医方视角的报道数量总体趋多。且 2014—2015 年左右是一个转折期，转折期之前，患方视角的报道多，医方视角的报道少；转折期开始，患方视角的报道显著减少，医方视角的报道显著增多。

（三）人民日报 2011—2018 年医患报道总体基调

2011—2018 年人民日报医患报道总体基调呈现出的变化趋势是：负面基调总体趋少，正面基调总体趋多。

负面基调的报道数量 8 年间呈现出倒 U 字形曲线。在 2013 年达到顶峰（88%），2014 年起开始跌落，2015—2016 年到达低谷期，2017 年小幅回升，2018 年显著下降。2011 年为 10 篇，53%；2012 年为 10 篇，45%；2013 年为 21 篇，88%；2014 年为 16 篇，70%；2015 年、2016 年均为 4 篇，21%；2017 年为 11 篇，48%；2018 年 2 篇，15%。见图 2-28。

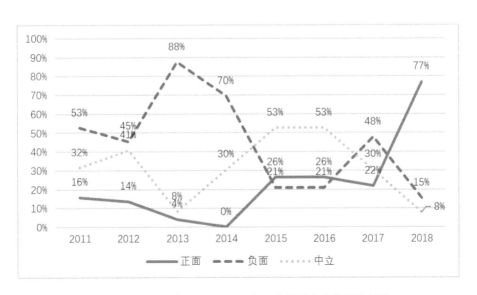

图 2-28　人民日报 2011—2018 年医患报道总体基调比较图

正面基调的报道数量 8 年间呈现不断上升趋势。2015 年是明显增加期，比前一年增长了 26％。2015 年之前正面基调的报道数量逐年减少，2014 年正面基调报道降到谷底，2015 年有个明显的上升，正面基调的报道数量稳步增长，到 2018 年达到顶峰(77％)。

从统计结果来看，2011—2018 年负面基调报道总体趋少，正面基调报道总体趋多。且 2015—2016 年左右是一个转折期，转折期之前，负面基调的报道比正面基调的报道多；转折期开始，负面基调的报道总体趋势减少，正面基调的报道快速增多。

（四）人民日报 2011—2018 年医患报道偏向

2011—2018 年人民日报医患报道偏向呈现出的变化趋势是：2011—2018 年偏向患者报道自 2014 年开始总体趋少，偏向医护的报道自 2016 年开始趋多。

偏向患者的报道数量 8 年间呈现出倒 V 字形曲线。在 2014 年达到顶峰(61％)，2015 年起开始跌落，2015—2017 年持续下降，到 2018 年为 0 篇。2011 年为 4 篇，21％；2012 年为 6 篇，27％；2013 年为 9 篇，38％；2014 年为 14 篇，61％；2015 年为 6 篇，27％；2016 年为 2 篇，11％；2017 年为 2 篇，9％；2018 年 1 篇，8％。见图 2 - 29。

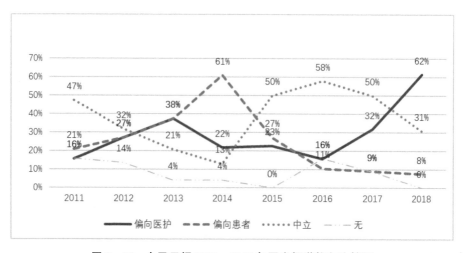

图 2 - 29　人民日报 2011—2018 年医患报道偏向比较图

偏向医护的报道数量 8 年间呈现小幅波动,整体呈上升趋势。2016 年是个转折点,2016 年之后,偏向医护的报道快速增长,至 2018 年达到顶峰(62%)。

从统计结果来看,2011—2018 年偏向患者报道自 2014 年开始总体趋少,偏向医护的报道自 2016 年开始趋多。2016 年左右是一个转折期,2016 年之前,偏向患者的报道比偏向医护的报道多;2016 年之后,偏向医护的报道比偏向患者的报道多。

（五）人民日报 2011—2018 年医患报道总体框架

2011—2018 年人民日报医患报道总体框架呈现出的三个变化趋势是:冲突框架震荡减少;道德责任框架震荡减少;人情味框架稳步增多。

冲突框架震荡减少。冲突框架有两个高峰,分别是 2013 年（14 篇,54%）和 2015 年（12 篇,55%）。2016—2018 年呈现逐年降低态势:2016 年 6 篇,32%;2017 年 7 篇,29%;2018 年 2 篇,17%。见图 2‑30。

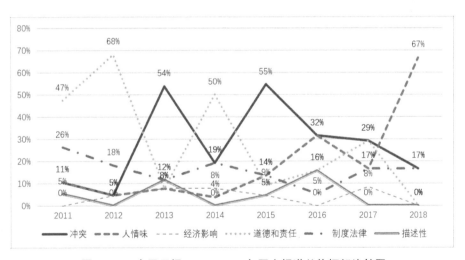

图 2‑30　人民日报 2011—2018 年医患报道总体框架比较图

道德责任框架震荡减少。道德责任框架有两个高峰,分别是 2012 年（15篇,68%）和 2014 年（13 篇,50%）;有一个低谷期,为 2013 年（2 篇,8%）。2015—2018 年总体趋势减少,2018 年降到最低（0 篇,0%）。

人情味框架稳步增多。人情味框架在 2015 年（3 篇,14%）有一个明显的增加,比 2014 年(1 篇,4％)增长了 10％。2018 年(8 篇,67％)增长最为明显。

从统计结果来看,2011—2018 年医患报道冲突框架震荡减少,人情味框架稳步增多。2016 年左右是个转折期,2016 年之前,冲突框架报道明显多于人情味框架报道;2016 年之后,人情味框架报道开始多于冲突框架报道。

(六)人民日报 2011—2018 年医患报道归因框架

2011—2018 年人民日报医患报道归因框架呈现出的两个变化趋势是:道德标准框架是第一归因框架;2013—2014 年政府责任框架被高频运用。

道德标准框架是第一归因框架。2011 年(9 篇,47％)、2012 年(11 篇,50％)、2014 年(14 篇,47％)、2017 年(12 篇,43％)、2018 年(8 篇,50％)。这五年的人民日报医患报道,道德标准框架是运用最多的归因框架,见图 2-31。

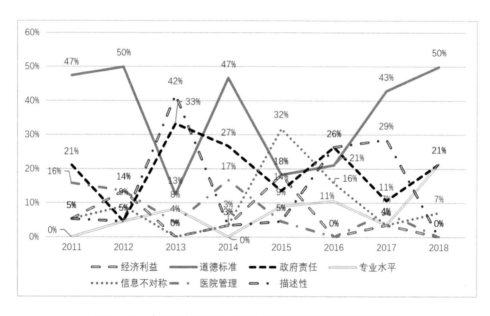

图 2-31　人民日报 2011—2018 年医患报道归因框架比较图

政府责任框架在 2013—2014 年被高频运用。之前研究已发现,2013 年冲突框架是被运用最多的一年(53％),且 88％的报道是负面报道。2014 年大部分报道偏向患者(61％),只有 22％的报道偏向医护人员,且 70％是负面报道。可以说,2013、2014 年的医患报道是 8 年间基调最为负面、最偏向患者、医患冲突事件被报道最多的时期,可以将这段时期称为"医患报道黑暗时期",在"医患报道黑暗时期"大部分医患报道中医生主要以负面形象出场。这段时间内,政府责任框架也是近 8 年来最频繁被运用的归因框架。

(七)人民日报 2011—2018 年医患报道议题

2011—2018 年人民日报医患报道议题呈现出的变化趋势是:医疗纠纷事件议题震荡总体趋少,正面典型议题震荡趋多。

医疗纠纷事件议题震荡趋少。医疗纠纷事件议题在 2014 年达到顶峰(9 篇,35%),2014 年之后逐年回落,2016 年是个低峰期(1 篇,4%),从曲线走势来看,2013—2015 年是医疗纠纷事件议题的高峰期,2016 年又是个转折期,2016 年之后总体上升趋势减弱,2018 年为 0 篇,见图 2 - 32。

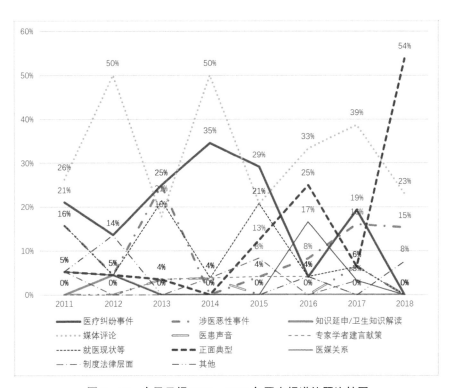

图 2 - 32　人民日报 2011—2018 年医患报道议题比较图

正面典型议题震荡趋多。正面典型议题曲线走势也在 2016 年有个明显的转折增长期,2016 年比 2015 年增长了 25%,2017 年小幅回落,2018 年增长迅速,达到 54%,见图 2-32。

从统计结果来看,2011—2018 年医疗纠纷事件议题震荡总体趋少,正面典型议题震荡趋多。且 2016 年是个明显转折期,2016 年之前医疗纠纷事件议题明显多于正面典型议题,2016 年出现首次逆差,发展到 2018 年正面典型议题远多于医疗纠纷事件议题。

（八）人民日报 2011—2018 年医患报道思路

2011—2018 年人民日报医患报道思路呈现出的变化趋势是:"冲突—后果"思路框架震荡趋少,"和谐—温情"思路框架趋多。

"冲突—后果"思路框架震荡趋少。"冲突—后果"思路的运用数量于 2013 年达到顶峰(11 篇,48%),于 2016 年到达谷底(1 篇,5%),2016 年之后呈现总体趋少态势,见图 2-33。

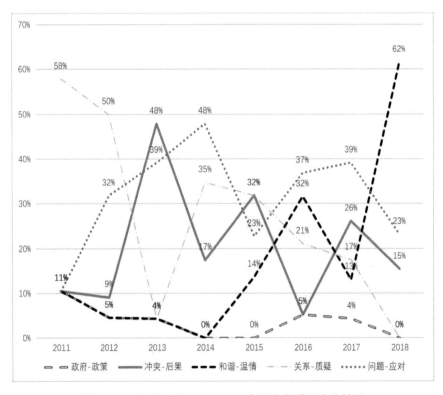

图 2-33　人民日报 2011—2018 年医患报道思路比较图

"和谐—温情"思路框架趋多。2014 年"和谐—温情"思路框架的运用数量到达谷底(0 篇,0%),2016 年是个转折上升期,2016 年比 2014 年增长了 32%,2018 年"和谐—温情"思路框架的运用达到顶峰(8 篇,62%)。

从统计结果来看,2011—2018 年医患报道的"冲突—后果"思路框架震荡趋少,"和谐—温情"思路框架趋多。且 2016 年是个明显转折期,2016 年之前"冲突—后果"思路框架明显多于"和谐—温情"思路框架的运用,2016 年出现首次逆差,到 2018 年"和谐—温情"思路框架远多于"冲突—后果"思路框架的运用。

(九)人民日报 2011—2018 年医患报道消息来源

2011—2018 年人民日报医患报道消息来源呈现出的变化趋势是:以"涉事医生"作为消息来源的比例增长显著,以"患方本人"作为消息来源的比例增长缓慢。

以"涉事医生"作为消息来源的比例增长显著。2015 年以"涉事医生"作为消息来源的报道比例(10 篇,20%)明显超过其他消息来源,2015—2018 年以"涉事医生"作为消息来源的报道比例位居首位,其中 2017 年(8 篇,27%)、2018 年(11 篇,41%)以"涉事医生"作为消息来源的报道比例增长显著。见图 2 - 34。

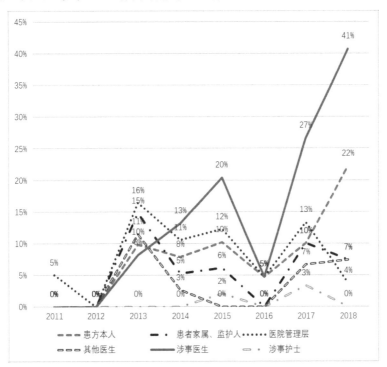

图 2 - 34　人民日报 2011—2018 年医患报道消息来源比较图

以"患方本人"作为消息来源的比例增长缓慢。2013 年以"患方本人"作为消息来源的比例（6 篇，10％）高于以"涉事医生"作为消息来源的报道比例（5篇，8％）。2013 年之后以"患方本人"作为消息来源的比例开始低于以"涉事医生"作为消息来源的报道比例。

从统计结果来看，2011—2018 年医患报道以"涉事医生"作为消息来源的比例增长显著，以"患方本人"作为消息来源的比例增长缓慢。且 2016 年是个转折期，2016 年之后以"涉事医生"作为消息来源的比例开始大大高于以"患方本人"作为消息来源的比例。

（十）人民日报 2011—2018 年医患报道双方出场

2011—2018 年人民日报医患报道双方出场情况趋势："仅医护人员出场""医护人员出场多"两种情况比例显著增长；"仅患者出场""患者出场多"两种情况明显减少。

"仅医护人员出场""医护人员出场多"两种情况比例显著增长。2015 年"仅医护人员出场"比例远超过"仅患者出场"和"患者出场多"比例，2016 年小幅回落，2017 年开始增长迅速（6 篇，26％），到 2018 年到达顶峰（38％），见图 2 - 35。

"仅患者出场""患者出场多"两种情况明显减少。2013 年，"患者出场多"比例达到顶峰（6 篇，25％），2013 年之后比例开始逐年降低，至 2018 年降至底部。

从统计结果来看，2011—2018 年医患报道"仅医护人员出场""医护人员出场多"两种情况比例显著增长；"仅患者出场""患者出场多"两种情况明显减少。且 2016 年是个转折期，2016 年之后"仅医护人员出场""医护人员出场多"两种情况比例增长迅速，远超过"仅患者出场"和"患者出场多"两者比例之和。

小结：本小节选取人民日报 2011—2018 年的医患报道样本作为考察对象，从十个层面，纵向比较报道倾向在时间线上的变化方向和变化趋势，并发现以下现象。

从标题基调来看，2011—2018 年医患报道消极基调的标题总体趋少，积极基调的标题总体趋多。且 2016 年左右是一个转折期，2016 年之前，消极基调的标题多，积极基调标题少；2016 年开始，消极基调的标题显著减少，积极基调标题显著增多。

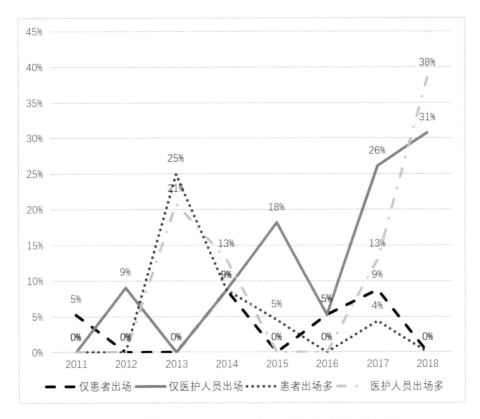

图 2‑35　人民日报 2011—2018 年医患报道双方出场比较图

从报道视角来看,2011—2018 年患方视角的报道数量总体趋少,医方视角的报道数量总体趋多。且 2014—2015 年左右是一个转折期,转折期之前,患方视角的报道多,医方视角的报道少;转折期开始,患方视角的报道显著减少,医方视角的报道显著增多。

从报道基调来看,2011—2018 年负面基调报道总体趋少,正面基调报道总体趋多。且 2015—2016 年左右是一个转折期,转折期之前,负面基调的报道比正面基调的报道多;转折期开始,负面基调的报道总体趋势减少,正面基调的报道快速增多。

从报道偏向来看,2011—2018 年偏向患者报道自 2014 年开始总体趋少,偏向医护的报道自 2016 年开始趋多。2016 年左右是一个转折期,2016 年之前,偏向患者的报道比偏向医护的报道多;2016 年之后,偏向医护的报道比偏向患者的报道多。

从报道框架来看,2011—2018年医患报道冲突框架震荡减少,人情味框架稳步增多。2016年左右是个转折期,2016年之前,冲突框架报道明显多于人情味框架报道;2016年之后,人情味框架报道开始超过冲突框架报道。

从归因框架来看,2011—2018年人民日报医患报道归因框架呈现出的两个变化趋势是:道德标准框架是第一归因框架;2013—2014年政府责任框架被高频运用。2013年、2014年的医患报道是8年间基调最为负面、最偏向患者、医患冲突事件被报道最多的时期,可以将这段时期称为"医患报道黑暗时期",在"医患报道黑暗时期"大部分医患报道中医生主要以负面形象出场。这段时间内,政府责任框架也是近8年来最频繁被运用的归因框架。

从报道议题来看,2011—2018年医疗纠纷事件议题震荡总体趋少,正面典型议题震荡趋多。且2016年是个明显转折期,2016年之前医疗纠纷事件议题明显多于正面典型议题,2016年出现首次逆差,发展到2018年正面典型议题远远多于医疗纠纷事件议题。

从报道思路来看,2011—2018年医患报道的"冲突—后果"思路框架震荡趋少,"和谐—温情"思路框架趋多。且2016年是个明显转折期,2016年之前"冲突—后果"思路框架明显多于"和谐—温情"思路框架的运用,2016年出现首次逆差,到2018年"和谐—温情"思路框架远远多于"冲突—后果"思路框架的运用。

从消息来源来看,2011—2018年医患报道以"涉事医生"作为消息来源的比例增长显著,以"患方本人"作为消息来源的比例增长缓慢。且2016年是个转折期,2016年之后以"涉事医生"作为消息来源的比例开始大大高于以"患方本人"作为消息来源的比例。

从双方出场情况来看,2011—2018年医患报道"仅医护人员出场""医护人员出场多"两种情况比例显著增长;"仅患者出场""患者出场多"两种情况明显减少。且2016年是个转折期,2016年之后"仅医护人员出场""医护人员出场多"两种情况比例增长迅速,远超过"仅患者出场"和"患者出场多"两者比例之和。

本章小结　一个发现：医患报道倾向的转变

本章通过横向梳理 2017—2018 年三个新闻媒体医患报道框架特点；纵向梳理 2011—2018 年人民日报医患报道框架变化趋势，发现了一个现象：我国医患报道倾向存在明显转向。

2011—2018 年期间，医患报道倾向的总体变化趋势是从"偏向患者"向"偏向医生"转变。整个过程的趋势变化有以下特点：标题基调上，积极基调的标题比例在增加，消极基调标题比例在减少；报道视角上，医方视角比例在增加，患方视角比例在减少；报道基调上，正面基调比例在增加，负面基调比例在减少；报道偏向上，偏向医护比例在增加，偏向患者比例在减少；报道框架上，人情味框架比例在增加，冲突框架比例在减少；归因框架上，道德标准框架的比例在增加，政府责任框架比例在减少；报道议题上，正面典型议题比例在增加，医疗纠纷议题比例在减少；报道思路上，和谐—温情比例在增加，冲突—后果比例在减少；消息来源上，涉事医生比例在增加，患方本人比例在减少；双方出场上，仅医护人员、医护人员多比例在增加，仅患者、患者出场多比例在减少。如表 2 - 1 所示。

表 2 - 1　2011—2018 年医患报道框架总体变化发展趋势

框架类别	比例总体增加的框架	比例总体减少的框架
标题基调	积极基调	消极基调
报道视角	医方视角	患方视角
报道基调	正面基调	负面基调
报道偏向	偏向医护	偏向患者
报道框架	人情味框架	冲突框架
归因框架	道德标准框架	政府责任框架
报道议题	正面典型	医疗纠纷
报道思路	和谐—温情	冲突—后果
消息来源	涉事医生	患方本人
双方出场	仅医护人员、医护人员多	仅患者、患者出场多

医患报道倾向的转向不是突然发生的,而是存在一个漫长的转变过程,这个过程中大致可以分为三个阶段。

第一个阶段,2013—2014 年及之前为"偏向患者"期。该时期及之前,医生主要以负面形象出场,医生群体和医疗机构集体失声,媒体较多引用患方及家属消息,患方掌握话语主动权。这一时期产生了较多负面医患报道案例,以"八毛门""缝肛门"事件的相关报道最为典型。发展到 2013 年左右,医患矛盾空前激烈,医患关系陷入冰点,因此可将 2013—2014 年视为医患报道的冰点负面期。

国内其他学者也发现了 2013—2014 年以前医患报道的"偏向患者"倾向:有学者抽样国内 10 份报纸的 359 份医生形象报道进行研究,结果发现医生形象由 1980 年正面形象向 2006 年负面形象变迁(1980—2006 年)[1]。有学者对 2003—2012 年百度新闻中的 410 篇医患关系报道进行研究,发现"2011、2012 年医生救治患者的报道大幅减少,医生负面报道数量大大增加。"[2]还有学者以 2007 年 4 月—2014 年 3 月《华商报》307 篇医生相关报道为样本研究,结果发现:媒体所构建的医生形象负面多于正面[3]。有学者采用 ROST 工具从高频词、共现词、形同词的词频和语义网络分析了 2011 年全年三大门户网站的 276 条医患报道,发现 2011 年我国医疗新闻报道较多从患者立场出发[4]。还有学者对 2012 年 1 月 1 日—2014 年 12 月 30 日东方卫视 408 则医患新闻进行分析,研究发现新闻报道在医方失职、涉医暴力等主题中,消息来源明显偏向患方[5]。以上学者研究结论符合本书发现,即 2013—2014 年及之前医生在媒体报道中多以负面形象出场。

具体而言,2013—2014 年及之前"偏向患者"期医患报道框架存在以下特点:标题基调上,报道标题以消极基调为主,消极基调的标题数量 2013 年达到顶峰;报道视角上,医患报道多从患方视角进行表述,患方视角的报道数量

---

① 彭曼.我国近期报纸医生的传媒形象研究[D].武汉:华中科技大学,2007.
② 吉雪菲.试析我国媒体对"医患关系"的报道方式[D].重庆:西南大学,2014.
③ 葛梦姣.框架理论视角:都市报中的医生形象——以《华商报》中的医生报道为例[M].西安:西北大学,2014.
④ 阳欣哲.媒体传播对医患关系影响研究[D].上海:上海交通大学,2012.
⑤ 郭丽佳.东方卫视医患关系新闻报道研究(2012—2014)[D].上海:华东师范大学,2015.

2013 年达到顶峰；报道基调上，医患报道多以负面基调进行报道，负面基调的报道数量 2013 年达到顶峰；报道偏向上，报道更多偏向患者，偏向患者的报道数量 2014 年达到顶峰；报道框架上，报道更多采用医患冲突框架来表述医患事件，冲突框架的报道数量 2013 年达到顶峰；归因框架上，政府责任框架在 2013—2014 年被高频运用，2013 年冲突框架是被运用最多的一年；报道议题上，媒体更关注医疗纠纷事件，医疗纠纷事件议题在 2014 年达到顶峰；报道思路上，报道更多展现医患冲突及后果，"冲突—后果"思路的运用数量 2013 年达到顶峰；消息来源上，医患报道更多引用患方作为消息来源，2013 年以"患方本人"作为消息来源的比例高于以"涉事医生"作为消息来源的报道比例。2013 年之后以"患方本人"作为消息来源的比例开始低于以"涉事医生"作为消息来源的报道比例；双方出场上，"患者出场多"比例 2013 年达到顶峰。如表 2 - 2 所示。

表 2 - 2　2013—2014 年及之前"偏向患者"期的框架特点

框架类别	2013—2014 年"偏向患者"描述
标题基调	消极基调的标题数量 2013 年达到顶峰
报道视角	患方视角的报道数量 2013 年达到顶峰
报道基调	负面基调的报道数量 2013 年达到顶峰
报道偏向	偏向患者的报道数量 2014 年达到顶峰
报道框架	冲突框架的报道数量 2013 年达到顶峰
归因框架	政府责任框架在 2013—2014 年被高频运用，2013 年冲突框架是被运用最多的一年
报道议题	医疗纠纷事件议题在 2014 年达到顶峰
报道思路	"冲突—后果"思路的运用数量 2013 年达到顶峰
消息来源	2013 年以"患方本人"作为消息来源的比例高于以"涉事医生"作为消息来源的报道比例。2013 年之后以"患方本人"作为消息来源的比例开始低于以"涉事医生"作为消息来源的报道比例
双方出场	"患者出场多"比例 2013 年达到顶峰

第二个阶段，2015—2016 年左右是医患报道倾向的"转折发生"期。"转折

发生"期中医生开始以正面形象出场,医患报道开始较多引用医务人员消息,医务人员开始逐渐掌握媒体话语权。多个框架在"转折发生"期中发生了逆转,因此,可以将2015—2016年视为医患报道倾向的"转折发生"期。

国内其他学者也发现了2015—2016年左右医患报道倾向由负面向正面转变:有学者研究了2009—2016年关于医生媒介形象266条新浪微博,结果发现:2009年8月至2012年12月,医生形象趋于负面;2013、2014年医生负面倾向达到顶峰(与本书结论完全相符);2014年以前医生形象趋于负面,2014年以后趋于正面(这与本书结论基本相符,本书把报道倾向转向的时间点往后挪了1~2年)①。有学者对2014年1月1日—2017年1月1日新浪网医患报道进行研究,结果发现"医生的媒介形象在2014年左右发生了变化。2014年之前,医生负面报道多于正面,自2014年起,医生媒介形象开始趋于正面"②。有学者研究了442篇2010—2014年新华网医患关系报道,结果发现"医患纠纷类报道比重下降,正面医患关系报道比重增加,医患关系报道主题从负面报道为主转向均衡报道,医生形象从'人民公敌'转向'正面形象'"③。有学者以2005—2014年《南方周末》(144篇)和《钱江晚报》(253篇)共397篇医患报道为样本进行研究,结果发现2011—2014年《南方周末》医患关系负面倾向报道数量开始减少④。有学者对2012—2015年361篇新浪网医患纠纷事件报道进行分析,结果发现"医方立场不断上涨,2015年中达到顶峰(2012:35篇;2013:38篇;2014:39篇;2015:42篇);相比之下,患方立场则缓慢下降(2012:30篇;2013:19篇;2014:14篇;2015:13篇)"⑤,以上研究结果大致呈现出2014—2016年间媒体医患报道倾向从"医生负面出场"逐渐向"医生正面出场"转变,符合本书发现。

具体而言,2015—2016年"转折发生"期医患报道框架存在以下特点:标题基调上,"转折发生"期前,消极基调的标题多,积极基调标题少;"转折发生"期

① 谷鹏.从新媒体传播的医患报道中解读医生媒介形象——以新浪微博(2009—2016)为例[D].苏州:苏州大学,2017.
② 陈炳宇.基于框架分析的"医生"媒介形象研究——以新浪网新闻频道为例[D].保定:河北大学,2017.
③ 迟晓婷.新华网(2010—2014)医患关系报道的框架分析[D].保定:河北大学,2015.
④ 侯琳.《南方周末》和《钱江晚报》医患关系报道的框架分析[D].杭州:浙江传媒学院,2016
⑤ 张帆.网络媒体中的医患纠纷报道研究——以新浪网为例[D].重庆:重庆大学,2016.

中,消极基调的标题显著减少,积极基调标题显著增多。报道视角上,"转折发生"期前,患方视角的报道多,医方视角的报道少;"转折发生"期中,患方视角的报道显著减少,医方视角的报道显著增多。报道基调上,"转折发生"期前,负面基调的报道比正面基调的报道多;"转折发生"期中,负面基调的报道总体趋势减少,正面基调的报道快速增多。报道偏向上,"转折发生"期前,偏向患者的报道比偏向医护的报道多;"转折发生"期中,偏向医护的报道比偏向患者的报道多。报道框架上,"转折发生"期前,冲突框架报道明显多于人情味框架报道;"转折发生"期中,人情味框架报道开始超过冲突框架报道。报道议题上,"转折发生"期前,医疗纠纷事件议题明显多于正面典型议题;"转折发生"期中,正面典型议题多于医疗纠纷事件议题。报道思路上,"转折发生"期前,"冲突—后果"思路框架明显多于"和谐—温情"思路框架的运用;"转折发生"期中,"和谐—温情"思路框架多于"冲突—后果"思路框架的运用。消息来源上,"转折发生"期前,"涉事医生"作为消息来源的比例稍高于以"患方本人"作为消息来源的比例;"转折发生"期中,"涉事医生"作为消息来源的比例开始明显高于以"患方本人"作为消息来源的比例。双方出场上,"转折发生"期中,"仅医护人员出场""医护人员出场多"两种情况比例增长迅速,开始远超过"仅患者出场"和"患者出场多"两者比例之和。如表 2 - 3 所示。

表 2 - 3　2015—2016 年"转折发生"期的框架特点

框架类别	2015—2016 年转折期前	2015—2016 年转折期中
标题基调	消极基调的标题多,积极基调标题少	消极基调的标题显著减少,积极基调标题显著增多
报道视角	患方视角的报道多,医方视角的报道少	患方视角的报道显著减少,医方视角的报道显著增多
报道基调	负面基调的报道比正面基调的报道多	负面基调的报道总体趋势减少,正面基调的报道快速增多
报道偏向	偏向患者的报道比偏向医护的报道多	偏向医护的报道比偏向患者的报道多

（续表）

框架类别	2015—2016 年转折期前	2015—2016 年转折期中
报道框架	冲突框架报道明显多于人情味框架报道	人情味框架报道开始超过冲突框架报道
报道议题	医疗纠纷事件议题明显多于正面典型议题	正面典型议题多于医疗纠纷事件议题
报道思路	"冲突—后果"思路框架明显多于"和谐—温情"思路框架的运用	"和谐—温情"思路框架多于"冲突—后果"思路框架的运用
消息来源	"涉事医生"作为消息来源的比例稍高于以"患方本人"作为消息来源的比例	"涉事医生"作为消息来源的比例开始明显高于以"患方本人"作为消息来源的比例
双方出场		"仅医护人员出场""医护人员出场多"两种情况比例增长迅速,开始远超过"仅患者出场"和"患者出场多"两者比例之和

第三个阶段,2017—2018 年是"偏向医生"期。"偏向医生"期以医患正面典型议题为主,运用和谐—温情报道框架,报道较多引用医生群体消息。这一时期出现的案例以"最美医生"和"最美护士"等正面报道最为典型,因此,可将 2017—2018 年视为"偏向医生"期。

2017—2018 年"偏向医生"期医患报道框架存在以下特点:标题基调上,该期间以积极标题为主,消极基调的标题数量 2017 年之后明显下降;积极基调的标题数量 2017—2018 年持续显著增多。报道视角上,医方视角的报道数量 2018 年达到顶峰 54％。报道基调上,正面基调的报道数量 2018 年达到顶峰 77％。报道偏向上,偏向医护的报道数量 2018 年达到顶峰 62％。报道框架上,人情味框架稳步增多,2018 年(8 篇,67％)增长最为明显。报道议题上,正面典型议题震荡趋多,2018 年增长迅速,达到 54％。报道思路上,"和谐—温情"思路框架的运用 2018 年达到顶峰 62％。消息来源上,"涉事医生"作为消息来源的报道比例 2015—2018 年位居首位,其中 2017 年(8 篇,27％)、2018 年(11 篇,41％)以"涉事医生"作为消息来源的报道比例增长显著。双方出场上,

"仅医护人员出场""医护人员出场多"2017 年开始增长迅速,2018 年到达顶峰 38%;"仅患者出场""患者出场多"2018 年降至最少。如表 2 - 4 所示。

表 2 - 4   2017—2018 年"偏向医生"期的框架特点

框架类别	2017—2018 年"偏向医生"描述
标题基调	消极基调的标题数量 2017 年之后明显下降;积极基调的标题数量 2017—2018 年持续显著增多
报道视角	医方视角的报道数量 2018 年达到顶峰 54%
报道基调	正面基调的报道数量 2018 年达到顶峰 77%
报道偏向	偏向医护的报道数量 2018 年达到顶峰 62%
报道框架	人情味框架稳步增多 2018 年(8 篇,67%)增长最为明显
报道议题	正面典型议题震荡趋多 2018 年增长迅速,达到 54%
报道思路	"和谐—温情"思路框架的运用 2018 年达到顶峰 62%
消息来源	"涉事医生"作为消息来源的报道比例 2015—2018 年位居首位,其中 2017 年(8 篇,27%)、2018 年(11 篇,41%)以"涉事医生"作为消息来源的报道比例增长显著
双方出场	"仅医护人员出场""医护人员出场多"2017 年开始增长迅速,2018 年到达顶峰 38%; "仅患者出场""患者出场多"2018 年降至最少

综上,上述研究发现,医患报道倾向的确存在变化周期性。早期是"偏向患者"期,这个周期大概从 2011 年左右开始持续到 2013—2014 年,2013—2014 年进入医患报道负面冰点期。大约从 2014 年开始进入转折过渡期,2015—2016 年前后是明显转折期,该时期大部分主流媒体开始理性探讨医患关系,考察医患矛盾根源,开始为医生群体正名。2016 年后进入"偏向医生"期,大约在 2017—2018 年左右,主流媒体主要讴歌医生典型事迹,负面议题的医患报道大幅度减少,报道倾向明显偏向医生,如果用示意图来表示,整个医患报道倾向周期大致呈现出倒 S 形曲线,见图 2 - 36。

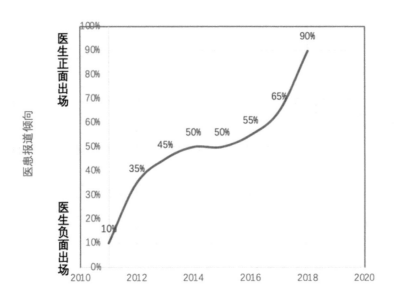

图 2‐36　2011—2018 年医患报道倾向示意图：横 S 形曲线

　　上述研究发现，2011—2018 年医患报道倾向的确存在转向且形成阶段性。因此，可以说，我国医患报道的确存在报道倾向周期性。那么医患报道倾向是如何发生转向的呢？这个问题将在下一章医患报道的新闻生产框架中给予探讨和回答。

第三章

医患报道的新闻生产框架

第一节 概述:医患话题从"爆点议题"到"过时议题"

1999—2006 年,国家相继出台了一系列医改政策,《中国人民解放军军人退役医疗保险暂行办法》(1999)、《关于铁路系统职工参加基本医疗保险有关问题的通知》(1999)、《关于城镇职工灵活就业人员参加医疗保险的指导意见》(2003)、《关于推进混合所有制企业和非公有制经济组织从业人员参加医疗保险的意见》(2004)、《关于开展农民工参加医疗保险专项扩面行动的通知》(2006),以上文件精神均旨在逐步将全民纳入医疗保险制度,取消了劳保医疗制度规定的"均由企业负担员工的全部诊费、手术费、住院费及普遍药费,本人负担贵重药费、住院的膳食及就医路费"①,提高了个人医疗支付比例。这一系列医改举措给全社会带来了很多新问题:首先,市场经济带来消费观念的深入人心,公众普遍开始把医疗服务当成消费行为,将医生视为服务提供者。其次,个人医疗经济负担的加重促使公众对医疗质量和服务质量的要求提升,给原本捉襟见肘的医疗体系雪上加霜。再次,中国长久以来的生死观念对"生"过于执着,对"死"过于回避和排斥,导致病患普遍怀有"横着进医院,站着出医院"这种"理所当然"的念想。此外,公众健康素养普遍低下,医学本身又过于高深艰涩且具有一定不确定性,从而造成了医患之间巨大的信息不对称。最后,医学发展水平必定存在界限,而患者对医学的期待过高,高期待和低现实之间的差距也导致了医患关系的紧张加剧。以上制度、观念、消费文化、信息不对称等一系

---

① 冯菊红.中国医疗保险制度改革之我见[J].中国科技信息,2008(17):305 - 306.

列原因导致大约从 2000 年开始我国医患关系逐渐紧张,医患纠纷频发。

　　10 多年前,医患纠纷在当时是一个新兴而热门的话题,用媒体业界的行话来形容叫作"爆点"话题,即吸引眼球能带动流量的话题,因此,大量媒体一拥而上,对医患报道趋之若鹜,形成一股医患报道热。最初 10 年(2000—2010 年)医疗卫生条线记者普遍缺乏医疗行业知识,对医疗行业状况了解不充分,加上医生群体的集体沉默,导致记者群体对该话题的负面情况大书特书,一时之间,医患纠纷报道铺天盖地,大部分报道中医生均以负面形象出场。《新民周刊》从事医疗卫生条线报道 15 年的资深编辑 H 回忆:"那个时候的舆论环境下,如果(媒体)说医生没有问题,大家是不相信的。"新民网医疗卫生条线记者 L 回忆起当时的状况:"医疗纠纷本身是记者非常难解决的东西,太专业了,以前媒体觉得这是大事,媒体不嫌事大,所以容易从患者角度表达。"

　　发酵至 2010—2014 年间,医患报道数量达至顶点,医生形象跌至谷底,媒体对医生"喊杀"一片。2015—2016 年,在媒体狂风暴雨式的轰炸后,卫计委、医生群体、医院宣传部门开始调整策略逐渐发声,这一时期医院、医生的发声和新媒体技术的发展有着很大关系,微博、微信相继在 2009、2011 年上线,使得医方掌握了发声渠道,医方的发声抢占了传统媒体舆论阵地,很多医疗纠纷的舆论反转现象在这一时期出现,"缝肛门"(2010 年),"八毛门"(2011 年)是这一时期舆论反转的典型。从 2000 年到 2014 年左右,这一时期是医患报道的"贬"时期。

　　在这十几年的长期交锋中,记者对医生群体从不了解到开始理解,对医生群体的辛苦和不易开始有了较为理性、全面的认知。记者认识到医学的复杂性,并逐渐开始理性、客观地看待医疗纠纷。酝酿至 2014—2016 年左右,医患报道倾向开始出现了转向,媒体开始关注医生群体的辛苦,当医闹事件频繁出现时,记者开始转向同情医生。这一时期是医患报道的"探"时期。

　　2017—2018 年,医生的正面典型报道成为医患报道主流,各种"最美医生""最美护士"系列报道出现在卫生版面,这一时期是医患报道的"捧"时期。该阶段的到来和几方面原因有关:除了媒体人对医疗体系的认知成熟化,还有媒体人对改变医疗体制的绝望,也与党的宣传方针有着密切关系。与此同时,医患报道数量开始锐减,医患话题逐渐淡出媒体视线,医患报道开始进入"衰"时期。

近 20 年的发展过程中,医患话题从"热点"到"过时",并不是因为医患纠纷数量由多变少,也不是因为医患矛盾由激烈变得缓和。相反,20 年来,每年医患纠纷的数量并没有显著性变化①,之所以让公众感觉近几年医患纠纷变少,是因为媒体对这个话题的关注度减少了。

从 1999 年到 2018 年,历经 20 年时间,医患报道消耗完了媒体的热情,也走到了最后的"衰"时期。可以预断,除非国家再次出台颠覆性医改政策,否则,医患报道不会再成为媒体的热门议题。

医患报道的发展过程和媒体从业者对医疗行业的认知成熟度有着密切关系。媒体从业者从不了解医疗,仇视医生;到逐渐了解医生,归复理性;到同情医生,反思自省,与医患报道的倾向转变有着十分密切的内在关联。笔者推测,这种"媒体从业者的认知变化与报道倾向转变"应该不单单存在于医患报道领域,其他领域的报道中可能也同样存在。可以说,报道倾向实质上是媒体从业者对某个领域或事物认知过程的体现。

第二节　理论依据及框架搭建

一、新闻生产理论依据

（一）"新闻常规"新闻生产理论

新闻生产研究早期较有名的是怀特（White）的"守门人"研究。怀特通过对媒介组织内部的守门人研究,提出守门人决定了哪些内容流向受众。怀特在 1950 年代对美国一家地方报社电讯编辑的守门活动进行实证调查,他深描了编辑如何挑选新闻并对新闻生产过程进行把关,提出决定信息可否被流通的"守门人"概念,并提出新闻包含记者个人偏见（individual bias）②。

50 年代中期,学者将研究重心从媒体从业者层面转向新闻组织利益层

---

① 参考对沪上某三甲医院医生 S、上海某三甲医院 L 医生访谈资料。

② WHITE D M. The gatekeeper:a case study in the selection of news[J]. Journalism Quarterly,1950,24(4):383 - 390.

面①。布里德(Breed)对美国百多位新闻从业人员访谈后提出编辑室的控制凌驾于编辑个人的把关②。罗胥克(Roshco)指出,在大多数情况下,新闻从业者选择新闻事实通常由社会组织结构决定,包括:哪些事件、哪些人物可以被曝光;哪些组织、机构不能被曝光;被曝光事件和人物的呈现方式等③。

这一阶段的新闻生产研究重心由早期的编辑个人层面转向了新闻室内部控制层面。盖伊·塔奇曼提出了"新闻常规"概念,并指出"常规形塑了新闻"④。她从消息来源、记者社交群、媒介权力、意识形态等方面,考察了新闻生产过程中媒介组织常规对记者运用媒介框架的影响⑤。塔奇曼将新闻常规视为维系媒体运转的准则和规范⑥。

此外,菲什曼(Fishman)、Hirsch、Gieber 等学者将对"新闻室常规"的考察扩大了新闻组织外⑦,将媒介组织置于社会性视野中,考察组织内部与组织外部的互动关系对"新闻常规"的影响。Hirsch 关注媒介组织与社会制度之间的关系,剖析了社会力量对媒介组织的影响,并提出应扩大媒介生产的研究视野,建议从"个人、组织、外在环境"三个层次进行探讨。⑧ 甘斯关注不同媒介组织之间的竞争,并提出"竞争选民"概念(competing constituency)⑨。到了 70 年代晚期,有关新闻媒体的"新闻常规"研究已经从编辑室内部(编辑室的新闻常

---

① BREED W.Social control in the newsroom:a functional analysis[J]. Social force,1955(33):323 – 325.

② BREED W.Social control in the newsroom:a functional analysis[J]. Social force,1955(33):323 – 325.

③ 伯纳·罗胥克. 制作新闻[M]. 姜雪影,译. 台北:台北远流出版事业股份有限公司,1994.

④ 王敏.从"常规"到"惯习":一个研究框架的学术史考察[J].新闻与传播研究,2018,25(09):68 – 80＋127.

⑤ 盖伊·塔奇曼.做新闻[M].麻争旗等,译.北京:华夏出版社,2008.

⑥ TUCHMAN G. Making news by doing work:routinizating the unexpected[J].The American Journal of Sociology, 1973, 79 (1):110 – 131.

⑦ FISHMAN M.Manufacturing the news[M]. Austin:University of Texas Press,1980.HIRSCH P M.Occupation, organization, and institutional model in mass media research:toward and integrated framework[J]. In HIRSCH P M, Miller P V. Strategies for communication research.CA:Beverly Hills,1977.GIBER W.Across the desk:a study of 16 telegraph editors[J]. Journalism Quarterly,1956(33):422 – 432.

⑧ HIRSCH P M. Occupation, organization, and institutional model in mass media research:toward and integrated framework[J]. In HIRSCH P M, Miller P V. Strategies for communication research.CA:Beverly Hills,1977.

⑨ GANS H J.Deciding what's news[M]. New York:Free Press,1979.

规操作)转向对媒介组织外部(媒介同行、社会组织、政府机构对新闻生产的交互作用)的探讨。

以上学者均普遍认为,媒介组织的把关与控制比起记者个人的预设和立场对新闻生产的影响更大。这批专注于新闻常规研究的"常规派理论家"(routines theorists)视新闻生产行为被利益操控且有规律可循①。

"新闻常规"新闻生产中的很多经典研究采用了"新闻室民族志"方法。比如,1973年,爱泼斯坦对部分全国性新闻机构进行为期一年多的田野调查,并出版了《来自乌有之乡的新闻》一书②。1978年,塔奇曼考察了哥伦比亚广播公司(CBS),出版了《做新闻》一书③。1980,马克·费什曼调查了加利福尼亚一家报社,并出版了《制造新闻》一书④。甘斯观察了《时代周刊》、哥伦比亚广播公司、《新闻周刊》和美国全国广播公司等媒体生产过程,揭示了媒介组织对记者实施的组织约束和压力⑤。沃伦·布里德考察了新闻组织对新闻生产过程施加的各类权力因素⑥。

"新闻常规"新闻生产理论将新闻工作者视为被动的存在,新闻生产者被媒介组织框架限定及控制,是只能被动按照组织要求进行生产的"新闻流水线上的工人"。路易斯(Lewis)明确指出,新闻室的控制力强大,对生活于其中的编辑和记者施加了深刻影响⑦。菲什曼同样认为,与普通受众一样,新闻工作者也会受到媒介设置的框架的影响⑧。舍弗勒(Scheufele)进一步补充了潜在影响新闻工作者的媒介框架,指出至少存在五种因素会潜在地影响记者框架一个

① ELIASOPH N. Routines and the making of oppositional news [J]. Critical Studies in Mass Communication,1988,5(4):313-334.

② EPTEIN J E. News from nowhere: television and the news[M].New York: Random House, 1974.

③ TUCHMAN G. Making news: a study in the construction of reality[M]. New York: The Free Press, 1978.

④ FISHMAN M. Manufacturing the news[M].Austin: University of Texas Press, 1980.

⑤ GANS H J.Deciding what's news: s study of CBS evening news, NBC nightly news, newsweek, and the TIME[M]. Evanston, IL: Northwestern University Press, 1979.

⑥ BREED W.Social control in the newsroom: a functional analysis[J].Social Force,1955(33):323-325.

⑦ LEWIS D.Newspaper gatekeepers and forces in the news channel[J].Public Opinion Quarterly, 1967,31(1):61-68.

⑧ SCHEUFELE D A.Framing as a theory of media effects[J].Journal of Communication,1999(49): 101-120.

给定的事件：社会习惯的价值，组织压力和限制，利益集团的压力，新闻规范，记者的意识形态或政治导向[①]。

"新闻常规"新闻生产理论强调新闻室内部对新闻从业者的影响和控制。对新闻业充满悲观情绪，认为新闻业与政府合谋，通过设定一系列媒介框架和运作规则，维护现有统治阶层，新闻生产者缺乏主体能动性，被媒介组织强大的规制所驯服，被动地接受一切现有规则。就在"新闻常规"新闻生产理论的理论缝隙中诞生了"个体能动"新闻生产理论的生长空间。

（二）"个体能动"新闻生产理论

"个体能动"新闻生产理论研究者将焦点从对新闻室内部的"新闻常规"的关注转向对新闻生产者"个体实践"的关注，强调新闻生产者个体在新闻生产过程中所发挥的能动性和创造性。

尼基·亚瑟通过田野调查考察了新闻从业者的新闻实践过程，证实新闻人的个体实践活动会反作用于媒介组织，新闻人并不总是完全遵照媒介组织的要求和规则，个体的能动性会促使新闻人反向利用组织规则践行个体行为[②]。

社会学家皮埃尔·布尔迪厄（Pierre Bourdieu）的场域理论（field theory）调和了个体行动和客观结构之间的关系，是填补"新闻常规"理论裂隙的一支重要力量。场域理论"既避免过度强调客观结构对行动者的决定性作用，又避免过度强调行动者的能动性。"[③]他在《关于电视》一书中正式提出"新闻场域"（media field）这一概念，并引入了两个重要概念"惯习"（habitus）和"资本"（capital）[④]。布尔迪厄用"惯习"概念来描述新闻从业者内化媒介的组织规范，以其作为自身行业习惯来指导其新闻实践活动。他强调个体行为和组织结构之间的互为影响，记者和编辑本身既是行动的实施者，但同时又受到所在媒介组织的惯习制约，新闻从业者个体的实践活动无法超越所处的媒介结构。

此外，"个体能动"新闻生产理论重新审视了传统新闻生产的"田野"概念，

① SCHEUFELE D A.Framing as a theory of media effects[J].Journal of Communication,1999(49)：101－120.

② USHER N.Marketplace public radio and news routines reconsidered：between structure and agents[J].Journalism,2012,9(13)：1－16.

③ 张志安.新闻场域的历史建构及其生产惯习——以《南方都市报》为个案的研究[J]. 新闻大学,2010(04)：48－55.

④ 布尔迪厄.关于电视[M].许钧,译. 沈阳：辽宁教育出版社,2000.

扩大了田野调查的边界。"新闻常规"新闻生产理论视传统编辑室为新闻生产的田野,这种单一的田野概念越来越受到质疑,随着组织性生产向社会性生产的变迁,新闻生产过程越来越被视为具有动态化、多维度、网络化和多平台特征①。

受"个体能动"新闻生产理论影响,许多学者重新审视了影响新闻生产的因素,从原先局限于编辑室对个体的影响,发展到对个体的、组织的、受众的、社会性等多维因素的考察。沃尔夫斯菲尔德(Wolfsfeld)指出,媒介机构的独立性、获取新闻消息来源的渠道、媒介机构的惯习和规则、媒体从业者的倾向和立场等都是影响媒介框架的因素②。在此基础上,台湾学者臧国仁等人归纳了影响媒介框架的因素有:新闻常规、组织内部的控制机制、消息来源、记者个人框架、读者个人框架、政治情境、历史文化脉络等③。

舒克曼(Shoemaker)和里斯(Reese)全面归纳了影响新闻生产过程的因素,并提出了五个同心圆的"影响阶层模式"(hierarchy of influences model)④。最核心的同心圆为"个人层次"(individual level)(个人特质、角色期望、工作形态),其次为"媒介常规层次"(media routines level)(传播者重复出现的工作模式,如:倒金字塔写作、采访路线),再次为"组织层次"(organizational level)(组织的特征、新闻室的社会化),"跨媒介和社会/制度层次"(extra-media level)(政府、广告主、市场、消息来源、受众、利益团体、其他媒介),以及最外层的"社会系统层次"(文化、意识形态)。

通过以上文献梳理,新闻生产理论的发展经历了从"新闻常规"向"个体能动"的转变;从聚焦新闻组织对个体的控制转向关注个体的能动性和积极性;田野边界从新闻编辑室内部扩大到媒介组织外部;影响新闻生产的因素从单一因素转向对多维因素的考察。

对影响新闻生产因素的考察视野从微观转向宏观,从对记者个人、编辑室

---

① 王敏.回到田野:新闻生产社会学的路径与转向[J].南京社会科学,2016(12):100-105+113.

② WOLFSFELD G.Framing the intifada:people and media[M].Norwood,NJ:Ablex,1993.

③ 臧国仁,钟蔚文.框架概念与公共关系策略——有关运用媒介框架的探析.广告学研究,1997(9):99-130.

④ SHOEMAKER P J, REESE S D. Mediating the message: theories of influence on mass media content[M]. New York: Longman,1991.

内部控制的考察转向对社会、市场、政府等的考察。鉴于 Shoemaker 和 Reese 的五大同心圆"影响阶层模式"囊括了前人研究的所有可能影响媒介新闻生产的因素,故本章决定采用 Shoemaker 和 Reese 的五同心圆"影响阶层模式"作为分析框架,从个人层次、媒介常规层次、组织层次、跨媒介和社会/制度层次、社会系统层次五个层面,对医患报道生产过程进行深入考察,以澎湃新闻、人民日报、凤凰三家媒体为主,辅以《新民周刊》《文汇报》《新民网》等媒体的一手深度访谈资料,剖析医患报道倾向转变的原因。

二、本章框架

本章围绕 Shoemaker 和 Reese 五同心圆"影响阶层模式",从个人层次、媒介常规层次、组织层次、跨媒介和社会/制度层次、社会系统层次五个框架层面着手剖析医患报道的新闻生产框架,以探究"医患报道倾向周期"的发生原因和发展过程。

"个人层次框架"(individual level)主要探讨记者的个人特质、角色期望、工作形态。"媒介常规层次框架"(media routines level)主要探讨传播者重复出现的工作模式,如:文本写作、采访路线、新闻线索。"组织层次"(organizational level)探讨媒介组织的特征、新闻室的社会化。"跨媒介和社会/制度层次框架"(extra-media level)主要探讨政府舆情管控、药企、警方、公众等。"社会系统层次框架"主要探讨技术、文化、意识形态。

第三节　医患报道倾向转变与媒体从业者个人层次框架

本小节围绕"媒体从业者个人层次与医患报道倾向转变",从媒体从业者的个人情感、认知特征、角色期望三方面展开论述。媒体从业者也是根据淹没读者和观众的新闻做出反应的[①]。记者作为社会的一员,沉浸于大众媒介灌输的观念,浸染在与读者相同的社会舆论环境之中。由此产生的对某群体的刻板印象,会带入记者的新闻生产过程中,使得记者在采访、写作各环节中无法避免地带有某种预设。

---

① 迈克尔·帕伦蒂.美国的新闻自由[M].韩建中,刘先琴,译.郑州:河南人民出版社,1992.

一、媒体从业者个人情感框架的转变：做这行越久越感觉医生不容易

早期医生以负面形象出场，这种负面形象发展到 2010—2013 年左右达到顶峰。"缝肛门"（2010 年）、"八毛门"（2011 年）系列报道是这一时期的典型医患负面报道。随后，主流媒体开始探究医疗行业，发现医生同时也是医疗制度的受害者和医患冲突的"背锅侠"，媒体开始将矛头指向医疗制度，医患报道开始逐渐偏向医生。2017—2018 年，国家层面开始要求媒体树立行业典型，正面宣传医生群体，其间出了"最美医生""最美护士"系列报道，医生群体开始全面以正面形象出场。在这个过程中，记者个人情感上发生了变化，从早期袒护弱者"喊杀"医生，到逐渐理解医生，再到愧对医生，记者在情感上经历了一个缓慢的变化过程。

这个情感转变过程进展复杂，笔者通过整理 12 万字的访谈稿，逐字析出记者对医生交织了六种情感，分别是：对弱者的同情、对医生的共情、对医学的敬畏、对医生的愧疚、被施压后的无奈和与医生的人情尴尬。

六种情感有一个发展的先后顺序：早期，先是对弱者（患者）的同情占据上风。中期，对医生的共情、对医学的敬畏两种情感逐渐产生。后期，对医生的愧疚、被施压后的无奈、与医生的人情尴尬三种情感渐次发生。

（一）早期的同情："患者可怜，我想帮帮他"

医患纠纷频发早期，记者对医疗行业并不熟悉，一种"袒护弱者"的情感弥漫于记者群体中，当面对医患事件时，记者会不自觉地站在弱势群体一边。

早期，在记者看来，患方花了巨额医药费，死了亲属，可怜委屈的弱者形象深入人心，记者也是普通人，在对医疗行业了解不充分的情况下，通常会不自觉地袒护患者。加上，患者在讲述过程中通常会放大医生在事件中的过失，缩小自己的问题，突出自己的可怜遭遇，以一种情感化的"倒霉弱者"叙事方式夸大地、选择性地讲述自己的故事，引发记者"我想帮帮他"的同情心。

"会有这种倾向，记者会觉得市民是弱势的，医院、机构、有关部门是强势的，记者容易偏向市民，记者心里还是会有一点倾向的。如果不是跑医疗条线，而是接投诉电话的记者（对医疗行业不熟悉），当接到投诉后，记者心里也会产生各种对医疗的不满，想'我上次去医院的时候也遇到过医生态度不好'，那时

候很多记者心里也向着患者。"①

"包括很多涉及医患间肢体冲突的报道,以前这类报道是这样的,比如一个女性说她带小孩去儿童医院,医生对我态度不好,两人发生肢体冲突了,很多记者会站在患者的角度,因为觉得自己去医院看病也的确遇到过这种情况,排队1小时,看病5分钟,医生写的什么东西,看不懂,的确有很多抱怨在里面,很多记者心里的确是偏向患者的。"②

早期对医疗行业不熟悉的记者会先验地将患者的弱势群体身份投诸报道倾向的预设。造成这个问题有如下几个原因:首先,早期记者对医疗行业并不熟悉,加上早期医生群体、医院的沉默,导致记者在并没完全掌握全部事实的情况下,就从片面的信息得出片面的结论。其次,当时社会舆论氛围普遍倾向患者,记者也是普通人,有着普通人的认知和情感,容易受到社会普遍舆论的影响。再次,记者通常先和患者或者患者家属接触,首先从患方听到对事件的描述,患者总是从自己角度去讲述事实,有意无意中夸大对自己有利的细节,缩小或回避自己的过失,会不自觉地引发记者对患者的同情。

(二)中期的共情:"越接触越了解医生艰辛"

当记者群体和医生群体接触越来越频繁之后,记者会更多地了解医生群体的艰辛,开始同情医生,并对医生群体有更多的体谅,这也是为什么医疗记者做得越久越会偏向医生群体。

"刚接触医疗领域时,很少和医生群体有接触,报道越来越多之后,无论医疗事故、医疗纠纷事件,医生作为当事人,要和他们沟通,或者把他们当作第三方专家,向他们请教,让他们作些评论,越来越多的沟通之后,你会对他们(医生)的艰辛了解多点,入行2年左右,会对医生群体开始有更多的体谅。"③

"(医患报道)为什么会越来越少?特别是这两年?这两年只有伤医事件会报道,剩下就是暖闻,讲医患情啊,为什么媒体现在不做这个了?中国的医患报道最早的一波是讲医生很坏,干了很多坏事,伤害了很多人,同时期,另一波报道黑了很多民营医院,部分民营医院不太正规,这是客观存在的。中间也有部

---

① 对新民网卫生条线记者L访谈资料,2018年7月26日,人民广场来福士商场星巴克。
② 对新民网卫生条线记者L访谈资料,2018年7月26日,人民广场来福士商场星巴克。
③ 对沪上某媒体医疗卫生条线记者X访谈资料,2018年8月9日。

分媒体,就像我们做了医疗到底怎么回事,这对社会舆论的影响还是很大的,读者也慢慢开始偏向理性了,再后面一波报道开始说医生很可怜,医生很苦,还有就是比较集中的伤医报道。这是一个连贯的过程,大家对医生的同情是因为大家开始反思早期对医生的批评过分了点,苛刻了。"[1]

"中国的医疗其实发展的还是很好的,医生很努力,很坏的医生真的很少,因为医生的教育过程就决定了,医生对自己的行为还是有一定的底线要求的。读者的觉悟还是蛮高的,再加上伤医事件报道比较多的时候,大家的情绪开始偏向医生一边了,公众会想,医生这么苦,怎么能去伤害他呢?"[2]

一些媒体记者早期对医生群体一片批评声之后,媒体怒气得到了宣泄,情绪趋于缓和,部分主流媒体开始理性探究医生群体和医疗行业,当发现医生群体是医疗制度问题的背锅侠后,记者对医生群体逐渐产生了理解和共情,当出现杀医案、医闹案后,记者群体开始同情医生群体。

"2014、2015年医患报道转向,从偏向患者到偏向医生,和整个社会认识有关,医患纠纷在前几年出现数量和影响的顶峰已经过了。影响力最大、最热的时候已经过了,现在过了那个点了开始往下走了。为何会发生这种情况?说实话,现在大家也开始慢慢了解一线医生的生存现状,也不能全怪医生,背后的原因大家也越来越清楚了,现在看病难看病贵的根子不在医生群体上,在于目前的医疗体制,这个问题是老问题了。公众经过十几年,也慢慢了解这个问题了,问题不在医生,而在于体制。"[3]

从认知层面而言,在2000年左右医改初期,记者对医疗行业和医生群体了解还不够全面,将医患纠纷的责任几乎全部归结于医生群体。十多年来,两个群体的互相沟通促使记者越发了解医生的辛苦和艰辛,逐步对医生群体产生了理解。

(三)中期的敬畏:"对医学有了敬畏之情"

记者在和医生经过十多年的接触后对医学有了更多了解,催生了记者对医学的敬畏,在报道中不敢再轻下结论。

---

① 对新民周刊资深编辑H访谈资料,2018年9月3日,新民周刊。
② 对新民周刊资深编辑H访谈资料,2018年9月3日,新民周刊。
③ 对前澎湃新闻记者B访谈资料,2018年8月13日,电话访谈。

记者意识到对复杂的医学问题不可轻下判断。医学本身充满不确定性,很多医学问题在医学界也尚存争议,对同一种疾病只有适合的治疗方案,没有所谓最好的治疗方案①。医学效果还涉及个体差异,即使治愈率较高的治疗方案在不同病人身上的效果也不尽相同,在结果出来之前,医生也无法完全保证治疗的效果②。

医学充满上述复杂性、不确定性、个体差异性,早期记者并不十分了解这些医学特性,部分记者对患方偏听偏信,截取医生话语片段,造成报道话语的误表达。

"以前媒体对医院不太公正的报道中存在哪几方面的问题呢? 可能会比较偏激,从煽情的角度,过于偏听偏信,记者不知道医学当中很多的一些问题,因为医学太专业,他(记者)不理解。"③

"记者可能只听了一面之辞,或者是带有主观性地去采访医生,只用了医生一部分的话,并不是原话、所有的话,而是节选当中一段,这个确实是之前有过的。"④

经过十多年的医媒切磋,记者群体逐渐认识到医学的复杂性和专业性,越发不敢像早期那样随意对医学原因和医疗纠纷断下评论。澎湃新闻记者表示:"如果(医患报道)在医学事实、逻辑、常识上出问题会很惨,死定了,这也是为什么现在遇到这种(医患)选题,记者有点避之不及。"⑤

记者对医学的敬畏在某些程度上降低了记者对医患话题的兴趣,减少了医患报道的热度。而且,由对医学敬畏之情而弥漫到对医生职业的敬畏感使得记者在下笔时在观点表达方面比以往更为谨慎,从而悄然改变着医患报道的倾向。

(四)后期的愧疚:"医生群体流失严重,媒体也是有部分责任的"

记者群体意识到对医生负面报道的最大危害之一是造成医生群体流失严重,恶化了医疗环境。十多年来媒体对医生群体的大量负面报道,造成公众对

---

① 对同济医院副主任医师 C 医生访谈资料,2018 年 2 月 18 日,同济医院。
② 对同济医院副主任医师 C 医生访谈资料,2018 年 2 月 18 日,同济医院。
③ 对瑞金医院党委某宣传员访谈资料,2018 年 8 月 27 日,瑞金医院。
④ 对瑞金医院党委某宣传员访谈资料,2018 年 8 月 27 日,瑞金医院。
⑤ 对澎湃新闻医疗卫生条线记者访谈资料,2018 年 8 月 10 日,澎湃新闻。

医生群体的不信任,给医生群体造成相当大的心理压力,很多医生在行医过程中可用"小心翼翼"来形容,在恶劣的职业环境中,相当多的医生感到失望,逐渐离开了这个行业。医生群体的大量流失使得很多医疗记者也意识到了问题的严重性,加上医生群体和记者群体的沟通加深,记者群体开始反思。

"医生不够用了,中国医生的流失率挺严重。还有就是这几年媒体也意识到这种情况,所以对医生群体的生存现状方面的报道也相应多了起来。过去媒体对医患纠纷报道太多,但是对医生群体的生存状况媒体虽有关注,但关注力度不够,这几年对医生群体的关注大了很多。"①

医疗卫生条线记者早期做了多年医患负面报道之后,逐渐认识到了医生群体的辛苦,对医生群体产生愧疚,后期通过医患暖闻报道为自己之前的医患负面报道做些弥补。沪上某媒体记者通过对一起"患者丢肾"事件的误报道(因未查到医院正确电话号码,而未采访到医院),和该医院的医生从敌对对立,到互相了解,到逐渐成为朋友。该医院宣传部主动提供了一条医患暖闻线索给该记者,记者对之前的误报道心感愧疚,在过年期间为该医院做了一条颇受读者好评的医患暖闻。

"当时为什么要采这个? 一方面因为是暖闻,另一方面是因为当时特别缺这块(暖闻)。算是给做了那么多伤医事件报道扳回来一点吧。这个拿到线索之后,我挺想做的,和领导报了,领导同意,就去采了。线索是医院有意给的,通过微信给的,我们现在是比较好的朋友了,她(徐州医院的宣传部某人)非常帮忙,他们是一家三甲医院,江苏省的三甲,医院特别大,专家特别多,我还找过她帮过很多次忙,其他医患事件,和他们医院没关系,通过她找相关科室的专家去评点一下,她特别给力,帮忙协调专家等。"②

"这算是个暖闻,医院宣传部给的线索……医院的宣传部越来越聪明,这家就是徐州医科大肾失踪的那家医院,不打不相识,被拉到群里面,阿宝骂我们的那次。后来大家慢慢熟了,也知道各自的脾气,听他们说了一嘴这个线索,也觉得挺好的,因为是暖闻,老是缺暖闻,现在报负面报得太多了,思维快定

---

① 对前澎湃新闻记者 B 访谈资料,2018 年 8 月 13 日,电话访谈。
② 对沪上某媒体医疗卫生条线记者 X 访谈资料,2018 年 8 月 9 日。

型了。"①

"之前报了他们负面报道,见面三分熟,我觉得挺好,我和她到现在为止一顿饭也没有吃过,也没有特别去干吗。第一次见面拖着行李,我也气呼呼的,我刚被骂过,一群人把我拖到微信群里,指责我说:'你们记者这个都没有核实清楚就去写,可想而知,其他东西可信吗?'然后又去采访肾失踪的事件,沟通之后觉得大家都是挺坦诚的人,有问题就说问题,后来聊得比较多,也都释然了,后来把稿件错的地方也都更正了。"②

在这个过程中,可以看到记者群体和医生群体之间的磨合过程从"互相抵触"到"逐渐了解"。记者对医生的认知过程从"抵触敌对"到"理解合作";医患报道倾向从"医生负面"出场到"医生正面"出场。可以看到,记者认知发展过程和医患报道倾向轨迹高度吻合。

（五）后期的无奈:"医生群体很较真,现在医疗记者不好做"

医生群体素养高且非常团结,对媒体黑医行为旗帜鲜明,态度坚决。最近5年以来,医师协会、卫健委保护医生的行动也越发频繁。

"为什么这两年医患报道少了,其实是因为做这条线的记者不太再想做这方面的题材了,也是因为他们(医生)较真比较厉害,所以大家(记者)就不碰了,(医生他们)爱咋样咋样吧,因为记者手里事情也很多,选题也很多,就不指望这壶来喝茶了。"③

"医患报道的记者阻力有中国医师协会、医院宣传部、医生、自媒体、医疗自媒体联盟,大家比较忌惮宁方刚(烧伤超人阿宝、北京积水潭医院烧伤科医生)、白衣山猫,因为他敢骂,所以大家能不碰就不碰,一般人像我们这样,谁有精力去搞那个,有空多写几篇其他的报道不好嘛?!"④

"做医患报道是风险比较大的一件事情,医生是比较较真的人,都是智商很高的人,训练有素,素质很高,特别抱团,为什么抱团?医生当受害者的时候,都是医生,所以被跨省抓铺的谭秦东(鸿茅药酒事件中被跨省追捕的医生)会有这么多人支持他,而且他们的地位特别高,通过医师协会出来撑腰,所以做医患报

---

① 对沪上某媒体医疗卫生条线记者 X 访谈资料,2018 年 8 月 9 日。
② 对沪上某媒体医疗卫生条线记者 X 访谈资料,2018 年 8 月 9 日。
③ 对沪上某媒体医疗卫生条线记者 X 访谈资料,2018 年 8 月 9 日。
④ 对沪上某媒体医疗卫生条线记者 X 访谈资料,2018 年 8 月 9 日。

道风险在于不能出错。"①

"柴会群被整了一下、向军(新民晚报)在澎湃下也点过一段时间的蜡……烧伤超人阿宝我们就敬而远之了,他人还不错,我们更喜欢理性平和的方式来讨论,如果没有理性平和的前提,大家(记者)就都不碰了。"②

这几年,医生群体逐渐掌握了发声渠道,抵制黑医报道态度坚决,加上卫健委、医师协会等组织的有力协助,给记者群体施加了一定压力,现在记者在医患报道中的观点表达比十年前要谨慎小心得多。

(六)后期的尴尬:"与医生成了朋友,现在做报道有更多顾虑"

中国是熟人社会,讲究面子和人情。人情关系、面子问题深刻影响着医患报道倾向的转变和医患报道数量的减少。条线记者在某一条线浸润越久,他就对该条线越有感情和立场。"我也是做了几年,和医生群体、医院宣传系统的人认识的更多,交流得更多,大家都给彼此几分面子,更多的理解、人情,做报道中有更多考虑。考虑的更充分些,了解更多点再下笔,下笔更谨慎了。"③

记者和医生群体的人情体现于医疗条线记者更能理解医生、医院的难处。经过十多年的交往,医疗卫生条线记者对医院的设施、人事、流程有了深入的了解,当突发事件发生时,条线记者更能理解医院的困难。"比如这种高温天气断电了、断水了,领导会说这事大,赶紧去问一下,医疗卫生条线记者就会跟你说,这很正常,为什么正常? 在不断地和条线沟通中,条线也会有种教育给你,给你一个行业教育。"④

促使记者和医生群体建立人情关系的另一个重要因素是:记者和医生的熟悉程度决定了记者可以从医院获取多少线索和资源。"如果你在一个条线上跑得很深,某个机构、组织的线索就只提供给你,成为独家采访资源。记者与采访对象之间的深度交往,考验着记者与人交往的能力。"⑤

人情关系的独特作用在医疗条线记者和社会记者(群工部)记者之间的差异中最能体现出来。社会记者(群工部)负责读者投诉,平时和医院没有接触,

---

① 对沪上某媒体医疗卫生条线记者 X 访谈资料,2018 年 8 月 9 日。
② 对沪上某媒体医疗卫生条线记者 X 访谈资料,2018 年 8 月 9 日。
③ 对沪上某媒体医疗卫生条线记者 X 访谈资料,2018 年 8 月 9 日。
④ 对新民网卫生条线记者 L 访谈资料,2018 年 7 月 26 日,人民广场来福士商场星巴克。
⑤ 对沪上某报记者 Z 访谈资料,2018 年 7 月 24 日,威海路一炖餐厅。

也没有人情关系,他们在采访医院时会受到医院的各种阻力。但医疗条线记者由于和医院有着长期联系,建立了较为深厚的人情关系,条线记者在新闻线索的获取、采集过程中独占优势。

新民网卫生条线记者 L 坦言:

"如果是社会记者去采访医院,医院对你身份也不了解,我说我是某个媒体的记者,医院的人也不认识你啊,人家也将信将疑,对记者一定是非常谨慎的。但如果是我打给你,我们俩平时很熟,医院和我说这是个误会,我就认可这种说法,我就会继续了解这是为什么呀,医院就会仔细和我讲这个情况。但是社会条线记者听医院说是个误会,他会怀疑医院是不是在掩盖事实,是不是在推卸责任,假如我们和对方很熟悉,我心里也知道你不会骗我的,你也知道和我讲实话,知道我会用好的办法把事情讲出来。所以,有的时候我们领导会说,你们条线记者屁股坐歪了,认为条线记者都是向着条线的。我们有时候也会和领导说,不是因为条线记者向着条线,是因为我们比你了解情况。"①

各个条线的报道中都充满各种人情关系。记者和条线之间的人情关系直接影响到记者获得线索的数量、可信度、翔实度等,同时,记者也会给条线带来利益和好处。可以说,医疗记者和条线之间长期建立的互相依附关系,对医患报道倾向的转变有着至关重要的影响。

但是这种人情关系也会演变成一种人际负担,给记者造成一定业务方面的尴尬情境。当某家关系不错的医院发生了医患事件,记者该如何处理呢? 在笔者的访谈中,越是和医院关系深厚的记者越是习惯性从医院角度去报道医患事件,主要表现在通过医院官方部门(医院宣传部门等)获取信息线索,更多地采访医生、医院医务处、宣传部门等医方人员,以医院提供的通稿作为基础进行报道。可以看到,记者和医生群体间人际关系的逐步发展悄悄改变着医患报道的倾向。

二、媒体从业者个人特征框架的转变:媒体人性格特征与医患报道倾向

医患报道倾向和记者个人特征,比如情绪、性格,以及对社会的认知有关。本研究发现,性格偏激、喜迎合受众的记者较容易站在医生对立面去报道医患

① 对新民网卫生条线记者 L 访谈资料,2018 年 7 月 26 日,人民广场来福士商场星巴克。

关系。情绪平和、态度理性的记者倾向于更深度地考察医患关系。

（一）冷静深度：《新民周刊》主编刘琳

笔者在调研中发现《新民周刊》是几家杂志中介入医患报道比较早的期刊，但是其并没有参与到早期"黑医生"那波浪潮中，始终保持较为理性、客观的态度审视医患关系。访谈后得知，这种冷静克制的视角与《新民周刊》主编刘琳女士的个人特征有关。《新民周刊》主编刘琳女士是医疗卫生条线记者出身，多年条线教育下培育出其理性克制的性格。在其影响下，《新民周刊》一众编辑、记者对于医疗行业具备了基本的认知，并逐渐形成倾向于医生的报道立场。

（二）双重标准：《南方周末》记者柴某

《南方周末》记者柴某曾一度站在医患报道领域的风口浪尖，其关于"缝肛门"的报道《谁制造了深圳产妇"缝肛"门？》被医师协会起诉，医师协会被判胜诉[1]。关于走廊医生兰越峰的三篇报道《"疯子"医生：你砸医院招牌　医院砸你饭碗》《"创收"院长》《公立医院创收潜规则》经中国记协核查，各界专家评议后，结果显示存在五个方面的相关内容严重失实[2]。

从接触过柴某的媒体人处了解到，柴某性格"有些偏执"，对自家人和医生有着双重标准，对自己人要求宽松，对医生要求苛刻。这点可从媒体报道过的柴某弟弟责罚学生案中略知一二，柴某在其弟弟出事后写了一些文章，替其弟弟申冤抱不平。其对医生的"苛责"相比对弟弟的"宽容"，显示出其待人可能存在"双重标准"。

"我和他（柴某）见过一次，山东人，他们家农村的，我们这有个以前的记者和他还蛮熟悉的。他弟弟还出过事，媒体也报道过，他弟弟是小学老师，小孩子捣蛋，罚了几个学生，有点体罚，说不清楚失手还是什么，一个小孩子死了。柴某一直替他弟弟申冤，说这个小孩子的死和他弟弟没有直接关系，为这个事情还在媒体上报过。当然也有人不是太能理解，觉得他性格上有些偏执，等于是双重标准。对医生群体很苛刻，这个那个都要完美，觉得医生很多事情都是故

---

① 健康时报网.争议七年盖棺定论！"缝肛门"被定为虚假新闻［EB/OL］.(2017 - 01 - 04)［2023 - 6 - 23］.http://cq.qq.com/a/20170104/007630.htm.

② 新华网.中国记协：记者柴某有关绵阳人民医院报道失实［EB/OL］.(2015 - 01 - 29)［2023 - 07 - 14］. http://news.163.com/15/0129/11/AH4FID590001124J.html.

意的,但是在自己家人的时候就说没关系的,是失手的。"①

"很多媒体记者,像早期的南方系有很多稿子,他们不一定是不了解(医生处境),而是和记者个人情绪有关系的,和他对社会的认识有关系,还有一味地去迎合群众的情绪,因为他觉得这样写出来的时候有'爆点',肯定会有社会的共鸣,那个时候的舆论环境下,如果说医生坏,是能够引发社会共鸣的。"②

个人的性格特征和价值观有关,这些观念是成长过程中逐渐形成的,和原生家庭、成长环境密切相关。记者的预设立场还受到所在媒体机构氛围影响,不排除个别媒体、记者在医患报道早期故意迎合受众情绪,一味追求受众注意力,将新闻专业性原则抛之脑后。

(三)自由理想:澎湃新闻创始人邱兵

邱兵是澎湃新闻的创始人,整个澎湃文化深深烙印着他的个人特征。邱兵毕业于复旦大学新闻学院,他在澎湃新闻上线前写的《我心澎湃如昨》一文,高扬了其理想主义色彩:

"我们从理想主义来到了消费主义,来到了精致的利己主义,我们迎来了无数的主义,直到我们彻底没有了主意。暗夜里抬起头的时候,发现星空里写着,'你正位于混沌的互联网时代'。那个夏夜,回忆起来,纠缠着,像无数个世纪,而之后的 24 年,却短得像一个杂乱无章的夜晚。

……

我只知道,我心澎湃如昨。"③

媒介领袖的个人特质对一线记者有着巨大影响,邱兵的理想主义弥漫于澎湃新闻年轻记者群体中。"邱总挺理想主义的,先是写评论,看球、偶然写诗、写时评,写了创刊词,愤而出走。"④

澎湃新闻从《东方早报》转型而成,其报道风格犀利,选题勇猛,敢于做敏感话题,敢于说实话。澎湃新闻早期写了很多揭露核心问题的医患报道,以至于引来宣传通知,在媒体业界有句玩笑话:"澎湃恐怕是要有一个部门专门负责写

---

① 对匿名记者访谈资料,2018 年 9 月 4 日,上海报业大厦。
② 对匿名记者访谈资料,2018 年 9 月 4 日,上海报业大厦。
③ 澎湃新闻.澎湃 CEO 邱兵发刊辞:我心澎湃如昨[EB/OL].(2014 - 07 - 25)[2018 - 10 - 03].https://www.thepaper.cn/newsDetail_forward_1257279.
④ 对澎湃新闻匿名记者访谈资料,2018 年 8 月 10 日,澎湃新闻。

检讨。"虽是玩笑话,但从中可见澎湃新闻追求理想、自由的冲劲。

澎湃新闻和笔者访谈的其他媒体相比更理想主义。澎湃从事医患报道记者在追踪外省的卫生报道过程中,和当地宣传部门上演过"警匪戏"。记者驱车在前追查事件真相,当地宣传部驾车在后拦截记者,当笔者问:你这样的行为在澎湃算理想主义吗?该记者回答:"我在澎湃不算理想主义的记者,澎湃有很多优秀、有想法的记者,澎湃还有蛮多这样的人。"[1]

"问:触及制度层面,在中国很困难吧?答:我觉得一个好作品可以达到这个效果的,引来宣传通知也是值得的。澎湃有些人会以撤稿为骄傲,那是一种无奈,其实最关键的是:一个好的作品会留下来,你想写就一个好的作品,路上是会有蛮多阻力的,这就导致医患报道大家越来越不愿意触碰。"[2]

"从《东方早报》到澎湃成立初期,我们记者都觉得自己的媒体像一柄利刃一样,怎么厉害怎么来,都是做最猛的选题,现在越来越风声紧,看到这段时间口径相对宽松点,抓到好机会,赶紧发猛的稿件。"[3]

澎湃的闯劲和猛劲在沪上媒体行业得到普遍认可,媒介机构的倾向性是每位记者个体倾向的总和,领袖人物的态度倾向又是影响记者个体倾向的重要因素。

三、媒体从业者角色和期望框架的转变:职业价值感逐渐减弱

(一)职业动力与期待:"对改变社会的渴望"

刚踏入记者行列的新手只要发表了报道就能感到职业成就感。"刚入行时,每天采访对象和内容都很新鲜,对这些新线索的敏感性比较高,也会觉得对方的每一句话都饱含深意,很有意思。如果将这些采访内容形成文字见诸报端,就会有满满的职业成就感。"[4]刚入行的记者容易体会到新鲜感,刊发了报道、遇到新鲜事、见到名人都会产生满足、有趣、新鲜的职业体验。

但随着时间的推移,职业新鲜感会逐渐衰减,记者对成就感的标准会越来越高,也越来越难以满足。入行时间越长,记者感受到的新鲜事越少,小有成就

---

① 对澎湃新闻匿名记者访谈资料,2018 年 8 月 10 日,澎湃新闻。
② 对澎湃新闻匿名记者访谈资料,2018 年 8 月 10 日,澎湃新闻。
③ 对澎湃新闻匿名记者访谈资料,2018 年 8 月 10 日,澎湃新闻。
④ 对沪上某报记者 Z 访谈资料,2018 年 7 月 24 日,威海路一炖餐厅。

之后会寻求更高层次的满足,而更高层次的职业成就感总与改变社会的动机有关:"工作6年后,作为一名记者,倍感自豪的是发现自己的新闻作品可以为社会带来积极正面的效应。比如,通过记者的报道,一些公益项目得到了公益组织的资金支持;又如,通过记者的报道,政府了解到创业者们遇到的困难,通过政策的修改和制定,为创业者提供更好的创业环境。相比之下,党媒刊发的文章似乎在产生积极效应上更有力量,这也是党媒重要的意义所在。"①

　　记者职业的持久动力最终来自对改变社会的渴望,即对影响力的追求。这种影响力可以是推进制度的改革、推动立法、给社会带来正面效应。需要指出的是,在中国,媒体实现影响力的途径往往诉诸政治力量,即借助政府高层官员对某问题的关注和支持,推动某一方面的举措。可以说,在中国媒体实践需要政治力量的托举。

　　(二)外部竞争压力:"我们和自媒体是不一样的"

　　传统媒体记者的角色定位还来自一股外在压力的倒逼——自媒体。近几年来,传统媒体记者在医患报道中表现得越发自律,越发注重核查事实,像过去随意电话采访医院总机的情况越来越少发生。这种行业自律行为除了政治力量的要求、编辑室的把关,还有就是媒体人个体的社会责任感被自媒体激发了,自媒体点燃了传统媒体从业者的社会责任感——"我不能和自媒体同流合污"。

　　传统媒体对擅长造谣、煽动情绪的自媒体的情感是复杂的:既有厌恶和瞧不起,也有羡慕和眼红,还有受挫和压力。传统媒体记者厌恶自媒体为赚取流量不惜使用各种下三滥手段,哗众取宠、造谣生事;也眼红自媒体轻轻松松就可获取10万+的流量,赚得盆满钵满。自媒体的红红火火让传统媒体记者竞争受挫,同时也深感生存压力。种种情感汇集到一起,激发出记者的社会责任感、使命感:我们是记者,我们是有社会责任的,我们和他们是不一样的!

　　"网上信息碎片化,以前讲家长带孩子看病排队4小时,直接就可以出去了,现在不行了,一定后面要跟一个解决的举措。自从自媒体出现以后,传统媒体的自觉性更高了,我不能和自媒体同流合污,我是媒体,不是自媒体,因为自媒体只要爆点就可以了,他只要说,'哪家哪家医院抢孩子了'就可以了。有时候,媒体也挺眼红自媒体的,因为自媒体随便报一个现象流量就能10万+,反

――――――――――

① 对沪上某报记者Z访谈资料,2018年7月24日,威海路一炉餐厅。

倒是媒体澄清真相的时候流量就很低,自媒体报一个谣言传得很快,等到媒体澄清真相时点击率就很低。媒体很受挫,媒体有社会责任的嘛,自从自媒体发展起来后,变相地对媒体的要求更高了,不让你像自媒体那样简单报事实,以前网络媒体是可以这样的,哪怕对方只要说:'对! 有这个事情。'也不用管这个事情是怎么样的,就可以发了,但是现在不会了。"[①]

传统媒体在自媒体出现之后,没有同流合污,反而是奋起向上,自我要求、自我约束。这种自发的激情与外加的推力(政治因素、编辑室把关)相比,具有更大的自发力量,也是推动医患报道由偏向患者转向偏向医生的记者个体层面因素。

当一个群体受到另一个低质群体进攻时,没有选择同流合污,是什么原因促使他们自发地对自己严加要求,洁身自好起来呢? 其中定有比经济利益更重要的原因,笔者认为是作为一个专业人士的自我角色定位和对职业价值的期待——我何以有价值? 这份职业何处致我荣耀? 人是精神动物,最终的满足必定来自精神,一旦激起精神追求,才是职业的动力源泉。

(三)职业价值感减弱:"反复报道雷同医患事件没新意"

2015 年前媒体对医患报道曾高度关注,生产了大量同质化报道。这些报道在内容上相似、情节上相同,缺乏更深层次的突破。"现在记者不愿意做医患报道这块,因为现在新闻很浅,也没有特别的新意,……这种事件发生了太多次了,没有特别的新意。"[②]

"从我个人的医患报道的经验来说,比如从 2014 年开始通过领导派题、自己监控到的暴力伤医事件、医患冲突、医疗事故,慢慢报道越来越多了之后,我会觉得这种负面报道不是特别有价值。因为同类的报道不断地在发生,它就没有什么新意,换一家医院发生院内感染、伤医事件、医疗事故(和已经刊发的报道)开始越来越相似,大家没有吸取教训,你的报道没有产生什么效果,只是给同类的事件徒增了例子,没有往前推进。"[③]

医疗报道要想达到更深层次的突破必定涉及医疗体制问题,当媒体着力对

---

① 对新民网卫生条线记者 L 访谈资料,2018 年 7 月 26 日,人民广场来福士商场星巴克。
② 对沪上某媒体医疗卫生条线记者 X 访谈资料,2018 年 8 月 9 日。
③ 对沪上某媒体医疗卫生条线记者 X 访谈资料,2018 年 8 月 9 日。

医疗制度进行讨论后却发现收效甚微,记者对改变现有医疗体制感到乏力,当一类事情被过多报道,而报道又产生不了影响力的时候,记者在情感上会出现意义丧失感,从而疏远回避这类话题。职业价值感的缺失是促使记者回避医疗报道的重要原因。

记者价值感丧失的根本原因是看不到医患报道对社会所应起到的作用,只是给同类事件徒增例子,没有推动根本的医疗体制改革。

(四)职业成就感缺失:"对改变现实感到无力"

记者成就感的获得很大程度上来自政治肯定,中国的媒介环境有其自身逻辑,这个逻辑就是紧密围绕政治权力展开。

写内参是记者表达理想社会治理图景的途径之一。

"如果领导人觉得这个问题不重要或者已经采取行动,就不会有反馈。我们领导在非典时写过一篇内参,建议在京郊建立隔离医院,集中治理患者,被领导人批示,第二天就付诸实施。就像内参大臣,政府智囊。"[1]

在访谈过程中,很多记者表示职业成就感的获得是看到自己的报道提议付诸实践,改变了某种社会现状。实践路径分为两大类:第一类由政府主导推动。政府官员采纳记者建议,通过制定、修改政策推动社会问题的改善。第二类是由企业、组织、个人推动。企业、组织、个人回应媒体报道提出的问题,通过投资、提供资源等方式推动实际问题的改善。

人民日报是中央机关报,其社会影响力在全国报刊中是最大的。其对策建议的落实也需依靠党中央领导的批示才能推动,没有中央领导的批示,地方有关部门将人民日报的批评当作一纸空文。"有关部门也不一定会听我们的,只有中央领导重视了,他们(有关部门)才会有实际行动。"[2]

第四节　医患报道倾向转变与媒介常规层次框架

本小节从编辑室的业务实操层面,围绕"媒介常规与医患报道倾向转变",从医患报道的线索采集、选题生成、采访路径、报道写作四个层面展开论述,旨

---

① 对人民日报民生组记者访谈资料,2018 年 8 月 3 日,书面访谈。

② 对人民日报民生组记者访谈资料,2018 年 8 月 3 日,书面访谈。

在分析新闻业务实操过程中,可能存在的与医患报道倾向转变有关的媒介常规。

一、医患线索采集框架:新闻线索价值内涵的嬗变

经过十多年,记者对新闻线索价值的判断标准发生了变化,由原来"凡医患题材均可"发展到需"事实依据充分""有现实推动性"等,体现出记者群体对医患题材态度越加谨慎和理性化。早期,医患报道刚成为热门话题时,一般的医患纠纷事件都可成为报道题材,甚至,有些记者还会无中生有的故意制造事件,比如茶叶水尿检事件。当时,媒体业界对医患题材来者不拒,公众对该主题也津津乐道。过了十多年,记者群体开始回归理性,媒体对医患题材新闻价值的判断标准上升到了要对社会、制度有推动作用,间接改变了医患报道倾向。

(一)不同条线记者的新闻线索采集路径与医患报道倾向的转变

媒体为了便于操作,会制定采访条线,按照版面内容的划分,一般都市报会设有经济新闻部、文艺娱乐部、健康卫生部、体育部、国内新闻部、国际新闻部、群众工作部(也称社会新闻部)等条线。

医疗行业、医患纠纷一般由健康卫生条线记者负责跟踪、采写。健康卫生条线记者浸润于医患报道多年,和多家医院宣传部门保持着密切联系,医院宣传部门会主动提供新闻线索给健康卫生条线记者,当发生医患事件后,健康卫生条线记者可以快速找到医院中高层了解事发过程。除此之外,群众工作部(社会新闻部)负责处理各类社会投诉性线索,也会接触到医患、卫生事件的投诉,但由于群众工作(社会新闻部)条线记者缺乏和医院的长期联系,接到投诉线索后,该条线记者往往是单枪匹马"碰运气"式地进入医院寻找采访对象,或者是通过打医院总机联系采访,由于缺乏熟人引荐,医院对群众工作部记者非常防备。

两个条线记者不同的新闻线索采集路径会得到完全不同的事实经过和结果。健康卫生条线记者采集的事实通常由医院官方给出;群众工作部(社会新闻部)条线记者采集的事实较多地由第三方人士给出,比如患者家属、目击者、清洁工、护工等。不同的事实提供者无可避免地抱持各自预设立场,患者家属一般主张自我权益,强调医院责任;医院官方一般淡化问题严重性,弱化医

责任。

前澎湃新闻社会新闻记者指出："卫生条线记者需要经常和医生、医院接触,他们的工作对医生群体的依赖度相对高,采写报道中也会更多考虑医生的观点。社会新闻条线的记者做涉医报道,医生和患者对于他而言都是新闻事件当事一方,没有太大区别。这个情况也不限于医疗这块,很多条线都是这样的,因为条线记者需要和对方(医院)相处好才能拿到信源,相对来说,社会记者(群众工作部/社会新闻部记者)的约束会少很多,各有优劣吧。"[1]

上海同济医院宣传处副处长坦言："迄今为止,我们医院唯一的一篇负面报道就是群工部记者做的,有时候病人对医院一些想法会通过媒体来表达,会给媒体打电话,通过媒体的群工部,就是群众工作部,大部分媒体都叫群工部,他们那边会有些负面的报道。"[2]

所以,群众工作部(社会新闻部)条线记者采写的医患报道的倾向通常偏向患者;健康卫生条线记者采写的医患报道的倾向通常偏向于医方。早期报纸时代,医疗投诉类的线索都是由群众工作部(社会新闻部)条线记者负责,这也是导致早期医患报道倾向偏向于患者的原因之一。新媒体蓬勃发展之后,编辑室为了加快刊发速度,改为由健康卫生条线记者采写医患投诉,具体原因将在后文详述,这也是导致后期医患报道倾向偏向于医生的重要原因之一。

(二)新闻线索价值内涵的嬗变:社会公共性问题

历史性考察媒体对医患新闻线索价值的判断,发现经历了由"低标准"向"高标准"的变化过程。早期,媒体对医患报道价值的判断标准宽松,只要发生了有爆点的医患纠纷必报道。现在,媒体对医患报道线索的新闻价值的判断标准越来越严格,更加关注其社会公共性,即该事件是否具有普遍性,是否从宏观层面,比如从制度、体制层面对现实有所推动。记者衡量线索价值的眼光变得更为宏观、理性。新闻价值标准的提升符合记者群体对医患事件的认知过程从感性向理性发展的特征。

新闻价值标准的提升还和媒体人自我定位的调整有关。十多年来的教训和经验,让媒体人意识到:仅仅报道一个个案,引发公众焦虑情绪并不是媒体该

---

[1]　对前澎湃新闻记者 B 访谈资料,2018 年 8 月 13 日,电话访谈。
[2]　对同济医院宣传处副处长 F 访谈资料,2017 年 12 月 30 日,同济医院。

做的事,记者不应仅仅关注个案的结果,更应对宏观层面的问题展开拷问;报道不应是推动个案的解决,而应是对体制层面的推动。媒体在判断一则新闻线索的价值时,应更多地从社会公共性角度出发,考察该线索是否具有社会普遍性,其影响是否涉及广大公众。

资深媒体人坦言:

"新闻报道不是解决方案,解决方案还是应在合理合法的框架内,走医患纠纷的处理、申诉、鉴定等途径,新闻报道不是解决途径。但是在目前国情下,公众寄予新闻报道不合理的期望,希望通过新闻报道来给某方施压,希望它来干预解决,包括解决的速度、事件的走向,其实不应该是这个样子的,记者还是应该冷眼些。报道不是推动个案的解决,而是对更宏观层面的推动,但很多情况下,推动一个个案的解决,哇,大家都欣喜若狂,像寻找汤兰兰这种报道,但是在制度层面上根本撼动不了,制度的改变需要大领导的发话,现在我们太依赖大领导的发话,太不依赖合理合法的解决途径,这是非常悲哀的问题。"①

早期,媒体把医患话题当成博取眼球、获取利润的热门题材,经过十多年的实践、思考,媒体记者已经意识到一个个案并不能说明什么问题,很多个案除了耸人听闻并没有普遍价值,被挑选出来的个案往往是日常生活中的极少数事件,发生的可能性非常低,但这类新奇事件往往制造了公众恐慌,引发全民焦虑情绪。有良知的媒体应关注更为宏观的、制度性的、公共性议题。

(三)新闻线索价值内涵的嬗变:推动对体制的改进

上段论述中得出一个结论:新闻真正的价值不在于个案,而是个案背后更宏大的与制度、体制层面有关的东西,报道所启迪的真正价值是更多类似的个案应该如何改进、改善。记者更应注重的是个案背后能够上升到体制层面的东西,通过对一件或者一类事件的报道,推动制度改革,杜绝某类事件的再发生。这就要求记者像上帝一般从具体的个案当中抽离出来,保持旁观、理智和冷静,不渲染事件本身,着重提炼宏观的能触动制度的部分。

"其实做记者这么多年之后,去济南那边关注爱国卫生运动,为了创一个爱国卫生文明城市,他们做了那么多的临时关早餐店、赶走地摊;再到后来关注丢肾事件,我其实觉得很多人(当事人)用他们的性命铸就一个个案,但是我们做

---

① 对沪上某媒体医疗卫生条线记者 X 访谈资料,2018 年 8 月 9 日。

新闻报道,真正价值不在个案,而是个案背后所能触动的那些人,触动的那些体制,从个案上升一点的东西,更宏大的东西,和体制有关,或者和制度有关。它所启迪的,真正的价值不在于那一个个案,而是更多类似的个案应该做怎么样的改进和改善,这个可能是新闻最有价值的地方。这也就是为什么我们写报道的时候要关注事实本身,尽可能把它还原出来,是想提炼出来一些通行的能改变制度的部分,而不仅是渲染故事本身。所以,就要求记者要'冷眼':相对客观的,冷静的,给各方陈述,把这个事件,以上帝视角去鸟瞰,或者以当事人的视角去沉浸在当中,把它呈现出来。"①

（四）新闻线索价值内涵的嬗变:如今有证据的新闻线索才会关注

早期,医患题材作为爆点话题,是媒体特别热衷的议题。只要一出医患纠纷,媒体就一拥而上,患者有没有提供证据无所谓,只要有线人爆料就行,有没有医生的出场也无所谓,只要有患者一方的说辞就行。当时,由于部分媒体对新闻事实的把控不严,导致了一批医患假新闻出现:"八毛门""缝肛门""走廊医生"系列报道均是早期假新闻代表作。

历经十多年,主题雷同的医患报道泛滥,读者已经对医患话题逐渐麻木,再夸张、血腥、出人意料、引人愤慨的医患案件都见识过了,还有什么能吸引读者?当记者找不到特别有新意的医患题材时,该话题热度也随之渐渐消退。

澎湃新闻医疗卫生条线的记者告诉笔者:"每天邮箱里的医患爆料不少,但记者选择跟进的相对较少,因为事件雷同,或不具备公共价值。"②医患纠纷由于十多年来同类报道太多,这类话题已经无法引起记者的兴趣。可见,医患报道数量的减少并不是因为现实中医患纠纷的减少,而是因为媒体失去了对该话题的兴趣。

如今,记者对医患题材的新闻线索要求越来越高,有证据的新闻线索才会被关注。记者在新闻线索的选择框架上发生了变化,要求变得苛刻,只有提供确实证据材料的爆料线索,才可能会引起记者的注意。这一转变有几层原因:①机会成本层面。调查工作的机会成本太大,缺乏证据材料的线索比起有证据材料的线索更有可能存在真实性问题,极有可能记者调查后的结果和患者爆料

① 对沪上某媒体医疗卫生条线记者 X 访谈资料,2018 年 8 月 9 日。
② 对澎湃新闻匿名记者访谈资料,2018 年 8 月 9 日,澎湃新闻。

内容大相径庭,调查工作耗费记者大量时间和精力,若发现事实真相与线索内容不符,占用浪费了记者调查采写其他新闻的时间和精力。②影响记者的收入。如果记者调查不严,刊发了缺乏证据的失实报道,事发后会被要求撤稿,由于记者的收入和发稿数量密切相关,撤稿将直接影响记者的经济收入。

沪上某媒体记者坦言:

"我们公共邮箱里经常接到爆料说他们家小孩、患者到医院治疗后死掉了,然后说医院黑心啊等,我们接到太多这种雷同的东西,有时候你甚至不想去关注,因为你问他要材料,他手里也没有,没有鉴定结果,没有材料,你不敢下笔啊,你怎么写呢? 多写一句你就很惨,我们那次就多写了一句话就被(烧伤超人阿宝)骂。"①

由于记者精力有限,记者在有限的精力中总是倾向于跟采能够增加个人经济产出的有证线索。如今医疗卫生记者对患者爆料尤为谨慎,除非有确切证据证明错在医生,一般不会采纳无证据线索。记者在选择医患线索时越发谨慎的态度的确减少了医生负面报道的出现,从源头控制住了医患负面报道数量。

(五)新闻线索价值内涵嬗变的结果:如今医患关系和谐是一种假象

虽然理论上媒体应将公共性原则奉为圭臬,但在实际操作过程中,媒体更关心的是医患线索能否引起公众的兴趣和关注。因此,在媒体实操过程中,媒体更关注即使发生概率低,但具轰动效应的事件;而忽略发生概率高,但习以为常的事件。究其原因,一方面是因为读者偏好,读者喜欢新奇、少见、出人意料的事件,对习以为常的事件不太感兴趣。另一方面,还和记者渴求的职业价值感有关,这点和讨好读者偏好是有关联的。新奇的小概率事件易引发受众关注,从而带来较大影响力,容易给记者带来职业声誉,提升职业价值感。

记者承认,同类的医患纠纷事件的线索爆料每天铺天盖地,引发不起兴趣,因为同类事件太多,除非该事件和以往事件有不同之处,记者才会跟踪关注②。

因此,在媒体呈现和事件发生概率之间存在一种背反效应。媒体呈现的事件偏向少数、新奇事件,而身边大多数的、习以为常的事件常被媒体忽略。这就导致媒体关注的事件其实是现实中很小概率发生的,但经过媒体的报道和渲

---

① 对沪上某媒体医疗卫生条线记者 X 访谈资料,2018 年 8 月 9 日。
② 对沪上某媒体医疗卫生条线记者 X 访谈资料,2018 年 8 月 9 日。

染,公众的讨论,舆情的发酵,这些小概率事件往往容易发展成为广为人知的公众事件,从而误导公众认为,这类小概率事件是常见的。比较典型的例子就是空难,统计结果表明,飞机是所有交通工具中最安全的,发生空难的概率远比汽车车祸概率小得多,但是正因为空难概率小,让人觉得新奇、少见,媒体就特别关注空难事件,一有空难必报道,而车祸因为经常发生,让人习以为常,一般车祸无法引起媒体关注,除非是特大车祸,否则媒体不太会关注此类线索。结果导致,公众看到的空难报道量要远超过车祸报道量,误导公众认为空难是时常发生的事件。

在医患报道领域亦如此。早期,媒体对医患报道一拥而上,大肆报道,造成一种医患纠纷数量暴涨,医患关系非常不和谐的假象;如今,媒体对医患话题兴趣冷淡,对医患新闻线索的要求大大提高,现今只有符合"事实依据充分""对现实推动性""具有公共性"等一系列要求的医患线索才有可能被报道出来,而大部分的医患线索都沉寂在邮箱里。医患新闻线索价值内涵嬗变的结果之一是造成医患关系和谐的假象。

二、医患选题生成框架:从编辑室设置到医院设置

早期医患选题基本上都由编辑室单独把关完成,随着医媒关系逐渐发展紧密,医院宣传部门和医疗条线记者合作密切,医院宣传部门开始为医疗条线记者提供大量医疗卫生报道选题。在这个过程中,医院媒介素养提升迅速,一旦发生医患事件,许多医院宣传部门会在第一时间提供新闻通稿给各大媒体,媒体只需稍加修改后转载即可。随着医院宣传部门逐渐参与到医患选题环节中,也渐渐改变了医患报道的倾向。

(一)来自编辑室的把关

早期医患选题基本上都由编辑室把关完成。编辑室选题的产生方式通常有两种:自由选题、编辑部把关。自由选题是由记者本人根据近期热点上报的选题,这些选题必须经过编辑部把关,最终由编辑部确认哪些选题可以通过。

以人民日报为例,其选题内容主要来自三个方面:一个是近期影响力较大的热点事件;第二个是部委出台的最新相关法规政策;第三个是记者在调研采

访中发现相关新闻线索形成新闻选题①。人民日报一般不直接报道医患关系，不过有很多策划都是有医患关系的因素。医患关系报道分为两大类:通讯类和评论类。医患通讯类报道的选题由主编、编辑、记者针对近期的热点事件、重要时间点、自己和周围同事朋友的医患感受、读者的来信等进行策划。例如儿童节前后，会策划儿科医生的报道;选题的标准是具有普遍性的，例如确实是很多老百姓的痛点和感受;报道的基调是正视问题，提供政策建议，看到光明的前途。医患评论类报道是人民日报较关注的一类报道。人民日报作为中共中央党媒承担着引领全国舆论导向的使命，通过评论类报道表明党中央的立场和态度。一般医患评论类报道的选题针对医患热点，由上级领导定题、记者选题决定②。

澎湃新闻实行选题制，其原创报道的选题主要由编辑室进行把关。记者虽然会自己寻找部分选题，但是记者找来的选题必须上报部门，由部门编辑决定哪些选题可以做，哪些选题不可以跟进。政治因素很大程度上影响报道的选题:比如宣传文件规定暂时不允许报道某省负面新闻;还比如领导人的态度倾向发生变化，也会导致某方面选题的流产。此外，人事原因也是影响选题的因素，比如报社领导岗位调整导致已完成的报道无法发稿等。

(二)医院宣传部门设置医患报道选题

近几年医院宣传部门相当程度上设置了媒体医患报道的选题，这种现象在过去很少出现。"八毛门""缝肛门"事件之后，医院开始广泛发声，近年来医院的医患报道手法越来越专业化，这种变化与医院宣传意识增强有关。

医院宣传部(科)的新闻生产流程大致是这样的:先做选题策划，当想到一个选题的时候宣传部会和临床科去沟通，进行采访和写稿。在和媒体的沟通上有三种方式:一种是宣传部(科)派人写完之后发给记者，记者若有兴趣，记者就会来医院进行补充采访。第二种是召开新闻发布会。第三种是组织小型新闻发布活动，比如组织一个科研成果，或是一个临床病例的发布会，并邀请几家媒体过来报道。

上海瑞金医院宣传科在全国属于翘楚。医疗纪录片《人间世》中有相当部

---

① 对人民日报某健康记者访谈资料，2018 年 8 月 3 日，书面访谈。
② 对人民日报民生组记者访谈资料，2018 年 8 月 3 日，书面访谈。

分内容在瑞金医院完成拍摄。以瑞金医院宣传科人员配置来举例,瑞金医院宣传科一共有 6 人,科长、副科长,四名工作人员。科长是医生,副科长是从党办调来的。四名科员中,一名复旦大学新闻学院研究生;一名记者出身,擅长文字;另一名也是记者出身,擅长播音;还有一名摄影出身。部门麻雀虽小,但五脏俱全,摄影、视频、写作、播音,人手配备齐全。像瑞金医院宣传部门的人员配置,基本上等于一家小微型媒体机构。

瑞金医院的选题生产流程在上海地区比较具有代表性:"如何选择选题?一般来说,主要是临床科室提供给我们信息,我们有通讯员,我们一个人要对十几个通讯员,和通讯员联系比较紧密。通讯员如果觉得科室里有什么事情值得报道,一方面通讯员会自己写稿,第二方面他们会邀请我们去采访,我们一看素材比较好、新,比如全国最新的、上海第一的甚至全球第一的,那我们肯定会请记者过来,还有比较有正能量,比较能够反映医患之间的温暖、相互的信任,我们都会去采访。"①

医院宣传部门报道手法也越发专业,常采用讲故事的手法来展开主线索。瑞金医院党委宣传员朱凡介绍:"我们切入点和所有做新闻一样,是以故事来带人物,用真实发生的故事来引导,描述事实,我们很专业。每年都会做很多培训,让我们变得更专业。我们宣传科有很专业的团队,里面有两位都是记者,我们写的报道,记者可以大致上使用。但一般记者还会补充采访,因为每家报社抓的点不同,他们会根据自己的点补充采访,但是大致的框架会用我们提供的。"②

近 5 年来,医院媒介素养提升很快,医院生产的稿件非常专业,专业术语表达精准,以至于很多稿件记者拿来可以直接刊发。《新民网》卫生条线记者 L 坦言:"现在医院的宣传很专业了,(宣传部人员)有些也是从媒体过去的,还有拿着记者的稿子一篇一篇学,学记者怎么写的,现在他们有的写作水平基本上已经比记者好了,这挺吓人的。他们发来的通稿,你会觉得:'哦!这太好了!'尤其是专业术语,我们记者写得不专业,人家写完都给专家审过的,这种变化也

---

① 对瑞金医院党委宣传员朱凡访谈资料,2018 年 8 月 27 日,瑞金医院。
② 对瑞金医院党委宣传员朱凡访谈资料,2018 年 8 月 27 日,瑞金医院。

是这几年才有的。"①

医院宣传人员媒介素养的提升已成为行业普遍现象,不仅三级医院可以保质保量地完成当天新闻稿,大型二级医院也可以达到这个水平。

"上海的医院宣传科人员素质也比较高,上海三甲医院的整体新闻素养是高的,卫生主管部门经常给他们上课,介绍什么样的线索可以做新闻,他们现在给出素材的时间可以赶上以前记者采访的速度。比如说,早上在高铁上发生的事情,到当天中午我们就已经能够收到通讯员的稿子了,通讯员可以把早上发生在高铁上医生如何救人的完整故事描述出来,包括怎么发病的,医生是怎么样的状态等,可以把这个故事讲得非常完整,通讯员都是医院里宣传科里的人,上海地区医院宣传部门的水平已经非常非常高了。大的三级医院和部分活跃的二级医院通讯员都可以达到这个水平,经常和媒体打交道的医院,全市不下15家,都可以达到这样的速度。现在医院都意识到要发声,你等着负面新闻(出现)才发声,不如先树立自己的好形象。"②

医院媒介素养提升大致是从 2012、2013 年开始,2014、2015 年之后这种变化特别明显,这主要与黑医报道("八毛门""缝肛门")有关,也与杀医案的频发有关。瑞金医院党委宣传委员朱凡坦言,医院的这种应对态度变化与"八毛门""缝肛门"带给医生群体的冲击有着密切关系:"医院觉得再不主动发声就不行了,我们快被黑死了。"③从事卫生医疗条线 8 年多的《新民网》卫生条线记者也同样佐证:"医院这种变化大概在 2012、2013 年左右开始,2014、2015 年开始后这种变化特别明显,特别是在杀医案频发那个阶段之后,变化非常明显。"④

另一方面,从媒体角度而言,媒体也希望从医院得到医患故事,营造医患和谐氛围。有媒体记者透露:"有媒体就直接和医院说,我很希望得到一些医患故事,媒体也有意地想要营造一种医患和谐的氛围。"近年国家开始提倡大力弘扬正能量,要求各家媒体着重报道医患暖闻、医患情,大力宣传"最美医生""最美护士",在国家宣传政策的导向下,媒体也迫切希望医院宣传部门提供报道素材。

---

① 对新民网卫生条线记者 L 访谈资料,2018 年 7 月 26 日,人民广场来福士商场星巴克。
② 对新民网卫生条线记者 L 访谈资料,2018 年 7 月 26 日,人民广场来福士商场星巴克。
③ 对瑞金医院党委宣传员朱凡访谈资料,2018 年 8 月 27 日,瑞金医院。
④ 对新民网卫生条线记者 L 访谈资料,2018 年 7 月 26 日,人民广场来福士商场星巴克。

医院有发声意愿,媒体有宣传需要,双方一拍即合,导致近几年来,医院宣传部门在相当程度上设置了媒体医患报道的选题,从而推动医患报道倾向逐渐从"偏向患者"转向"偏向医生"。

（三）防止社会效仿效应

最后一个影响医患报道选题的因素和社会群体有关。涵化理论指出,电视画面可以引发青少年的暴力效仿行为[1]。同理,文字也可以诱发画面想象,从而引发社会效仿行为。媒体在医患报道选题上也要考虑如何避免社会效仿行为的发生。

在实际操作过程中,为了防止效仿效应,编辑在把关过程中会尽量删除医患报道中的血腥细节、作案手法和过程的描述,尽量提供建设性意见和解决建议。

沪上某媒体医疗卫生条线记者说:"仅仅报道恶性事件,不是当局想看到的,他想给这个有个引导,去解决这个事情,不要光说这个不好,那个不好。他（政府）很担心看到效仿效应,比如这个地方发生医闹事件,另外一个地方会看到、学习到,也会发生类似事件,比如衡阳医闹,衡阳的医闹事件和其他地方有不一样的地方,他们有退役士兵参与医闹,我们当时只发了一篇,不敢多发。"[2]

需要指出的是,为了防止社会效仿效应出现,媒体不报道杀医案的细节,或者是减少相关报道的数量,但是并不意味着完全不报道凶杀事件,社会效仿效应主要影响的是此类报道的数量和呈现细节的多寡。

三、医患报道采访路径框架:不同采访路径与医患报道倾向的转变

（一）早期不求甚解式采访路径:作为底线的平衡性报道原则

大约七八年前,即微信、微博出现之前,报道中会出现类似描述:"本报记者已经致电某医院,但是工作人员称并不了解此事。"这种报道看似采访过了医院,但实际上是不求甚解的采访,为的是爆点效果。平衡性报道原则强调要采访所有涉事方,但在实际操作过程中,由于联系不上核心当事人,部分记者会致

---

① 简宁斯·布莱恩特,道尔夫·兹尔曼.媒介效果:理论与研究前沿[M].石义彬,译.北京:华夏出版社,2009.
② 对沪上某媒体医疗卫生条线记者 X 访谈资料,2018 年 8 月 9 日。

电医院总机。早年医院人员的媒体素养较差,接电话的工作人员会直接回答"不清楚",或者"我不负责"之类的答复。有些媒体就会直接将这句话刊发出来,作为平衡性报道的见证。这种不求甚解的操作方式,往往会引发受众情绪,认为医院太不负责任,回避推诿。实际上,这可能是早期部分媒体有意为之,因为预见到刊发后会引发舆情,所以媒体故意制作爆点,引发读者负面情绪。

可见,平衡性报道原则是新闻客观性的必要不充分条件。一篇具有新闻客观性的报道一定符合平衡性原则,但是符合平衡性原则的报道不一定具有新闻客观性。不采访所有涉事方一定会导致报道丧失客观性,但是,即使采访了所有涉事方,仍然不能保证新闻的客观性。记者在采访对象的选择、文本的书写过程中暗含着很多隐匿的框架,即使形式上符合平衡性报道原则,但实际上仍会对新闻客观性造成影响。可以说,平衡性原则是新闻客观性最低的底线,但距抵达客观事实却还远远不够。

(二)近年一般性采访路径:医院提供通稿而媒体却极少追问

近五年来,随着医院媒介素养的提高,一旦发生医患事件,医院会在第一时间给出通稿,导致近年来媒体记者获取医患事件的线索大部分都来自医院宣传部门。

前澎湃新闻记者指出:"医生身在医院,身在系统内部,一个事件发生的话,由系统内的流程处理,对外是统一发声的,不管是医院内,还是政府,都是如此。出了事情的话,不会有单独的当事医生出来接受媒体采访,这种情况非常非常少,统一由医院宣传部发声,他们会先在医院内部统一一个说法,这其实和政府、企业(的做法)是一样的。"[1]

但是,医院给的说法一般是官方且缺失细节的,对于事故的具体原因含糊其辞,一笔带过。在医院给媒体的口径中,最后大多以一句类似:"事情的进一步具体情况,目前正在调查中,等结果出来再与各位媒体朋友沟通。"对于医院的这种含糊说辞,绝大部分媒体却是接受的,而且也极少有媒体会去再次联系医院,请医院给出具体事发原因的说明。同济医院的宣传处负责人坦言:"医院给出情况说明之后,至于事件的更进一步的原因,媒体极少会再追问并做报道,

---

① 对前澎湃新闻记者 B 访谈资料,2018 年 8 月 13 日,电话访谈。

这种情况极少极少发生。"①

记者对于大多医患事件的真正原因兴趣阑珊，对于医院的情况说明通盘接受，极少追问和质疑，在某种程度上，这导致了医患报道倾向逐渐偏向医方。

（三）不同条线记者的采访路径：采访路径决定了报道倾向

社会部/群工部条线记者负责各类读者投诉，平时和医院没有联系，因此，在采访医院时会通过各种"曲线救国"式路径自行寻找采访对象。具体而言，每个非医疗条线记者的采访路数都不一样，"有的打医院办公电话；有的通过一些医生、同行，找人去问；有的直接去医院直接找人。"②也有人同时尝试几种方法。但是通常对非医疗条线记者而言，打电话能收集到的信息非常有限，正如上文所言，医院宣传部门对自称记者的陌生来电非常警惕，不会在电话里透露医患事件的信息和细节，非医疗条线记者在电话中能够得的信息是非常有限的。

现实中往往存在各种情况导致记者采访不到当事人。在医患纠纷中，最难采访到的人是涉事医生，通常情况下，医院规定医务人员不能擅自接受媒体采访，医院方担心因医生掌握的信息片面，无法全面地评价事件，被居心叵测的记者断章取义，会给医院带来麻烦。

同济医院宣传处负责人坦言："记者来采访，我们医院是有流程的，任何员工不能接受媒体的采访，原因是什么呢？员工所掌握的情况是片面的，不客观、不全面，你说的东西可能会有偏差，然后记者再一写，可能会有些偏颇，我们医院是这样的，所有单位都是这样的，必须有一个新闻发言人，统一口径。"③

医疗卫生条线记者也承认存在同样问题："你去采访，ok，比较幸运的话，你可以采访到单方，比如采访到医生这一方，患者你见不到，或者采访到患者这一方，医生那方你见不到。"④

采访不到当事人，如何解决报道的平衡性问题呢？社会部/群工部条线记者在实际操作过程中，有一些替代补偿的办法，比如采访当事人身边的人，这个人是要符合一定要求的：①亲眼所见事发经过。②但和医院、医生的关系比较

① 对同济医院宣传处副处长 F 访谈资料，2017 年 12 月 30 日，同济医院。
② 对前澎湃新闻记者 B 访谈资料，2018 年 8 月 13 日，电话访谈。
③ 对同济医院宣传处副处长 F 访谈资料，2017 年 12 月 30 日，同济医院。
④ 对沪上某媒体医疗卫生条线记者 X 访谈资料，2018 年 8 月 9 日。

疏离。符合这两条要求的人通常是医院的护工、清洁工、其他患者家属、其他患者。前澎湃新闻社会条线记者坦言："如果碰到这种伤医事件去采访的话，我一般从阻力最小的周围人开始，谁阻力最小？第三方，没有直接利益相关的，比如同病房的病友、清洁工，和医院沾上边，有关系，但是关系很松散，慢慢还原这个事情。"①这些人不属于医院体制内，或者和医院的关系比较疏远，通常不会包庇医生、医院，看待问题角度比较客观。但同时，由于这些关系疏远的采访对象不够了解全部事情真相，在向记者描述过程中也可能会夹杂个人偏见，所以，由非医疗条线记者采写的医患报道倾向通常会偏向患者。

医疗条线记者的采访路径则完全不同。医疗条线记者和医院宣传部门保持着长期供稿关系，在医患事件发生的第一时间，医疗条线记者通过医院宣传部门熟人关系就可以较为快捷地获知事发经过。由于是医院给出的解释，所以往往由医疗条线记者采写的医患报道倾向会偏向于医院。

新民网卫生条线记者坦言：

"条线记者是不断和医生联系的，我们和三甲医院有定期联系，他们会向我供稿，我们条线记者对医院了解，对医院的苦和无可奈何的地方是非常了解的，信息得到的更多，因为信息不对称会造成很多问题，比如有人投诉做核磁共振要等1、2个月，跑条线的记者就知道很多科室都要做核磁共振，打个比方，医院里接诊 200 个病人中，就有 100 个病人要做核磁共振，那肯定要排队，我们条线记者很了解医院。"②

"社会部/群工部记者接市民投诉，比如市民投诉冬天医院铁椅子冷。社会部/群工部记者和医院不熟，写起批评报道来也没有顾忌，他就是听你讲，你说椅子凉，他就去问医院了，这些记者对医院情况不了解，从普通市民的角度出发考虑医患问题。"③

健康卫生条线记者和社会部/群工部条线记者的真正区别之处在于掌握的人脉资源。健康卫生条线记者由于和医院有着长期联系，可以快速找到采访对象了解事发经过。但这也触发了一个隐患，即健康卫生条线记者可能会为了维

---

① 对沪上某媒体医疗卫生条线记者 X 访谈资料，2018 年 8 月 9 日。
② 对新民网卫生条线记者 L 访谈资料，2018 年 7 月 26 日，人民广场来福士商场星巴克。
③ 对新民网卫生条线记者 L 访谈资料，2018 年 7 月 26 日，人民广场来福士商场星巴克。

护和医院宣传部门的良好关系,获取医院的专家资源,在某些情况下会隐晦地偏向医院。

综上,不同采访路径相当程度上影响了医患报道的倾向,而这种倾向的偏向性并不是因为违反了新闻平衡性原则而造成的,或许应该说,即使记者遵守报道的平衡性原则,努力采访到各方人员,仍然有可能造成报道的偏误,这种偏误并不是记者有意为之,而是采访技术路线本身就已经决定了结果。

(四)采访对象的转变:从不重视采访医生到必采访医生

近几年来,媒体对医患报道的采访路径发生了变化,从过去不重视采访医生到现在必定采访医生。前文提到,过去媒体在处理医患报道时,采访医院的态度比较敷衍,打个电话给医院总机、门卫就算采访过了,在报道文本写作过程中,常在文末一句话带过。从前一章对人民网 2011—2018 年医患报道的引用比例来看,这两年媒体对医生采访比例有明显提升(引用涉事医生话语作为消息来源的报道比例:2011 年为 0%,2013 年为 8%,2015 年为 20%,2017 年为 27%,2018 年为 41%)[1]。近几年,媒体对医生群体采访的比例逐渐提升,开始重视医院对事件的评价和态度,力图从多角度还原事件真相。医生也认可这种变化:"现在媒体环境有变化,现在媒体也知道要来问一下,来了解下医院这边大概是什么意思,媒体至少两方面的声音都要听一下,听单方面的声音肯定是有问题的,尤其是偏听感情色彩比较严重的患者家属,是比较片面的。"[2]

总体而言,近几年来媒体的采访路径大致走过了这样一个发展过程:从早期不重视医院医生,到逐渐开始重视医院医生,到以医院通稿为基础进行报道。在此过程中,医院的话语权逐步提高,媒体对医院的重视程度逐步增加,医患报道的倾向也逐渐偏向医院和医生。

四、医患报道写作框架:从激烈表达到隐晦表达

记者通过对事实的选择和排列来呈现报道倾向。"客观报道"实际上包含两种含义:①记者呈现收集到的各方信息,把记者所知的全部均呈现出来,这种客观是主观层面的客观,即对记者本人而言,他告知受众所有他所知的。②记

---

① 数据来自本研究对 380 篇 2011—2018 年医患报道的内容分析结果。
② 对沪上某三甲医院医生 S 访谈资料,2018 年 8 月 14 日。

者挑选部分事实进行呈现,这些被选择出来的事实本身是客观的,这种客观是事实层面的客观,即对记者而言,他实际上是隐瞒了部分事实,但被选择呈现出来的事实本身是客观无误的。以上两种客观,记者均没有捏造事实,都属于客观报道。

以上两种客观属于媒介客观,相对于媒介客观,还存在现实客观,即现实中的的确确发生了什么,这种现实客观,只能通过各种手段去努力探究、接近,但是无法完全抵达。记者了解得再多、采访得再多、信息掌握得再多,也只是整个客观事实的一大部分或者是一小部分,万物互有联系,我们根本不可能穷尽所有相关事物,这是不可能做到的,媒介客观永远是记者主观努力得到的有限结果,是区别于现实客观的。

报道的文本写作通过对事实进行选择排除、排列顺序、加大或减少某方信息权重等方式隐晦地左右报道倾向。以下是医患报道文本写作过程中可能涉及的几种隐晦手段,揭示了医患报道领域记者如何从早期激烈表达到隐晦表达的转变过程。

（一）早期故意制造戏剧性冲突爆点

大约 10 年前,部分媒体会为了博取受众眼球故意制作爆点。一个线人爆料夸张,到了官方、机构、组织那里得到一个可笑的回应,两者形成一种戏剧性冲突,这种冲突会引发舆情,带来可观流量。

类似哗众取宠式的新闻报道常借助采访一个并不了解内情的官方、机构、组织的人来完成。10 年前,很多医院都没有建立危机应对预案,没有适当应对媒体策略,加上部分记者故意制造爆点,采写前后冲突的内容、不核实事件真相、选择性报道等,导致早期医患报道患方说法占比较大,医方说法缺失,造成早期大量医患报道偏向患者。

"以前 2010 年前后真的是这样,一家医院发生了突发事件,那个时候,部分媒体觉得这个事情有爆点,就直接打电话去这个医院总机,比如接电话的人是总机值班人员,说:'我不知道这个事情。'越是有这种回答'我不知道',写出来的报道就越有新闻冲突,所以会有那种报道,前面市民说得很夸张,到相关部门得到一个非常可笑的答复,这样形成一个对比之后,在网上是很有爆点的。所以记者有时候也会故意地这样去制造爆点。"①

（二）近年从报道事件转向寻找解决方案

近两年来，国家大力弘扬社会主义正能量，落实到医患报道层面，医患报道的文本写作框架也发生了一些变化：从报道医患事件到寻找解决方案。我国医患报道从文本上来看，大致经历了这样一个过程：从早期博取眼球，恶意渲染，抹黑医生到逐渐冷静旁观，理性考证，再到如今以正面报道为主，寻求解决方案。

新民网卫生条线记者坦言：

"现在媒体也在思考，除了单纯报道，有没有解决方案。比如新华医院儿科看病排队 4 小时，我们连夜做了有儿科的三甲医院的汇总图表，后来卫健委沿着我们的思路，做了一个全上海有儿科的医院汇总图表。媒体的任务不是引发社会矛盾，而是化解矛盾。"②

细考如今的医患报道文本写作结构，呈现出这样一种特征：前大半部分以报道事件为主，将收集到的信息和采访内容对比排列组合，凸显某种内在倾向与态度。报道后小半部分以解决方案为主，缓解前半部分报道的紧张气氛，给读者一种情绪上的疏解和行动上的指导。

（三）正面典型报道质量有一定提升

这几年医患典型报道的写作手法和以往相比发生了变化。变化主要体现在以下两方面：题材上从新闻评论向新闻报道转变；内容上从歌功颂德向真实记录转变。

2017 年初是媒体开始加大对医生正面典型报道力度早期，当时，医生正面典型报道还是比较生硬的，造作痕迹明显，主题大多为医生治愈患者，患者送锦旗，配图多为医生、患者与锦旗合影。

现在的典型报道手法明显高明许多。大多数以纪实性报道为主，用大量细节和事实做铺垫、排列，用细节刻画人物，将记者个人主观意见隐藏于大量事实中。医疗卫生条线记者指出："现在的典型报道跟以前的典型报道还是不一样的，就是真实记录，跟着急诊医生坐诊。比如冬季儿科就诊高峰对新华医院急

① 对新民网卫生条线记者 L 访谈资料，2018 年 7 月 26 日，人民广场来福士商场星巴克。
② 对新民网卫生条线记者 L 访谈资料，2018 年 7 月 26 日，人民广场来福士商场星巴克。

诊室的体验报道，这个报道是我们自己去的，医院也有顾虑的，医院担心被记者看到一些不好、不完善的地方，新华医院宣传负责人过去也是卫生记者，她还是很相信上海媒体的，觉得上海媒体能够比较好地处理问题，不然我们坐不到诊室里去的。"①

促使医患典型报道转向的另一个重要原因是医院出手了。医院的发声越来越专业，加上医院得天独厚的专家资源，上海地区三甲医院宣传部门出的稿件质量基本已比肩记者，很多稿件非常专业，医学术语表达准确。

记者坦言："医患报道中医院发挥着很大的作用，不是每件事都能靠记者去挖掘出来，很多素材都是靠医院在给，为什么现在有这么多正能量的报道？是因为医院出手了！"②

医院层面也同样佐证："关于医患的报道都是我们自己写出来，发给记者。我们写的报道，记者可以大致上使用。但一般记者还会补充采访，因为每家报社抓的点不同，他们会根据自己的点补充采访，但是大致的框架会用我们提供的。"③

（四）第三方口径提供者倾向转变

记者缺乏医学知识、没有亲历整个医患事件，那么记者如何对所得信息进行核查呢？笔者在访谈中发现，记者会采用一种"多维比较判断法"。具体而言，就是记者会把各方提供的相关信息排列在一起，找出其中吻合互相印证的部分，并指出互相矛盾的部分。记者通过"多维比较判断法"，可以努力接近客观事实。具体做法是将医方给出的口径、患方家属的口径、第三方口径（公安、卫健委、医院宣传部门、旁观者等）和物证材料等多方材料进行比较来判断双方说法的真伪。

记者们坦言：

"医生的说法，我们在报道中也会提及，如果说法和患方一致，我们会报道，如果和患方说法不同，我们就直接指出来，比如医院方面说的是什么样的，患方家属说的是什么样的，我们拿到的证据（物证）显示哪一方是对的。这其中有一

---

① 对新民网卫生条线记者 L 访谈资料，2018 年 7 月 26 日，人民广场来福士商场星巴克。
② 对新民网卫生条线记者 L 访谈资料，2018 年 7 月 26 日，人民广场来福士商场星巴克。
③ 对瑞金医院党委宣传员朱凡访谈资料，2018 年 8 月 27 日，瑞金医院。

种平衡的考虑,各方说法都要顾及,把我们核实到的事实也如实写出来。"①

"一个信息之所以可信,是因为可以交相印证,比如当事人怎么说其实不是很重要,上级部门看中的是第三方,权威部门、官方部门怎么说。"②

当医生口径和患方口径相矛盾的时候,第三方口径就非常重要。"医患事件中的第三方是谁呢?医院的宣传部,他们距离医生有一点距离,说的话相对有一点客观。还有一个很好的第三方是卫健委,卫健委是监管部门。(问:卫健委不是会帮着医生吗?)对对!他们几乎99%会帮着医生,但比起医院的宣传人员已经好很多了。还有一个第三方是警方,警方是不帮医生的。还有一个第三方是旁观者、其他医院同行,同行是如何听说这件事的,如何看待这件事,还有同类专家,这就是第三方。"③第三方口径在报道倾向上有着举足轻重的地位,第三方口径由于相对客观、中立,往往对读者立场起着决定性的引导作用。

"多维比较判断法"中第三方口径会直接影响记者对事实经过和责任归属的判断。在医患事件中真正意义上的权威第三方实际上是警方,而警方对医患事件的倾向有一个转变的过程,大致可描述如下:早期警方暗帮患方,惯用息事宁人策略处理医患事件,往往让医院赔偿了事。到了后期,警方的态度有些许变化,开始打击医闹群体,对医生的态度也稍带公正了些。许多记者在访谈中表示,早期他们经手的医患事件中,警方往往是不站在医院医生这一边的,处理方案也暗暗倾向于患者,但是近几年有了一些变化,猜测警方态度变化的原因,"有可能是警方和记者一样对医疗行业的认知在这么多年间也有了变化和发展"④。可以看到,在医患报道的文本写作过程中,第三方口径对医患报道的倾向有着重要影响,作为医患事件的权威第三方警方的态度变化也与医患报道倾向的转变有着间接关系。

（五）将责任归因下沉

党管媒体,媒体戴着镣铐跳舞,记者群体中的确存在对政府的不满情绪,但这种不满情绪往往都是针对地方政府,并不针对党中央,在很多记者看来,党中央和国家的政策是好的,是地方政府、地方组织在落实政策过程中把经念歪了。

---

① 对前澎湃新闻记者B访谈资料,2018年8月13日,电话访谈。
② 对沪上某媒体医疗卫生条线记者X访谈资料,2018年8月9日,电话访谈。
③ 对沪上某媒体医疗卫生条线记者X访谈资料,2018年8月9日,电话访谈。
④ 对新民网卫生条线记者L访谈资料,2018年7月26日,人民广场来福士商场星巴克。

人民日报医疗条线记者坦言："某些政府有些做法,我们很不认同,在报道里面没少批评。前不久江西葬改砸棺材,我们这边有人撰文严厉批评了。党和国务院很多政策是很好的,但地方政策落地往往走偏。"①

记者对地方政府、地方组织的不满呈现在报道中的方式是很隐晦的,这种隐晦表达常通过两种方式进行:①通过提问的方式进行。通常在文末通过提问手法,提出关注的问题,但是不作回答,引发读者思考。②责任归因呈现"下沉式"。即将责任归因于落实政策的组织、机构。在医患报道题材中,即对具体的医改制度、医疗制度展开批评,但绝不涉及制度制定者。"那些质疑相关政策的记者写出来的报道会提问,但是,还在框架下的,还是该写什么写什么,你也可以负面监督,但要言之有物,不能凭空说。"②

（六）从负面事件中寻找正能量

报道存有预设。同样呈现事实,挑选哪些事实,如何呈现事实皆与记者预设立场有关。负面报道除了在结尾处增加一个解决措施之外,还有一种处理手法,就是在负面事件中寻找正能量,即换一种视角重新审视。在学界,这种"把坏事当成好事报"的手法广受批评,也是部分媒体被批评缺乏社会责任的一大罪状。

但从媒体角度而言,面对严格的舆论管控,媒体首先考虑的是如何把报道刊发出来。前文曾提到过媒体为了把禁止报道的负面事件报道出来,可谓煞费苦心,与政治力量做着巧妙周旋,面对禁止报道的话题,媒体采用的手法是用表扬政府功绩的方式带出一则负面报道。同这种操作手法稍显不同的是,面对非禁止报道的负面话题,媒体为了满足政治舆论正面导向的宣传要求,在一则负面报道中寻找正能量,以正能量作为报道结尾。

和"伪正面报道"操作手法相比,两者的区别在于正面报道的权重不同。"伪正面报道"是通篇正面报道,"负面事件中找正能量"是后半部分作正面报道。

"现在对媒体的管理很严格,要求也比较高,负面报道不能做,所以要在负面的报道中尽量找到正能量。像以前有个报道,地铁上有抢座位,一个上海胖阿姨帮着小姑娘批评了对方,当时这个新闻就这样报出来,很多外地人看了评价:上海人素质也不怎么样。后来媒体就挖了一个点出来,说:矣,这个胖阿姨有腔调哦,说这个胖阿姨是一个怎么怎么正直的人,用另外一种正面视角把前面那股舆情冲淡了。以前还有报道说外地人在上海地铁里嗑瓜子,上海阿姨劝说不成,就把瓜子壳捡起来。像这类事情,媒体可以做负面报道,但同时也可以报道上海阿姨素质好,一是把形象树立起来了,二是这是正能量。"①

权重和顺序是记者在实际操作过程中的核心因素,通过调节事实的权重和出现顺序可以表达记者的倾向和态度。一般来说,权重越大的信息给读者的印象就越深,此外,信息出现的位置也很重要,文章头部、尾部出现的观点留给读者的印象较深。

对媒体而言,在稿件处理上需考虑这么几层需求:把稿件刊发出来、满足舆论导向、让受众满意。这几层之间常常存在矛盾,通过访谈发现,媒体内部实际存在着隐秘排序:把稿件刊发出来>满足舆论导向>让受众满意。为了尽量把稿件刊发出来,近年来媒体在意见表达上越发温和,手法更加隐晦,也间接影响了医患报道倾向的转变。

第五节　医患报道倾向转变与媒介组织层次框架

本小节主要从媒介组织层面,围绕"媒介组织行为与医患报道倾向转变",从编辑室内部的文化传承、内容把关、酬薪制度等几方面展开论述。此外,近年来,医院宣传部门作为一支新兴力量有力参与了医患报道议题的设置,因此,医院宣传部门的宣传组织框架也被归入本小节,一并讨论。

一、编辑室内部的文化传承:组织文化与医患报道倾向

(一)编辑室精神领袖的思想传承与医患报道倾向

媒体精神领袖的态度和立场潜移默化影响了一线采编人员的态度,从而间接决定了该媒体医患报道的倾向。媒体精神领袖往往是创始人、主编。经过多年业内教育,精神领袖将思想、观念传递给编辑和记者,再通过编辑部对稿件的

---

① 对沪上某媒体匿名记者访谈资料,2018 年 7 月 27 日。

层层审核把关,生产出符合该媒体品格和态度的新闻产品。

精神领袖态度和倾向可以决定一个媒体的路线。《新民周刊》的人生观是走理性中产阶层路线,对待医患报道秉持客观理性态度,这一点和其主编刘琳女士密切相关。前文提到,主编刘琳女士是医疗记者出身,在医疗行业沉浸多年,她有着深刻认识:医疗行业的问题不在医生,而在于医疗体制。主编刘琳女士的态度立场为《新民周刊》对医报道奠定了报道基调。《新民周刊》参与医疗话题报道十多年,即使在媒体集体"喊杀"医生时期,《新民周刊》始终以理性视角考察医患问题,未参与到"黑医生"的那波浪潮中。

一个媒体的人生观决定了媒体产品的风格,通过记者、编辑、副主编、主编的层层把关,把报道最终置于符合该媒体人生价值观的框架中。

"我们周刊几乎没有参与到早期讲医患关系不好的时候,这有很多历史的原因,我们虽然不像报纸记者,条线分得那么细,跑医疗单位跑得那么多,和几家杂志比的话,我们是介入医患报道比较早的,很多媒体讲医生不好的时候,我们一个判断就是主要还是个别现象,而且从客观来讲,很多矛盾指向了医生,但是医生还是背锅的,我们很早就得出这个判断。"①

"从媒体角度讲,为什么《新民周刊》对医生比较友好,外地有些媒体对医生群体一片'喊杀',为什么?一方面,可能和我们主编很早就了解这个行业有关系,我们编辑记者对这个行业的了解最早就是从我们主编那里来的,因为你有一个对行业了解的人,媒体就有了定位。"②

精神领袖的格局可以定位一个媒体的品格。媒介领袖的个人倾向会对该媒体一线记者产生巨大影响:"每代领导人都会对作品留下很深的烙印。"③媒体实践过程中,精神领袖会自觉或不自觉地将自己对这个行业的观念、思想输出给全体采编人员,精神领袖对某行业态度很大程度上影响了该媒体医患报道的倾向。

(二)编辑室的思想教育与医患报道倾向

编辑室内部总是通过各种形式的思想教育来传递灵魂人物的思想和观念。

---

① 对新民周刊资深编辑 H 访谈资料,2018 年 9 月 3 日,新民周刊。
② 对新民周刊资深编辑 H 访谈资料,2018 年 9 月 3 日,新民周刊。
③ 对沪上某媒体医疗卫生条线记者 X 访谈资料,2018 年 8 月 9 日,电话访谈。

笔者在访谈过程中发现,各编辑室统一人员思想的形式多样且效果显著。

比如,沪上某家媒体有一谈话传统,由一位资深老师和新进记者谈话,讲述报社传统、当下的社会思潮和动荡、政府舆论管控和政治问题,谈话宗旨主要是保护年轻记者,保证政治安全。

"我们有一个传统,一位老师会经常和我们谈谈心,特别是新入职的工作了几年的年轻人,会跟我们讲一讲传统啊,讲一讲当下的思潮和动荡,舆论管控,大概会谈一点政治,主要的宗旨是保护我们,可能年轻人年轻气盛,但是安全第一,提高业务能力,找到和政治之间的一个解决路径。"[①]

同样,在上海时事类周刊《新民周刊》的访谈过程中,笔者也发现了这样一种编辑室内部的思想传承。编辑室内部通过口耳相传、选题会、平日闲聊,将媒体文化灌输给记者。《新民周刊》的主编刘琳女士本身是医疗记者出身,她对医疗的理解和观念决定了《新民周刊》医患关系报道的定位,也是《新民周刊》在早期介入医患报道时之所以没有"喊杀"医生的重要原因。

"我们的口号是'影响主流',我们是以这个为目标,起码要考虑社会精英要看什么,我们定位的社会精英是理性的,世界观是积极的,如果一个社会精英对社会发展不积极,他还精英什么呢? 那就不叫社会精英了,这是我们对受众群体的一个判断,然后我们认为他是希望社会向好的。"[②]

编辑室的观念传承还和酬薪制度有关。报社领导通过给报道打分,直接决定记者收入,记者为了得到高分,会自觉贴合领导的喜好和价值观,无形中传承了报社领导的价值观。

"报社领导打分、给酬金。对我们最有直接影响的是我们栏目总监,他直接打分的,他有自己的喜好和价值观。长此以往,记者会去贴合打分领导的喜好、价值观,但还好,他的口味还比较正统。"[③]

二、编辑室对媒体内容的把关框架:记者内化编辑室标准

(一) 对选题策划的把关越发谨慎

人民日报编辑室在选题策划上涉及以下几个把关环节:总编室的把关、专

---

①　沪上某报社记者 Y 访谈资料,2018 年 8 月 10 日,电话访谈。

②　对新民周刊资深编辑 H 访谈资料,2018 年 9 月 3 日,新民周刊。

③　对匿名记者访谈资料,2023 年 6 月 23 日,电话访谈。

业部门的把关、夜班编辑把关。

人民日报实行采编分离制,总编室和专业部门共同进行选题策划。一是采前会,每天一次,由协调部组织召开,专业部门和总编室对接选题,专业部门报选题,编辑部门做策划,部署安排记者采访。二是夜班编前会,各个版面向夜班报告当天版面的稿件情况。此外,如遇到突发事件,就会启动应急,组织记者采访,安排相应版面①。

编辑室对选题策划的把关更多从宏观层面,即新闻价值判断的角度出发,新闻价值主要是指公共价值。编辑室对选题的把关表现在,当记者和编辑意见相冲突时,编辑更有话语权。记者和编辑对于医患事件的新闻价值判断有时可能会不一致,有的记者认为某医患事件是一个事件,值得报道,但是编辑认为只是一个偶发事件,没有足够的公共价值,不值得报道。也有相反的情况。在这种情况下,编辑更具有话语权,如果记者擅自撰写了一篇没有经过编辑同意的报道,那么这篇报道连刊发的可能性也没有。

"每个记者的想法、考虑问题的角度都不一样,与编辑意见不同确实存在……如果出现这类情况,我们编辑会和记者沟通讨论,讲明各自的看法和理由,最终达成一致。达不成一致,选题就会有调整。"②

什么样的选题会通不过编辑室把关?通常选题被毙会有以下几个原因:①记者不够专业,报送的选题不符合行业规律。②时效性不强,公众不关心该选题。③近期舆论导向禁止报道此类议题。

澎湃新闻编辑室对社会时事类报道(包含医患题材)实行"选题制",严格把关选题预审。"选题制"是指选题首先要经过申报,经编辑室批准通过之后,记者才可以做,如果选题没有经过批准,即使记者自行完成了稿件,也没有发稿的可能。需要指出的是,在澎湃新闻,不是每个部门都实行"选题制",负责医患报道的时事中心严格执行选题制,而财经中心对选题预审就比较宽松,无需严格实行,财经记者可以对自己感兴趣的话题进行报道,并且可以先斩后奏,记者可以先去采写再回来给编辑部审稿。

澎湃新闻对医患报道选题的严格把关还体现在对时事中心记者出差的管

---

① 对人民日报某健康记者访谈资料,2018 年 8 月 3 日,电话访谈。
② 对人民日报某健康记者访谈资料,2018 年 8 月 3 日,电话访谈。

理上。时事中心记者的出差管理颇为严格,要经过三轮审核通过,"先要和自己栏目申请,栏目通过后,中心主任签,然后要总编办主任同意,然后才能拿去申请出差车票等。"①相比之下,财经中心的记者就方便很多,"财经中心跑科技的可以先斩后奏,记者觉得有价值的,先跑过去做,回来后补一张出差申请就可以了。"②"我们开选题会很频繁,报社领导是每天早上,我们小组是每天晚上,一般一个选题的操作是:首先是线索,线索是你自己找到的,或者是领导派过来的,记者收集资料,看这个能不能做,这可能很快,就形成一个选题,选题报给组里编辑或者栏目总监,他觉得可以,我们就开始操作,这是选题预审报。"③

总体而言,人民日报、澎湃新闻等主流媒体在医患报道的选题把关上近几年呈现趋严态势。编辑室对负面医患选题的有意回避也与近年来医患报道数量减少和报道倾向转变有关。

(二)把关网民评论

编辑室通过把关医患报道网民评论的特定立场,可以引导公众对医患关系的总体印象和舆论氛围。编辑室通过呈现、删除 App 客户端医患报道下方的网民评论可以营造网民对医患事件的舆论氛围。访谈得知,几乎所有新闻 App 客户端前台呈现出来的网民评论都经过编辑室后台编辑的精心挑选,挑选的标准是理性、中立,过滤掉过于情绪化、极端化的评论,虽然有时也会呈现部分负面批评的评论,但是一定是讲述事实经历、提供客观信息的理性负面评论。

这在行业内已经是公开的秘密,几乎每家媒体都会如此操作。"我在新华医院冬天体验就诊高峰采的一篇报道,3 万多阅读量,168 条点赞,下面很多评论。现在看到的评论都是比较理性的、中立的,过于情绪化的评论没有选出来。所有的点评只有后台可以看到,在前台显示出来的都是经过删选的点评,编辑也会挑负面的评论,但一定是比较理性的或者讲自己真实经历、不带情绪化的负面评论,其实也是媒体营造氛围的一种方法,因为在微信上负面情绪的弥漫比正面情绪的要快很多,人性就是这样。"④

编辑室通过把关网民评论引导受众对医生的舆论倾向,营造特定舆论氛

---

① 对澎湃新闻匿名记者访谈资料,2018 年 8 月 15 日,澎湃新闻。
② 对澎湃新闻匿名记者访谈资料,2018 年 8 月 15 日,澎湃新闻。
③ 对澎湃新闻匿名记者访谈资料,2018 年 8 月 15 日,澎湃新闻。
④ 对某网络媒体匿名记者访谈资料,2023 年 7 月 24 日,电话访谈。

围,把关评论的原则是呈现理性、带有事实属性的信息,剔除情绪化信息。

（三）对报道内容和报道方向的把关

记者在接触到一个医患事件线索时,难免会有自己的立场、喜好和偏见,这是作为一个人所无法避免的,很多记者承认根据以往的经验会对一个医患事件有个大致的判断,对是非对错有一个大致的预判,那记者的是非预判会对报道产生什么影响呢? 研究发现,编辑室的控制比记者的个人预判对报道的影响更重要,编辑室通过层层审查把控着报道内容的定位和方向。

"在记者刚接触到一个医患事件时,记者会有个认知,按照以往的经验会有个大致的判断,这个事情谁对谁错……但是,这么说吧,稿件最终呈现出来的文本不是记者可以控制的,因为会经过这么多道关卡,有偏见的东西是不会出来的,每个编辑都会看,每个编辑都会按照自己新闻价值观去评判是不是一个合格的新闻作品,如果不合格他会给你打回去,或者压根儿就不发,因为这个原因毙掉的稿件有很多,我们稿库里压着很多因为各种原因不发的稿子,等着有朝一日重见天日,比如等宣传通知、等判决、等风声过了等,还有些很敏感的案件,在等案件更水落石出一点,等更多的证据出来……领导会问你:'你写的东西,这段文字可以拿上法庭吗? 如果别人起诉我们,你的判断能在法庭上完全没有问题吗?'我们记者会很痛苦。"①

编辑室通过严格流程,谨慎把关医患报道内容。以《新民周刊》为例,其流程首先是编辑室集体讨论确定报道议题、报道篇幅。

"我们流程是这样子的,我们都是专题报道,单篇报道比较少,一个专题就由一个编辑负责。全体采编人员会有一个讨论,我们会讨论这个题目好不好,读者愿不愿意看,会不会是社会热点,先要有一个大致的共识,比如大家说疫苗这个题好,大家肯定会关注,一定要做。然后要有一个大概体量的预设,这个是根据经验来定的,比如说20page(页),30page就够了,或者很大的事情,比如疫苗事件,我们要做封面,要做40page、50page,这个我们根据经验会有一个初步的判断。"②

报道议题和报道篇幅确定好之后,接下来是确定每个版块的具体内容,确

---

① 对沪上某媒体医疗卫生条线记者 X 访谈资料,2018 年 8 月 9 日,电话访谈。
② 对新民周刊资深编辑 H 访谈资料,2018 年 9 月 3 日,新民周刊。

定方法同样是通过编辑室集体讨论。

"专题中间涉及哪几块,大致块面划一下,疫苗事件首先要讲疫苗本身怎么了、国家是怎么处理的,服务性的内容做一块、历史内容做一块、国外的情况做一块,大致分好。"①

确定好每个板块具体内容之后,编辑负责细化方案,然后由编辑去和记者约稿,约稿的过程称为"发包",意指编辑把确定好的板块细化方案交给记者去完成。

"然后编辑开始做方案,把内容细化,然后再去找相关记者,有的记者在这块领域是有所了解的,有的记者说我能写历史性的那篇,有记者能写服务性那篇,有记者能写疫苗事件本身的那篇,大家领好,就去各自写,然后周一交回来,编辑稿件,出版面,整个过程就是这样的。"②

只有采访和写作环节是记者自行完成的。

"我们是合作的方式,很少有单打独斗的,只有采访和写作环节是记者单打独斗的。编辑已经把块面都定好了,比如说疫苗事情,第一块我定的是疫苗的新闻事件本身,这个不是预设,这个只能讲我们划了一个领域和主题,然后根据记者的调查来,到底是谁出了问题,这个事情到底严不严重,国家的处理是对的还是错的,是不是有些新闻信息是媒体没有注意到的,这些都是记者通过采访去发现。"③

到了采访、写作环节,记者不能再改变编辑室制订的方案框架,但在采访过程中可以与编辑交流采访内容情况,以便及时纠正方案可能存在的错误。

"我们生产周期是这样的,我们报道量很大,方案定好,记者采写,这个就是个很顺畅的过程。方案确定后,大的框架就不会变了。但是,如果记者在采访中发现方案预设的情况与事实完全不对,那么他必须马上与编辑交流,在写作之前修正这一篇的主题或者方向,这样就避免了闭门造车带来的错误。所以记者与编辑的交流是随时的,目的就是尊重事实、避免错误。"④

总之,有偏见的观点是无法通过编辑部的审核把关的,编辑部通过逐字审查，剔除记者个人偏见、纠正极端观点，总是把报道规置于符合本媒体的风格和理念之中。《新民周刊》资深编辑黄祺佐证："我们的专题报道，基本上所有的采编人员都参与讨论，一本杂志也有自己的人生观，讨论的过程就是统一人生观，这样杂志的价值观才会是统一的。"①

（四）审稿使得稿件观点越发温和

在采写完报道之后，进入审稿校稿环节。一篇报道历经线索采集、线索选择、采访对象的选择、文本写作等层层把关之后，还有最后一道审稿环节。在澎湃新闻编辑部，一篇稿件通常会经过 3～5 层人员的审核把关。如果是一般稿件，会经历 3 层把关，分别是部门编辑审核、栏目总监审核、值班主编审核。如果稿件涉及敏感内容，则需再多经历 2 层把关，除了一般稿件的 3 层把关之后，还需提交中心主编审核、主编审核，一共 5 层把关。

"稿件先交到自己组里，组里有专门的编辑先审一遍，他觉得没有问题了，提交给栏目总监，栏目总监审核通过的话，就提交给值班主编，有早班和晚班两个值班主编，值班主编审完之后会提交给中心主编，如果值班主编审核通过的话，就可以发了，如果题材比较敏感的稿件会再提交给中心主编，如果中心主编觉得可能还要考虑下，就提交给最上面的主编。"②

审稿主要审查稿件的长短、详略和平衡性。其中，平衡性是审稿过程涉及的核心问题，平衡性是指一篇报道是否给予涉事各方发言的机会，各方出现的比例是否平衡。编辑距离事件比较远，看待问题比较理性；记者容易沉浸于自己的报道之中，希望尽可能多地呈现事件的细节，这个时候，编辑就会从整体上把握报道的详略，要求记者删除一些细节，或者补充一些细节。

"编辑的权力比较大，他会决定稿件的命运，稿件的长短、详略……编辑会在详略这块把握稿件，这块你要补充点东西，这块你要删掉点东西，他会提这方面的要求。文本就像一个人的风格一样，很难改变。吵的话，大家沟通就是微信、电话，会有稿件不断被打回来，提交一遍，打回来，打回来，冷不丁会看到一篇 6 月份的稿件（访谈时是 8 月）突然有一天又被打回来了，值班领导说不行，

---

① 对新民周刊资深编辑 H 访谈资料，2018 年 9 月 3 日，新民周刊。
② 对沪上某媒体医疗卫生条线记者 X 访谈资料，2018 年 8 月 9 日，电话访谈。

还得改。"[①]

在重重审核过程中,稿件会被修改得趋于温和,偏激的观点会被删除。在审稿过程中,稿件常在以下几方面被修改退回:观点偏激尖锐、重要采访对象缺失、新闻性缺失。观点的偏激尖锐,常与记者个人立场和倾向有关,过多批评了其中一方。重要采访对象缺失是指报道不平衡,一方的观点表达过多,另一方的观点太少。新闻性缺失是指报道的新意不足,比如该题材已多次报道,没有新的进展,没有新闻价值。

在编辑室的严格审稿机制下,记者会逐渐内化编辑室的审稿标准,在以后的写稿过程中会自觉不自觉地避免敏感言辞、激进观点。

"一些敏感的东西不让讲,束缚会多一点,最终呈现出来的稿件和原始上交的稿件会有差别,到后面几审,值班领导、主编会删去一点,直接导致的后果是,后来记者在做选题操作、写稿时会自我严格,记者在上交稿件时会自己把比较敏感的部分删掉,然后稿件就越来越温和。"[②]

编辑室层层审稿把关造成三个结果:①记者的个性化内容越来越少。记者在审稿、改稿过程中慢慢接受了编辑室的态度和原则,以后写稿过程中,记者可能出于避免冲突和尴尬,或是出于讨好领导,多刊发稿件(和收入有关),会主动规避尖锐的观点,使得报道越来越平和。②传承编辑室文化。自觉或不自觉地,记者接受编辑室的观点和态度越来越多,慢慢地,编辑室内部的思想被统一起来,记者呈现编辑愿意看到的题材和内容,编辑室奖励符合标准的记者,整个编辑室内部文化越来越统一。③经常发生的不合理事件被报道的可能性降低。虽然很多媒体把新闻事件的公共性作为衡量新闻价值的标准,但笔者在实际走访过程中发现,媒体的实际操作框架与新闻公共性价值有时可能会背道而驰。媒体不喜欢关注普遍常见的事件,更青睐于少见的、独特的、新意的事件,李普曼把媒体形容成探照灯,"只照亮那些崭露头角的事件"[③]。繁多的线索、记者有限的精力、媒体有限的关键点位、经济效益的指标,促使媒体过分关注新近发生的热点事件,无暇关注经常发生的不合理事件,可能导致公众越来越对身边

---

① 对沪上某媒体医疗卫生条线记者 X 访谈资料,2018 年 8 月 9 日,电话访谈。
② 对沪上某媒体医疗卫生条线记者 X 访谈资料,2018 年 8 月 9 日。
③ 沃尔特·李普曼.公众舆论[M]. 阎克文,江红,译.上海:上海人民出版社,2006.

常发生但不合理的事情习以为常。

三、酬薪制度与医患报道数量减少：收入抑制记者对医患领域的投入

记者收入与刊发稿件的数量密切相关。上海某党报工作 7 年的一线记者的年总收入大约为 30 万～40 万元，收入由三部分组成：基本工资和稿费等。其中稿费占了记者每月收入的大比例，稿费主要由两个因素决定：稿件数量、稿件质量。稿件数量指的是已刊发的稿件，未刊发的稿件不算在内。稿件质量由主任打分，打分分为 1～5 颗星，4 颗星以上算好稿，会有额外加钱[①]。薪酬与稿件的阅读量没有关系。就数量而言，无论发在纸质版还是 App 上，都作同等计算。稿件质量由部门主任评定，和市场口碑、传播力没有关系，主任的评价是从专业角度来判断的。此外还有稿件的影响力，如果稿件被上海市领导批示，那么打分就会很高，得到的稿费自然也高。

人民日报社也同样将稿件数量、影响力作为记者酬薪的主要指标。薪酬指标主要分为两部分：①刊登在纸质版人民日报上稿件的数量；②稿件的影响力，是否得到国家领导批示，推动了某件事情的解决。与新媒体平台的阅读量和受众评价几乎无关。"我们人民日报社记者的绩效是一个综合评价，主要分为两部分，第一部分是工作量，主要取决于报道的篇数、报道的篇幅、报道的位置有关，这个指的是纸质报纸。第二部分是和报纸的传播力、影响力，解决某件事情有关，比如说，一个事情得到了国家领导批示，得到了解决。"[②]

可见，已刊发的稿件数量在很大程度上决定了记者的收入。记者为了在单位时间内获取更多酬薪，会倾向于采写刊发可能性高的题材。

但是，医患题材却存在三个原因可能会限制记者刊发稿件的数量。

一是近两年来医患报道领域的新题材乏善可陈。伤医案被报道得过多，受众已产生阅读疲劳，医患新题材缺乏，降低了记者对医患报道的兴趣。"我觉得和记者入行时间有关，比如刚入行的时候，这种事情，你会比较愤慨，特别容易写，跟得也比较快，压力也比较大。但是现在的话，手里其实有很多很多选题，

---

① 对某党报匿名记者访谈资料，2023 年 6 月 14 日，电话访谈。
② 对人民日报某健康记者访谈资料，2018 年 8 月 3 日，电话访谈。

都压着,没有做完,因为类似伤医事件报过太多次了。"[①]

二是医患题材属于敏感话题,被撤稿的风险仍然较大。有相当医患报道的稿件由于各种原因被积压或者撤稿,稿件无法刊发会影响记者收入,部分医疗卫生条线记者承认,不愿意再触碰医患话题与该类话题常被撤稿影响收入有关。记者采写一篇报道需花费很多心血,找到合适的选题、出差、联系采访对象、外出采访、整理素材,收集资料、写作。一篇报道从一个想法到报道成型是一个漫长且费神的过程,撤稿意味着前功尽弃,从心理上对记者来说是一种压力。除了心理因素外,实际上还影响收入,记者的收入和稿件刊发数量正相关。澎湃新闻早期的薪酬制度规定,稿件一旦撤稿,记者就被扣除这一部分的相应收入,意味着一名记者在花了很多时间采写完一篇报道之后却没有得到相应的经济回报,这直接导致记者不愿意再采写医患题材的报道。

三是医患报道难以采访到关键涉事医生,或者等待第三方机构出医疗鉴定周期较长,耗费相当多时间,可能会影响发稿进度。只有稿件刊发,记者才能获得收入,稿件被积压也会导致记者收入缩水。此外,医学知识复杂,记者难以把握,医学信息不对称对记者形成较大挑战,加上医生群体,如医师协会近年来的大力维权,加大了医患报道的风险。

以上三个原因合力导致近两三年来记者不愿意涉足医患报道领域,从而致使近年来医患报道的数量锐减。

四、医院宣传部门的宣传组织框架:医生典型报道框架转变

近四五年来医院宣传部门俨然成为医患报道内容的主要生产者。前文提到医院宣传部门设置了媒体医患报道议题;三甲医院宣传部门已具备小微型媒体机构的人员配置;大型医院宣传部门人员水平专业,其稿件可以直接为记者所用;医院宣传部门深度参与了医患题材文艺作品创作,医疗纪录片《人间世》就是医院宣传部门开展医学宣传的有力佐证。可以说,近年来医患报道的倾向转变与医院宣传部门的努力发声有着密切关联。

(一)快报事实、慎报原因的一般应对媒体框架

当医院发生一起医患事件,媒体准备介入报道时,医院宣传部门就会迅速

---

① 对沪上某媒体医疗卫生条线记者 X 访谈资料,2018 年 8 月 9 日,电话访谈。

介入。医院宣传部门在应对医患突发事件过程中,建立起了一套常规运作框架,总结起来分为四个步骤:禁止传播;统一口径;可控环境;快报事实、慎报原因。

"禁止传播"分为两个操作层面,一是在医患事件发生后的第一时间内,禁止全体医务人员转发朋友圈,禁止将事件上传至网上,防止引发舆情。二是在医院官方出统一口径之前,禁止相关医务人员接受媒体采访。

"统一口径"是指医院宣传部门及相关科室会召集事件相关人员,包括医生、患者、家属了解事发经过,并尽快给出一个统一口径。且统一口径由医院宣传部门统一给出,其他部门、个人、医护人员不再就该事件作出超"统一口径"之外的回应。

"可控环境"是指医院只会在可控的环境中与媒体记者打交道,一个"可控环境"包括几个条件:一是人员条件。宣传部、院办、当事人、医院领导人员都必须到场,才可以开始与媒体的沟通。二是指设备条件。与媒体沟通必须在一个有录音录像的环境中进行。

"快报事实、慎报原因"是医院出具统一口径的基本原则,统一口径的具体实现方式是通稿,医院通稿的特点是以告知事实为主,少提或不提事发原因。通稿报告的事实还会包括:病人病情状况、医院救治手段、治疗效果等。通稿通常是非常简洁的,核心原则是八字方针:快报事实,慎报原因。具体而言,通稿的拟定有这么几个要点:①以对事实的阐述为主:主要阐述病人病情、医院采取的诊治措施。②慎报少报甚至不报原因:表示具体原因还在调查中。③表示等有了进一步结果再告知媒体。

"口径一定要一致的,医生不能跳出来讲的,这种事情发生后,一定要当事几方一起坐下来讲。如果当事人自己去找媒体,医生也去找媒体,一定是浪费精力的。本来这个事情 10 天就解决了,现在跑来跑去可能一个月也解决不了。医院不愿意选择这样处理,从医院角度来说,时间是成本,医院肯定不愿意干这样的事情,医院愿意在可控的高效的环境下和媒体打交道。什么是可控的高效的?就是大家都在,双方当事人、医院负责人都在,这么一个环境中打交道是可以的,如果让医生单独和媒体接触,肯定不行。一旦发生这种事情,一定先开会,各种手机朋友圈都不允许发。"①

　　医院的成熟应对框架是这几年间逐渐发展起来的,早期医院应对媒体的方式简单粗暴,以逃避为主。究其原因,一方面,可能由于医院系统相对封闭,医生护士的职级晋升在专业领域中进行,和社会评价没有直接联系,导致医院早期对媒体报道不够重视,没有形成一套成熟的应对媒体机制。另一方面,在媒体十多年"喊杀"医生浪潮中,医院逐渐意识到问题严重性,至"八毛门""缝肛门"报道出现,给医院带来巨大冲击,医患关系跌入谷底。医院逐渐意识到媒体宣传的重要性,开始建立一系列上述应对策略。

　　上述医院应对媒体机制的建立,从源头扭转了医院的不利地位,使得医院逐渐把握住了话语主动权,对医患报道的转向有着实质性影响。

　　(二)医院典型报道框架的转向

　　一般而言,医院的医生典型报道生产会经过四层把关:由医生本人或通讯员起草后,先后分别经宣传科人员改稿、宣传科科长改稿、院领导审稿、媒体改稿。经过上述四层审核修改,稿件的风格和侧重点会发生变化。医生在撰写过程中措辞是比较谦虚的,叙述方式上主要以呈现客观事实为主;宣传科、院领导把关的主要目的是凸显医院的业绩,会比较强调事件的意义、价值及其特殊性;媒体把关的主要目的在于加强报道的可读性。

　　"我们医院有两个自媒体,医院和医生在官媒上的发声都是很官方的。医院发声是这样的,如果发生一个什么事情,某个科室治疗了一个很困难的疾病,先上报到宣传科,然后宣传科先给你改一顿,然后给你定点上报到《健康报》,《健康报》再改一通,(改的过程中)会和医生交流,医生为了发这个东西不会对你要求很严格,不会完完全全按照医生原本的意愿来,医生出的稿件和最终出的稿件的区别在哪里? 医生多数还是比较谦虚的,说有这么一个病例报道出来了,但一放到官媒上,就会出现'中国第一''上海第一'这种高精尖词眼,还会有很多排名。"②

　　这种传统刻板式的医生典型报道风格不接地气,无法引发公众和医生群体的共鸣。"这种文章和医生个人没有关系,跟集体性有关,和科室主任有关,和

①　对沪上某三甲医院医生 S 访谈资料,2018 年 8 月 14 日,电话访谈。

②　对上海某三甲医院匿名医生访谈资料,2023 年 6 月 13 日,电话访谈。

多数医生无关,主要刺激到中高层,是领导的荣誉,领导 PPT 上的数字。"①

但是,笔者观察到近两三年来一种新型的"医患暖闻"报道类型正在形成气候。这种"医患暖闻"以医患故事情节为线索,以讲故事的方式带入,从事件细节入手,挖掘医患关系的暖心时刻。这方面的典范是瑞金医院宣传部门,"我们切入点和所有做新闻的一样,是以故事来带人物,用讲故事的方法来带,用真实发生的故事来引导,描述事实。"②比如《暖闻|癌症患者一家小年夜跨省送医生锦旗:这是五年前许的愿》等报道就是这方面的典型。

新型"医患暖闻"报道的出现,预示了典型类报道风格转型的可能,也与医患报道倾向的转向有着间接联系。医患典型报道的转型意味着医院宣传水平的实质性提高,促使医院进一步掌握话语权,在社会范围内更深入地建立医生群体的正面形象,同时也向媒体施加了压力,倒逼媒体做出更优质的医患正面典型报道。

第六节　医患报道倾向转变与跨媒介和社会/制度层次框架

本小节重点讨论与医患报道倾向转变有关的外围因素,包括医院、医生、政府、警方、商业和舆情几方面。这些外围因素直接或间接影响了记者对医疗行业的认知,推动了医患报道倾向的转变。其中,医院媒介素养的提升、医生和记者人情关系的发展直接推动了医患报道倾向的转变;政府对医患报道议题和报道方向的设置、警方立场的细微变化、商业力量的介入间接推动了医患报道倾向的转变。

一、医院层面:医院媒介素养提升

(一)医院对媒体策略转折的节点:"八毛门""缝肛门"事件

"八毛门""缝肛门"是刺激医疗卫生系统转变对媒体态度的两个关键性事件。两个事件的前期报道均被证实是假新闻,是媒体伤害医疗界的典型。这两例事件发生之后,医疗卫生行业深刻意识到社会各界对医学卫生行业的偏见之

---

① 对上海某三甲医院匿名医生访谈资料,2023 年 6 月 13 日,电话访谈。
② 对瑞金医院党委宣传员朱凡访谈资料,2018 年 8 月 27 日,瑞金医院。

深,医疗卫生行业痛定思痛开始改变对媒体的态度,从回避走向发声。两例事件分别发生在 2010 年、2011 年,时值医患关系最紧张的阶段,两例事件的发生犹如压垮医患关系的最后一根稻草,将医患信任推入深渊谷底。事件原因非常复杂,涉及制度、文化、医学信息不对称、公众医学素养、医院的媒介素养等,其产生原因并不是本书关注的,本书关心的是其如何推动了医患报道倾向的转变。

医患报道倾向的转变和医媒关系的发展存在时间差,这个时间差大概为 4 年左右。这里的"时间差"指的是两类相关事物的发展过程出现质性改变的两个节点之间的时间差,在这里,两类相关事物分别指的是"医患报道的倾向"和"医媒关系"。这两类事物发生质性改变的时间点大概分别如下:医患报道倾向的明显转向节点发生在 2015—2016 年;医媒关系的转向节点发生在"缝肛门""八毛门"之后,即 2011—2012 年,两者相差 4 年左右。

笔者研究发现,医媒关系分为两个层面,一是医院的媒介素养,二是医院宣传部门和记者群体之间的人情关系。自 2011—2012 年,医院开始主动与媒体建立紧密联系,经过 4 年左右的关系发展,医生和记者之间建立起了较为亲密的伙伴关系。同时,在 4 年的时候里,医院的媒介素养得到了很大的提升。"缝肛门""八毛门"之前,大部分医院,包括上海地区的医院对媒体的态度很是戒备,对于记者采访采取各种回避推诿。"缝肛门""八毛门"之后,医院猛然意识到之前应对媒体策略的失败,开始加大与媒体的正面接触,加大医院正面宣传力度,建立危机应对机制,其实质是医院意识到和媒体之间关系的重要性。

医院从意识到医媒关系的重要性,到开始付诸实践,到建立和媒体之间较好的信任关系,该过程大致需要 4 年左右。表现在医患报道中,到了 2015、2016 年,媒体上医生负面报道数量明显减少。可以说,从医媒关系的发展,到报道倾向的实质性转变,是医院主动接近媒体,影响并改变记者对医疗行业认知的过程。

笔者走访的多家医院宣传部门的一把手都承认在媒体伤害了医疗界之后医疗界开始决定学习如何与媒体打交道。瑞金医院宣传科科长表示:"从'八毛门''缝肛门'等事件以后,医疗界就开始学习了。""八毛门""缝肛门"对医学界的冲击力之大,令笔者震惊,笔者访谈的多名医生都提到了这两例事件对医生群体的伤害至深至痛,属于标志性事件,至此两事件之后医学界应对媒体态度发生了显著变化。"'八毛门''缝肛门'对医学的冲击很大! 在之前,医生不愿意去说,当一些事件出现,发现不说不行,医生必须自己站出来说话、代言、解释,让社会更多地理解医疗,更多地理解医生。"①

事物的发展存在边界的限定,当某种事物发展到极端糟糕的状态时,必定会出现向好的逆转迹象。医患报道亦是如此,当医患报道将医生推入黑暗深渊时,激发了医生群体的强烈抗争,力量之大反作用于媒体,两股力量互相纠缠达至平衡态——医患报道倾向的 U 字形轨迹也同样证明这一点:医生形象高开低走(2000—2010),逐渐陷入谷底(2010—2011),缓慢上升期(2012—2016),正面形象期(2017—2018)。

（二）医患报道倾向转变与医院对媒体态度的转变

早期,医患报道倾向偏向于患者,与医院整体媒体素养较低有着密切关联。当时,医院对媒体的态度是回避和忌讳的,俗话说:"防火防盗防记者",在医院看来,记者一来等于麻烦出现,能回避就回避,实在回避不了就少说几句,这是当时医院应对媒体的普遍态度,从业十多年的新民网卫生条线记者佐证:

"(2010 年左右)那时每次采访都是这样的,有患者打电话来,我们接到之后就去找医院核实,但是医院以前往往比较忌讳,一般以前都是医院党政办、办公室的工作人员接这种电话,害怕媒体,他不敢说,怕说错了,那个时候态度又不好,那个时候医院媒体素养不高,他们也不知道怎么回应媒体,他们可能会说:'哦,没有这个事情!'就直接否认了。"②

早期医疗卫生系统认为医学是专业领域,有行业内部的一套话语体系、专业评估标准和职称晋升标准。医院管理层和医生都认为不需要对外界有什么交代,反正说了外界也听不懂,加上医院系统非常封闭,医生职称晋升与外界评价关系确实不大,医院对外界态度是高冷傲慢的,这种态度不单单在医学界是如此,在很多专业领域都是如此。《新民周刊》医疗卫生领域资深编辑指出:"比如科技界,过去科学家对媒体态度也同样如此,认为你们不懂,讲了你们也不懂,我也不需要你们懂,这个领域和你们没有关系,我们有一个懂行的小圈子,

① 对瑞金医院党委宣传员朱凡访谈资料,2018 年 8 月 27 日,瑞金医院。

② 对新民网卫生条线记者 L 访谈资料,2018 年 7 月 26 日,人民广场来福士商场星巴克。

我们的声誉是由这个专业圈子的评价决定的。"①因此,大约 2010 年之前,医院的媒介素养偏低,对于记者采访回避否认,记者拿不到医院的说法,只能刊发患者一方的说辞,医患报道中尽是患方一面倒的说法,从而导致早期医患报道偏向患者。

《新民周刊》医疗卫生领域资深编辑指出:

"医院早期觉得我只要看病就可以了,外面的人随便他们怎么说,你们不懂,我也不在意你们批不批评我,我事业上的评价标准和普通人是没有关系的,医生也是这样,他的职称晋升、他的收入和一般人的评价是没有关系的,早期的确是这样,所以这也是不好的一面,到了那段时间(媒体一片'喊杀'),几家大型公立医院意识到该发声了,大概就是 2012 年左右。"②

新民网医疗条线记者指出:

"现在医院不会再这么做了。他们的媒体素养提高了,这几年的变化非常非常明显,因为有了微博微信,每个人都成为新闻生产者,医院人员也明白他们如果再这么回答,会被记者抓住把柄,现在,医院接电话的会说:'我不清楚,我可以帮你去问。'起码给你一个好的态度。他们态度的确变好了,是媒体素养的提高,大家对于媒体也更了解,知道媒体报道的利弊了。"③

沪上某三甲医院医生指出:

"为什么会有这种变化呢? 因为一个负面的东西出来了,大家都比较重视了,大家有经验了,如果不符合事实的东西越说越多,医院承受的压力也很大,主要还是影响业务,整天处理纠纷,医院还需组织人手处理这个事情,像我们科室如果出现纠纷,一定要放下部分业务,派人去处理投诉和纠纷,这种事情来了也是风险。"④

瑞金医院宣传员认为:

"这两年医院开始发声比较多一些,前两年医院不太愿意发声。态度的转变和医院宣传系统受到大量危机公关的培训有关,近五六年来各家医院更加重视宣传,也更重视舆情应对,不管是卫健委层面,还是各个管理干部学习的层

---

① 对新民周刊资深编辑 H 访谈资料,2018 年 9 月 3 日,新民周刊。
② 对新民周刊资深编辑 H 访谈资料,2018 年 9 月 3 日,新民周刊。
③ 对新民网卫生条线记者 L 访谈资料,2018 年 7 月 26 日,人民广场来福士商场星巴克。
④ 对沪上某三甲医院医生 S 访谈资料,2018 年 8 月 14 日,电话访谈。

面,其实在这方面有了很大的提高,尤其是在复旦大学对传播学的理论知识的学习会更多一点,每年卫健委层面都有舆情应对培训,我们医院自己也会组织舆情应对培训,尤其是对宣传干部,每个人都经过这方面培训,培训专家很多是新闻学院的,复旦新闻学院的,中国传媒大学的。在培训中专家给出的主要观点就是快报事实,慎报原因。"[①]

10年前,媒体处理方式也简单粗暴,医方若拒绝回答,媒体也不会继续追问,直接在报道中写类似于"已经致电院方,院方表示不知情"就发稿了。同样,新民网卫生条线记者回忆:"以前,医院方拒绝回答,我可以写一句:'我打到什么什么办公室,对方表示,并不了解此事。'当时媒体是给双方一个说话的机会,但是媒体不会继续深究下去的,你拒绝了,我也就不深究了,我不会盯着你,你只要给我一个回话,我就算得到回复了,我也算给了你一个说话机会了,但是你说你不知道呀,其实这是一个不求甚解的处理方法。刚开始有新媒体就是这样处理的,你告诉我什么,我就写什么。有时候,医院的人跟我说:'这事情我不知道的,我不管这个事情。'以前这种话还会出现在新闻报道里,但是现在基本上不会出现了。"[②]"你告诉我什么,我就写什么,也不追查"——是当时媒体处理医院拒绝采访的简单方法。

早期医媒关系薄弱,有两方面原因导致:一是医院媒介素养低,拒绝媒体,排斥媒体;二是媒体专业素养不足,对于缺失重要采访对象的处理简单粗暴,对医患事件原因不求甚解。医院和媒体之间的关系是互为影响的:医院排斥媒体,导致媒体不理解医院;媒体对情况不了解,刊发负面医患报道,又反向促使医院更加排斥媒体——早期医媒关系薄弱敌对导致当时医患报道多偏向患者。

（三）医院媒介素养提升的一般策略

近四五年来医院媒介素养不断提升,主动拉拢媒体关系,主要表现在以下四个方面。

首先,主动向媒体提供各类医疗卫生信息。医院主要提供三类信息给医疗卫生条线记者:医疗科普知识、高精端医疗技术、医患温情故事。这些信息始终围绕一个宗旨,就是体现医生价值。"国家倡导正能量,和谐报道,各个医院给

---

① 对瑞金医院党委宣传员 Z 访谈资料,2018 年 8 月 27 日,瑞金医院。
② 对新民网卫生条线记者 L 访谈资料,2018 年 7 月 26 日,人民广场来福士商场星巴克。

记者提供的信息有三类:第一类,医疗科普,到了某个节点,比如现在高血压日,就给媒体高血压的防治知识。第二类,高精端医疗技术。第三类,医患温情故事。比如说,医生地铁、高铁、马路、飞机上救人。医院知道了,马上整成素材报给条线记者。这类突发性事件是记者很喜欢的一类报道,又体现医生的价值,现在医院很喜欢提供能体现医生价值的线索,科普也好、高端医疗技术也好、医生工作之外遇突发救人,都是体现医生的价值。"①

其次,医院主动邀请记者做体验式采访。瑞金医院是上海首家邀请媒体去做体验采访的医院:"我印象中最深的是 2012 年,瑞金医院邀请媒体去体验,去看医生每天的日常工作是怎么样的,那个时候很多媒体对医疗机构、对医生的工作是很陌生的,所以瑞金主动邀请媒体去,记者就跟着他们看各个科,看医生怎么和患者打交道,医院也很主动去展现医生真实的一面,所以上海医疗的变化算是瑞金医院第一步走出的,他们是比较早的,实际上那个时候,各家医院已经意识到了,要在乎患者的评价。"②

有的医院非常会找人物典型,比如有大肚子儿科医生坐诊,提供线索给记者体验孕妇医生接诊的辛苦,让更多市民理解医生群体的不易。"比如冬季就医高峰,2014 年年底的时候,儿科就诊难,新华医院儿科就诊排队四五个小时,当时处理得比较委婉,标题里写的是'排队 4 小时+',但是实际上,也有人等了 7 小时,化验什么等下来,超过 4 小时。媒体跟着医生坐班,体验医生和家属双方的苦和累。"③"记得早些年,有一个记者想去体验就诊高峰,那个时候儿童医院给她找个二胎妈妈医生,她从早上 8 点到中午 12 点病人都看不完,你一看,心疼不心疼? 真的是心疼! 媒体这种报道能够让病人也看到医生的不容易,患者等了 4 小时,医生在里面一刻不停上班,其实是更辛苦的,换取互相理解。"④

再次,上海市卫健委和上海广播电视台联合策划拍摄医疗纪录片《人间世》,用影视作品树立医生敬业形象,讲述医疗行业的拼搏与无奈。访谈中得知,瑞金医院在决定让摄制组进驻瑞金急诊室开拍《人间世》前,医院宣传部门也有各种顾虑,担心播出后公众会产生不良反馈。瑞金医院党委宣传员坦言:

①　对新民网卫生条线记者 L 访谈资料,2018 年 7 月 26 日,人民广场来福士商场星巴克。
②　对新民周刊资深编辑 H 访谈资料,2018 年 9 月 3 日,新民周刊。
③　对新民网卫生条线记者 L 访谈资料,2018 年 7 月 26 日,人民广场来福士商场星巴克。
④　对新民网卫生条线记者 L 访谈资料,2018 年 7 月 26 日,人民广场来福士商场星巴克。

"《人间世》的第一季第一集 5 个案例中的 3 个案例其实是死亡的,第一集全部都是在我们这里拍的,3 个死亡的案例我们也让全部呈现了,其实是表明我们的态度。这么做会有顾忌吗?有顾忌的,刚开始的时候我们也很担心,后来发现其实社会上是可以理解的。"①"我个人觉得和《人间世》的播出以后的影响有很大的关系,它是 2016 年播出的,它是一部纪实片,它让大家看到医生的无奈、辛苦,整个社会更加理解医生和医疗行业,所以确实 2017、2018 年很明显,没有出什么重大医疗纠纷,包括上海在这一块也做了很多事情,因为推出了《急诊室的故事》《人间世》这两部片子,尤其是《人间世》对医患互信的影响会更大一点。"②

最后,医院模拟召开新闻发布会和应对新闻危机培训,通过实操演练提升媒介素养。同济医院宣传处副处长指出:"当发生医患危机事件时,我们都有预案,我们每年都有培训和考核,如果科室发生了负面新闻,对科室有考核,科室尽量减少避免负面新闻出现。我们还有应对新闻危机处置的培训。大前年我们邀请了秦畅老师主持了一场模拟新闻危机处置的新闻发布会,取了温岭杀医案等案例,台上医院行政人员分别模拟某市的副市长、卫健局长、院长等,台下各部门中层干部扮演境内外媒体记者,他们来提问,各级领导如何来回应,实战演练,得出来的经验还是卫健委讲的'快报事实,慎报原因'八字方针,有了模拟演练之后,大家对这八个字会有更深刻的认识。"③

很多医院还健全了新闻危机应对预案。通常而言分为五大步:第一步监测舆情,第二步及时上报,第三步调查事实,第四步召开记者招待会,第五步拟定通稿并呈送记者。其中有几点操作规范:不接受电话采访;统一口径;态度友好;沟通及时,响应及时;快报事实,慎报原因。

瑞金医院党委宣传员指出:"在医患关系比较紧张的时候,我们医院成立舆情工作小组和舆情核心小组,宣传科作为承上启下的部门,当发生舆情的时候,我们有一个叫'事件报道制度',突发事件除了会汇报给医院领导以外,还会汇报给我们宣传科,宣传科会启动一个舆情工作机制,舆情核心小组会和几个部

---

① 对瑞金医院党委宣传员朱凡访谈资料,2018 年 8 月 27 日,瑞金医院。
② 对瑞金医院党委宣传员朱凡访谈资料,2018 年 8 月 27 日,瑞金医院。
③ 对同济医院宣传处副处长 F 访谈资料,2017 年 12 月 30 日,同济医院。

门,以及几个分管领导商量如何处理这个事情,基本上我们会在一天之内作出回应,和核心小组分析以后,递交方案,通过以后,我们会在自媒体官方微信上发声,如果有需要的话,也会向各大媒体发布。"①

以同济医院为例,当因为突发事件有多人同时被送入医院急救时,第一步,启动应急预案,第一时间报告医院领导,然后启动全院急会诊。第二步,通知医院宣传处,宣传处派人到现场了解事发经过,必须在第一时间、最大限度地搞清楚事情的来龙去脉。第三步,与该事件中最主要的一位医生沟通,请他在接受媒体采访时介绍抢救细节。整个过程中,其他人不能接受采访,因为"其他人对事件的了解肯定会有偏颇的,我们了解全过程,其他医务人员不可能有时间和精力去研究事情的来龙去脉"②。

如果有些医院宣传部门没有处理好某件突发危机事件,会在全市范围内作为负面教材被通报,告诫其他医院宣传部门吸取教训,防止发生同类失误。"前年有一家医院关系就没处理好。这家医院宣传部门一把手接受了记者电话采访,对方记者已经亮明身份了,他直接在电话里说这个患者不好,这个事给我感觉就是,他们医院没有预案,要不就是他本人是不是慌了忘了,没有按照预案来。我们很庆幸,我们医院很重视这块工作,还有演练和考核。"③不夸张地说,医院宣传部门秉持着高度专业态度来研究如何与媒体打交道。

近四五年来,医院不断从和媒体打交道的过程中总结经验,吸取教训,实操演练,举一反三。医生群体智商高,学习能力强,而且非常团结,经过学习演练,其媒介素养能力近几年来取得了飞跃性提升,设置的种种措施有力推动了医患报道倾向转变。

（四）时间是医院媒介素养提升的核心要素

既然医患报道倾向的转变与医院应对媒体水平的提升有着直接关系,那么这种关系具体是如何发生的呢？

研究发现,时间是一个核心因素。医院媒介素养提升的关键在于处理时间的提速,更确切地说,是给出统一口径（通稿）的时间大大缩短。

---

① 对瑞金医院党委宣传员朱凡访谈资料,2018 年 8 月 27 日,瑞金医院。
② 对同济医院宣传处副处长 F 访谈资料,2017 年 12 月 30 日,同济医院。
③ 对某三甲医院宣传部负责人访谈资料,2023 年 6 月 25 日,电话访谈。

时效性是媒体的生存命门。移动媒体时代，内容在新颖性、独创性上已经丧失了优势，唯剩时效性是关键。各家媒体竭力赶在其他媒体发布之前抢先发布消息，才能获取更多流量。

以往发生一起医患事件，医院缺乏应对章法，处理方式拖沓，应对时间长，延误了最佳发布口径时间。"对医院来讲，都是能回避就回避的，如果出现医患矛盾的话，医院是绝对不会主动去找媒体。"①媒体为了抢快发布，就在没有拿到医院说法的情况下就发稿了，报道通常呈现的是患方的一面之词，引导公众从患方角度看待事件，自然对医生、医院不利。

医生承认："以前的问题在于一个事情搞出来了，家属去和媒体接触了，媒体了解了家属一方的情况，媒体想要了解医院方的情况，医院通常都会让媒体等，等一个官方调查结果，从记者角度讲，肯定等不了，对媒体来说一定是越热的山芋越好，媒体肯定会最后加一句：联系院方，院方表示现在并不清楚具体情况，然后就把新闻报道出来了。你说媒体错了吗？我觉得媒体也没错啊。"②

媒体有惰性，谁能在第一时间提供消息，就优先报道哪方观点。在早年医患事件中，提供媒体线索的通常都是患者及其家属。如果医院无法在短时间内给出一个说法，媒体会忽略医院，从而导致报道呈现出偏向患者的倾向。

现在医院加快了应对速度，有些三甲医院在事发当天就能给出统一口径。医院的快速应对，能让记者在最短时间内拿到医院口径刊登在报道中，这样就能巧妙地引导公众舆论了。所以，加快处理问题速度，缩短供稿时间是医院媒介素养提升的核心表现。

（五）医院应对突发事件的隐匿框架

医院媒介素养的提升，除了上述公开的一般应对策略之外，还存在若干隐匿框架。医院、医生群体出于捍卫自身权益，在和记者斗智斗勇过程中，吸取各类负面案例教训，总结每次沟通经验。也揭示出，虽然医生和记者群体间关系近几年来越发紧密，但是这种医媒关系深处暗藏风险，暗流涌动。

隐匿框架一："只说你亲眼看到的"

面对记者采访，医院宣传部门已经熟练掌握了一套回答技巧，那就是"只说

---

① 　对某三甲医院匿名医生访谈资料，2023 年 7 月 13 日，电话访谈。
② 　对某三甲医院匿名医生访谈资料，2023 年 7 月 13 日，电话访谈。

你亲眼看到的",如果是转述别人的话,一定要讲清楚消息来源,而且这个消息来源一定要是权威的、可靠的信息来源。

"面对记者的提问,如何做到慎报原因呢? 那你要有技巧嘛! 你该说的一定要说,但是怎么说要有技巧的,你说的肯定只能是原则对原则,譬如说一个病人送进来身上有伤,刀伤,还是什么伤,不知道,反正就是开放性的伤口,抢救中,记者就来问了,这个病人怎么回事啊? 我们和医生说'你只能跟记者说你看到的东西,你不能说刀伤,因为你怎么知道是刀啊? 如果你要说刀伤,你要听到有人这样说,而且这个人不是旁边的吃瓜群众,要是送来的人或者是目击者说的,那么你和记者说的时候,要加一句话:据谁说,这是刀伤'。原则就是你只能讲你看到的东西,之前发生了什么事,你不知道,你不能说猜测的东西,前面发生什么事,请相关部门调查之后才知道,譬如公安局调查之后才知道,我们只能说现在,我发现病人身上有开放性伤口,哪里哪里,多深,我们采取哪些措施,请哪些人会诊,我们先怎么样,再怎么样,现在这个人是什么情况,之后怎么样我们不知道,这个人可能病情会发生变化,变化的话我们再以新闻通稿的方式再和大家进行一个沟通,通过这样一个实战演练,让医生、护士了解到如何应对。"①

"你知道你就说,你不知道的不能说,你不能猜,猜都不能猜,道听途说的你一定要说哪里听来的,最好是不说,一说哪里的,到时候人家追查起来,又说不清楚了。因为譬如说,你说从患者家属那听来的,万一他不是家属呢,只是现场的一个目击者呢,你刚说完目击者就走了,找不到证人了呢? 人家会说是不是你自己编出来的,所以,你不要去讲,就讲你看到的东西,之前的东西不知道,你的确是不知道呀,你不是现场目击者,你怎么会知道?"②

隐匿框架二:"快报事实,慎报原因"

"快报事实,慎报原因"是医院宣传部门应对媒体的核心原则。通稿对于事发原因的表述通常是非常模糊的,甚至是不涉及的。"通稿的套路都差不多,比如有比较复杂的、难以解释前因后果的、没有调查清楚的,他们首先就会表示我们还在调查,这第一步就比以前好很多,以前可能是:我是接电话的、我不清楚,

---

① 对某三甲医院宣传部负责人访谈资料,2023 年 5 月 13 日,电话访谈。
② 对某三甲医院宣传部负责人访谈资料,2023 年 5 月 13 日,电话访谈。

现在都说医院在调查了,不管结果怎么样,起码医院态度是好的,态度是积极正面的,积极回应就避免了公众骂、医院躲着。"①

媒体对于医院"快报事实,慎报原因"的做法还是比较容易满足的,热点覆盖迅速,通稿虽然内容含糊其辞,但对媒体来说已可以应对差事,媒体为了快速发稿,很少再追查事件原因。比起早期医院沉默再三,拿不到任何说法而言,现在媒体已经感到较为满意了。但客观地说,媒体对医患事件真相追逐的欲望和能力实在无法令人满意。"至于调查结果出来还有没有必要和舆论讲,也是后话了。平息一波舆论之后,很快大家都忘了,现在舆论热点覆盖得非常非常快。可能调查出来之后是医院的错,可能这个时候已经没有人提这个事了,就过去了。"②

医院方面也同样证实,媒体只要一拿到通稿,就欢天喜地去追逐下一个热点了,不会再来找医院了。"如果媒体再追问原因怎么办? 我们了解到的情况就这些啊,更多的消息,大家把联系方式留下来,过两天我们再和大家沟通。但过了两天,媒体还会再问吗? 这个很少很少,我们医院没发生过。"③

隐匿框架三:"不接受电话采访"

医院还有一个隐匿的框架就是不接受记者的电话采访,因为电话采访对医院来讲存在着可能被曲解的危险。同济医院宣传处副处长坦言:"我还有一个原则,不接受电话采访,因为电话采访,一你不知道对方是谁,万一是其他人冒充的呢? 第二,电话采访可以录音,录音还不要紧,但他可能会对原话进行剪辑的,比如'这个好,那个好',但是我实际上说的是'这个好吗?''那个好吗?'我本来是疑问句,被一剪辑成了肯定句。这就不对了。"④

医疗卫生条线记者也发现:"现在,医院发生一个突发事件,记者去采访,医院方会说:好的,你等下,我们稍后会出个情况说明。然后,没多久他们就出个说明挂在官网上。现在医院不会让你直接去电话采访院长、副院长,他们都有舆情监控,应对起来很快的。"⑤

---

① 对新民网卫生条线记者 L 访谈资料,2018 年 7 月 26 日,人民广场来福士商场星巴克。

② 对新民网卫生条线记者 L 访谈资料,2018 年 7 月 26 日,人民广场来福士商场星巴克。

③ 对同济医院宣传处副处长 F 访谈资料,2017 年 12 月 30 日,同济医院。

④ 对同济医院宣传处副处长 F 访谈资料,2017 年 12 月 30 日,同济医院。

⑤ 对新民网卫生条线记者 L 访谈资料,2018 年 7 月 26 日,人民广场来福士商场星巴克。

现在,在应对新闻危机事件过程中,医院表现得十分小心,从应对采访、文本书写上都下足了功夫,目的就是维护医院利益和医护人员形象。医院宣传部门的严格把关,让某些想抓医院把柄的媒体无机可乘,这也是近五年来医院媒介素养提升的表现之一。

二、医生层面:和记者人情关系的发展及防御性治疗策略的蔓延

(一)促使医患报道倾向转变的原因

1. 医生群体从沉默到发声

医患报道倾向发生转变,其另一个重要原因是医生群体打破了沉默。

早期医生和医院很少发言。早期医生觉得医患矛盾毕竟是小概率事件,和自己没关系。医院在宣传策略上也以保守为主,不会主动宣传自己。"我记得我们很早还写过,医改中,医生为什么不说话? 我们就开始讨论这个问题,那时候,大家觉得看病难是医生造成的,实际上医生群体是不发言的,他们主观上也觉得和我没关系,医院方面也没有让他们参与这种社会性讨论。"[①]

早期医生群体对记者采取回避策略,一方面是担心记者断章取义,曲解医生的话。"为什么医生不接受采访? 因为如果接受采访的话,怕记者会断章取义,律师也是这样的,可能把你讲话中的一段内容或一句话单独拿出来,就可能会引起歧义。"[②]另一方面,医院的体制也决定了医生不能够随意接受媒体采访,采访一定要在医院可控范围内进行。

另一个原因是医生怕得罪人。医生处于体制中很复杂的节点上,上有医院领导、下有患者及家属、旁有医生同行,外有媒体记者,几股关系交织在一起,且每一方均主张自己的利益,形成了复杂局面,医生群体只能采取最保守的方式以自卫——那就是闭口不言。医生坦言:"我们医生在医疗机构里面,讲话不单要对自己负责,还要对机构负责,包括你讲的这个话,还会对上级产生影响,所以医生都会很谨慎,乱说会得罪人。"[③]"医生不想找麻烦,因为如果语言不够严谨,一不小心就会说错话,这种情况很多,比如我在路上救了一个人,被媒体报

---

① 对新民周刊资深编辑 H 访谈资料,2018 年 9 月 3 日,新民周刊。
② 对上海某三甲医院副主任医生 L 访谈资料,2018 年 8 月 27 日,电话访谈。
③ 对上海某三甲医院副主任医生 L 访谈资料,2018 年 8 月 27 日,电话访谈。

道后,可能有人支持你,也可能会有人评价你,说你这个救法不对,其实他们不在现场,不知道现场究竟发生了什么情况,那当事医生压力也会很大,而且医疗上的东西有很多不确定性,没有唯一的真理和唯一的治疗方法,所以很多东西你很难去讲,千万不能说死。"[①]"现在大环境关系很紧张,病人很会维权,看病录音录像,会留证据,病人也很懂,医生对病人、对记者、对律师都是这样的,很谨慎,少说少做,碰到这种来维权的病人,你就尽量少说少做,更谨慎一点,因为医学上有很多不确定因素,那只能明哲保身。"[②]

为什么现在医患关系看上去变缓和了,是因为医生群体站出来了。"医生有自媒体、微信、微博,他们发声了,产生了很强烈的对冲,以前只有媒体记者手里有平台,记者写什么就是什么,柴某写'缝肛门'是护士的错,那舆论就是一边倒的骂,说走廊医生是个斗士,大家都这么认为,但是现在同一个事件,大家从更多的角度发声。"[③]

这和技术发展有关,在 2009 年微博出现之前,医生群体没有公开的发声渠道,基本上就是记者写什么就是什么,医生即使有不满,也只能在小圈里子里发发牢骚。微博微信出现之后,医生群体有了便捷的发声渠道,开始表达自己的立场与不满。

其中有一个非常典型的医生,微信公众号"烧伤超人阿宝"——北京积水潭医院烧伤科医生宁方刚,他是医生界的代表人物,以敢言著称。"以我个人来讲,我挺欣赏他的,他是最敢于斗争的医生,这可能和他的性格也有关,他性格比较冲,我觉得积水潭医院烧伤科也给了他一个相对宽松的环境,其他医生一是不敢讲,二是没时间讲。"[④]

烧伤超人阿宝不仅代表医生群体发言,而且还用实际行动左右记者报道。之前提到过有记者对医患事件的失实报道,就是被阿宝拉入微信群中指责,结果促使该名记者重新为该医院做了解释性报道。

医生群体的发声除了外在技术(微信微博)提供了渠道之外,更因为医生在观念上发生了转变。有两个标志性事件推动了医生群体的觉醒:"缝肛门""八

---

①　对上海某三甲医院副主任医生 L 访谈资料,2018 年 8 月 27 日,电话访谈。
②　对上海某三甲医院副主任医生 L 访谈资料,2018 年 8 月 27 日,电话访谈。
③　对沪上某媒体医疗卫生条线记者 X 访谈资料,2018 年 8 月 9 日,电话访谈。
④　对上海某三甲医院副主任医生 L 访谈资料,2018 年 8 月 27 日,电话访谈。

毛门"事件,上文提到过此两事件是推动中国医疗界反思的导火索。"我觉得有两个典型,一个是'八毛门',还有一个是'缝肛门',另外一个极端是医生群体办了医疗自媒体联盟,有一系列公众号,还有医生群体自己办的自媒体公众号。"①

医生群体的发声和医患事件舆论的反转也有关联。早前,媒体掌握绝对话语权,他人无法传播不同的事实和观点。现在,对于某医患事件的话语表达维度越来越多元,如果记者表达有误,医生会通过各种渠道(微信公众号、微博)质疑媒体结论,结果导致医患事件舆论出现反转。

2. 医生群体开始注重维权

医方还开始采取一系列法律手段惩治媒体的伤医行为,比如,通过医师协会的法律援助团队发表声明,甚至起诉记者。典型案例是南方周末记者柴某因"走廊医生"等系列报道《"疯子"医生:你砸医院招牌　医院砸你饭碗》《"创收"院长》《公立医院创收潜规则》被中国医师协会起诉。

"现在记者去现场更多了,而且会更慎重,因为如果报道出问题的话,医生、医院反弹会很厉害,他们现在会很注重维权,比如通过医师协会,会发声明、起诉,他们请法律援助比较多的情况是在伤医事件中,如果患者恶人先告状,中国医师协会会出来发声的,医生和医院群体慢慢掌握主动权了,他们也很注重策略。"②

医生群体的维权行为给记者造成心理上相当的压力。前文提到过,经过十多年来的交战与合作,医生和记者群体已经成为朋友,记者群体在十多年的医患报道过程中,与医生群体成为朋友,来自医生朋友的这种建议、抗议对记者个人而言是起作用的。"我2014年最开始做医患报道的时候,我很惊讶地发现医生对记者有这么多的仇视,2014、2015年,甚至2016年也有这种感受,包括现在和他们偶尔聊起来,医生们也会说,医患关系这么紧张是你们记者的报道造成的。有些医生朋友留言说,伤医杀医的报道不要再写了,写了之后有这么多人在效仿,多写写我们的辛苦正能量会好一点。关系比较好的医生朋友,他们

---

① 对沪上某媒体医疗卫生条线记者 X 访谈资料,2018 年 8 月 9 日,电话访谈。
② 对沪上某媒体医疗卫生条线记者 X 访谈资料,2018 年 8 月 9 日,电话访谈。

会留言,我会听一点他们的建议。"①

医生群体从法律上的反抗、从人情上的抗议是造成医患报道转向的原因之一,近3年来,记者群体明显受到来自卫健委、医师协会的组织性压力和医生个体的人情压力。

3. 医生集团的兴起促使医生在意个人口碑

医患报道倾向的转变还与近四年来在医生群体中出现的一种新型工作方式有关——医生集团。医生集团(Medical Group)是指由几个医生组成的团体执业联盟(medical group practice),一般是法人机构,可以脱离原单位(医生编制所在医院),到各地医院进行团体行医(一般是手术),集团内的医生共享收益,共担风险②。

在过去,医院口碑大大超过医生个人口碑,而医生集团的出现促使医生开始注重个人口碑的树立。以前,医生只要进了一家三甲医院就能成为名医,患者去看病,一般不关注医生是谁,更关注是哪家医院。但是,如今随着医生集团的出现,医生个人口碑开始变得重要起来,医生开始树立个人品牌、个人形象和个人声誉。

"中国最好的医疗资源都在大型公立医院,最好的人才都在大型公立医院。但是现在全国有几个比较知名的医生集团,由做得还不错的医生,但不是最顶级的医生组成,为什么呢?做得最好的医生慢慢就走行政路线了,当院长、副院长去了,当官了,而且他的社会资源很多,他也很难离开这个体制。一般都是中上层的医生,比如说一家很好医院的一个很好的专业团队,像是华山医院神经外科,他们的神经外科很强大,人才济济,200~300人,除了最顶端的几个医生是世界知名的医生之外,第二波的还有几十个医生,这波医生觉得,与其做第二梯队,不如自己带一个团队出来。"③

医生集团提供核心医疗技术、医疗人员、医疗管理,由对方医院提供医疗场所、护理服务,费用分成。医疗行业圈子很小,医生集团的出现和活跃对整个行

① 对沪上某媒体医疗卫生条线记者X访谈资料,2018年8月9日,电话访谈。

② 上海市人民政府.全国首个体制外科医生集团"牵手"上海国际医学中心[EB/OL].(2016-02-26)[2018-10-17].http://www.shanghai.gov.cn/nw2/nw2314/nw2315/nw17239/nw17244/u21aw1108330.html.

③ 对媒体行业资深编辑访谈资料,2018年9月21日,电话访谈。

业产生了刺激,群体之间互相参照,医生开始在乎起个人口碑。

"这几年机制也开始灵活了,医生自己开诊所也可以了,有些医生是要做手术的,所以他们和一些医院合作,这个就叫医生集团,就是人是我的,技术是我的、管理是我的,但是病房是你的,手术室是你的,我可以拿你们医院做个平台,还有围绕手术的一些服务,护士、消毒是你的,然后我们再来分成,相当于承包,合作的医院中民营医院居多,还有就是自己开诊所,所以慢慢地有了社会氛围之后,行业互相之间有了参照,医生都开始在乎个人口碑、社会声誉了。"①

医生集团完全靠口碑来打开市场,所以医生集团的医生都非常注重患者体验,注重利用媒体平台推广品牌,"现在电视台里名医大讲堂、36.7度这些节目都很多,一方面,医院也愿意自己医生去,可以打声誉,另一方面,医生自己也很愿意去,你在一个行业里面变成一个领袖,只有好处没有坏处。所以,我觉得医患关系那一波(关系不好)已经过去了。"②

医生集团的出现刺激了同行,促发医生群体注重个人口碑,促使医生提升服务态度和专业技术能力,在某种程度上也推动了医患报道倾向的转变。

(二)医患报道数量减少的原因

医患矛盾始终存在,但医患冲突可以避免。这一小节指出的是,医患报道数量减少的原因并不是因为医患矛盾缓和了,而是医患事件激化到需媒体介入报道的数量减少了,其主要原因有如下几点。

1. 医生实施防御性策略

在紧张的医患关系氛围下,医生不得已学会了自我保护。治疗态度上,医生从随性表达转向防御性表达;治疗方法上,医生从风险型治疗向保守型治疗转变。访谈发现,早期医生对患者心理防备较低,医生觉得有什么就说什么,得罪患者也不忌惮,有些医生觉得患者不懂,问的问题外行,或做得不对,会直接训斥患者,那时候医生的表达是直接的,也是坦诚的。但这给医生带来了很多麻烦,患者投诉、媒体曝光到后来出现的舆论倒戈。医生在这个过程中学会了自我保护:态度上,开始变得彬彬有礼,能少说就少说,用词含糊,让患者抓不到把柄;治疗方案上,采取保守治疗、过度治疗。访谈中医生承认为了证明自己清

---

① 对新民周刊资深编辑 H 访谈资料,2018 年 9 月 3 日,新民周刊。
② 对新民周刊资深编辑 H 访谈资料,2018 年 9 月 3 日,新民周刊。

白和无责,会要求患者多做一些不必要的检查①,用医学数据来证明医疗行为的安全,这些检查一方面增加了医生的收入,另一方面也保证了医生的职业安全。

资深医疗条线记者察觉到这种变化:"现在这几年不像前几年医患冲突这么强了,我觉得现在医生有一些自我保护,现在医生会尽量避免和你发生冲突,以前大家没有那么多的心理建设,我听很多现在40几岁的医生讲,以前他们年轻的时候,考上医学院是非常厉害的,只有很厉害的人才能考上医学院,他们考上医学院的时候觉得患者都会很尊重我,没想到患者会一下子自主意识(变)强了,觉得医生这个不好那个不好,而且现在整个医疗环境都不如以前好,医疗环境恶化,在前几年达到一个顶峰,经常有杀医、砍医,现在少了,这是医生启动自我保护的一个方面。他们会避免和患者发生冲突,前几年,哈尔滨杀医案之后,上海一些三甲医院面向医生群体搞心理培训,给医生舒缓压力。所以,现在医生自我保护意识也增强了。"②

"这是无奈之选,是心凉了之后的无奈。他们本来觉得自己社会地位挺高,后来觉得并不是这样,一些报道中也提到,以前的医生会说我帮你争取,虽然我会告诉你最坏的结果,但是我会为你多想一步,我会把我觉得重要的事情告诉你,除了要你签字之外,医生还会尽量为你争取,让结果更好,但是现在可能一些医生觉得安全最重要,公事公办,有时候就宁可不冒这个险,做保守治疗。"③

在医患双方确定治疗方案的过程中,暗藏了很多操作的余地。据医生透露,治疗方案的制定其实是有一定灵活度的:一种疾病可以用A方案,也可以用B方案,没有绝对最佳治疗方法。至于用A方案还是B方案,一方面与医生的个人经验有关:医生会根据以往经验掌握每种方案治愈概率的大小;另一方面与患者期望的治疗费用、疗程长短有关④。医生为了降低职业风险,采取和家属共同商量的方式来确定重大治疗方案,但是在商量过程中,医生是有倾向性的。医生告诉笔者:"医生会在商量过程中,隐晦地表达对某种治疗方案的倾

---

① 对匿名医生访谈资料,2018年8月28日,上海某三甲医院。
② 对新民网卫生条线记者L访谈资料,2018年7月26日,人民广场来福士商场星巴克。
③ 对新民网卫生条线记者L访谈资料,2018年7月26日,人民广场来福士商场星巴克。
④ 对上海某三甲医院副主任医生访谈资料。

向。"①患方是门外汉,医生为了减少被投诉的可能性,会让患者家属来选择最终治疗方案,但是医生仍然会通过隐晦的方式暗示某种倾向,这种暗示就暗藏了很多操作的余地。一方面,这种操作减少了医生的责任,由于治疗方案是和家属一起商量确定的,表面上由患者家属拍板,出了事也不能全怪医生。另一方面,话语过程中的隐晦表达和暗示是无法取证的,即使家属感觉被医生引导选择某个治疗方案,由于无法取证,事后也说不清楚。医生通过种种类似设置保障自身安全,这是医患关系恶化之后,医生群体不得已的自保之策。

既然医生比家属专业,为什么不让医生直接决定治疗方案呢?医生坦言:"因为不敢,医学有不可确定性,每种治疗方案的效果都是因人而异(由于个体差异),没有医生敢保证治疗效果,一旦由医生来决定治疗方案,那么如果出了问题,所有责任都让医生来承担,医生承担不起。"②

访谈中每一位医生几乎都承认,如遇到难缠的家属,医生只好采取保守治疗以自保:"碰到有些难搞的家属,他把自己后路都堵死了,我们也没办法,只好保守治疗。"③"也要看患者的态度,有的患者有种渴求,依从性好,医生可能就为他多争取;有的患者,医生一句话,患者一百个疑问,医生就觉得是不好对付的人,医生觉得只要尽常规治疗就好了,一些重大的选择上,医生就不愿意冒险。"④

2000年左右是医患关系的转折期,2000年前的医患关系总体良好,2000年后医患关系开始出现恶化。据上了年纪的医生回忆,80年代的医患关系更好,到90年代医患关系仍然非常好⑤。"我感觉医患关系的变化(恶化)的转折点大约是在2000年以后,2000年以后医患关系开始变差,我当时毕业的时候90年代医患关系真的是非常好,医患关系自2000年开始一直在恶化,直到现在没有变好,大多数医生的幸福指数一直没有上升,直到现在也没有上升。"⑥"96年我刚毕业时,医患关系非常好,进病房你可以和病人随便聊天。但是现

---

① 对上海某三甲医院匿名医生A访谈资料。
② 对上海某三甲医院匿名医生A访谈资料。
③ 对上海某三甲医院匿名医生访谈资料。
④ 对新民网卫生条线记者L访谈资料,2018年7月26日,人民广场来福士商场星巴克。
⑤ 对上海某三甲医院副主任医生L访谈资料,2018年8月27日。
⑥ 对上海某三甲医院副主任医生L访谈资料,2018年8月27日。

在我们不敢了,如果是老人本人的话,我们还会聊一聊,但如果是家属在,我们不敢说,说话非常非常小心的,生怕你和他说什么,他会留证据,万一老人出事,子女就来找你啊,聊天的内容他都会作为证据,大部分病人是好的。但凡你遇到一桩这种事情,对医生的影响是非常大的,有的医生就会防范一辈子。"①

现在医患关系已经成为某种表面平静,实际互相防范的关系。可以说,近几年并不是医患矛盾减少了,而是医生更懂得自我保护,导致医患冲突减少了。医生、医院吸取种种教训,采取种种措施,防范医患事件升级的能力大大提升,但是实际上医患问题并没有减少。在此过程中,医生更懂得如何自我保护,医院更懂得如何应对媒体和患者。所以,笔者认为,近几年来,医患关系看似缓和,实际上是矛盾以一种更为温和的方式得到了解决,而不是像十几年那样一桩医患纠纷很容易就上升为医患冲突。

2. 医患沟通打好心理预防针

负面医患报道数量的减少,除了和医生的防御性治疗策略有关之外,还和医生的医患沟通技巧——"打心理预防针"策略有关。部分医生为了减少医患纠纷风险,会尽量把病情说得偏重、偏模糊,这样会降低病人的心理预期,也降低医生职业风险。"我刚工作时,有一个病人得了肺癌,病人问我他这个病可以活几年,我按照通常的存活时间告诉他是 1 年半,然后我们给他很精心的治疗下,他活了 3 年,然后他就来骂我们,他说:'你看,你说错了,你说我只能活 1 年半,结果我活了 3 年!'所以,现在我绝对不说精确的数字,把话说得越重越好,让患者做好最坏的打算和思想准备,如果他活得久一点,他反而会感谢你,现在我的做法是:一不说精确的,越含糊越好。二把情况说得越重越好。"②这是中国医生的无奈之举,医生在承受各方巨大压力同时,不得不学习保护自己。

医生遇到病人家属里有记者、律师职业的,会更加谨慎和回避。"我们如果听到家属中有记者、律师,我们会非常谨慎,会有更多的谈话,会告知更多的可能性和不良后果,会把情况说得更严重,然后就是签字,充分沟通之后,让家属签字。国外(美国、加拿大、墨西哥)的医生和病人的谈话主要以鼓励为主,给病人信心,但在中国不现实,因为你在中国跟他说:'这个病会治好的。'但是你没

---

① 对某三甲医院匿名医生访谈资料。
② 对某三甲医院匿名医生访谈资料,2023 年 7 月 20 日,电话访谈。

治好，或者没你说的那么好，他就会投诉你，成为医疗纠纷，所以中国医生害怕，为了降低风险，我就跟你说疾病的各种危害、讲不良后果。"①

医生通过给病人打心理预防针，降低患者心理预期，降低被投诉概率，缓解职业风险，从而减少了负面医患报道的数量。

3. "医疗诉讼举证倒置"保守性治疗的法律原因

还有一个法律层面的原因，可能会促使医生防范性沟通、保守性治疗——就是医疗诉讼的举证倒置。举证倒置是指法律直接规定的侵权诉讼案件中，由侵权人负责举证，"证明与损害结果之间不存在因果关系或受害人有过错或者第三人有过错承担举证责任。"②《最高人民法院关于民事诉讼证据的若干规定》第四条规定："因医疗行为引起的侵权诉讼，由医疗机构就医疗行为与损害结果之间不存在因果关系及不存在医疗过错承担举证责任。"③即意味着患者可以无证据提起诉讼，诉讼方（患者）不用举证，被诉讼方（医方）负责举证，患者诉讼医生，需要医生证明自己没有错，如果没有证据证明医生无过错的话，那医生就是有责任的。

面对医疗诉讼举证倒置，医生要做好更多的防范措施，比如更多的检查、更多的知情告知、更多的签字手续。"通过签字，以前住院就只有入院签字和出院签字，手术要签字，现在有一大堆，但凡所有有创操作都要签字，哪怕放弃治疗、放弃操作也要签字，然后重大治疗方案的制定，找家属谈话都是要签字的，有的医院有谈话室，在谈话室里有录音录像，医院也要保护自己的权益，现在导致医生文案工作大幅度增加，即使只管 1～2 个病人，也有一堆很厚的签字单，找家属谈话时，除了直系亲属谈话，有时候还需要和旁系亲属谈话，如果亲属分批来，每一批都要解释。"④

第二个比较次要的法律问题是关于病人知情权。按规定，知情权意味着要将病情告知病人本人和其直系家属，但是我国相关法律规定知情权要在"不影

① 对某三甲医院匿名医生访谈资料，2023 年 7 月 20 日，电话访谈。

② 全国人民代表大会.中华人民共和国民事诉讼法[EB/OL].(2017 - 06 - 29)[2018 - 11 - 18].http://www.npc.gov.cn/npc/xinwen/2017 - 06/29/content_2024892.htm.

③ 中华人民共和国最高人民法院.最高人民法院关于民事诉讼证据的若干规定[EB/OL].(2018 - 01 - 18)[2018 - 11 - 18].http://www.rmfysszc.gov.cn/statichtml/rm_xw_detail/2018/01/18/1812.shtml?dh=2.

④ 对上海某三甲医院副主任医生 L 访谈资料，2018 年 8 月 27 日，电话访谈。

响治疗和病人心理的情况下告诉病人本人",法律留下的这条尾巴,让医生很犯难:怎么知道会不会影响患者的治疗和心理呢? 在医疗行业内的常规做法是:一般的病,医生和病人说;重大疾病,医生先和家属说,然后和家属商量如何和病人讲。这个过程当中,医生会遭遇各种患者家庭意见不统一或家庭矛盾,比如涉及遗产,患者子女可能会威胁医生对其他家属保密患者病情,医生的解决方法就是让家属不断签字,"家属跟你说:'医生,老爸是我管的,你只跟我讲就可以了,我另外兄弟来了,你不要和他讲爸的病情。'他想先要把这个房产处理了,那我们医生怎么处理这种事情? 所以,我们现在的沟通、签字都是属于防范性沟通,都是为了降低医生自己的风险。"①

4. 职称制度设计不合理

职称制度的不合理设计也是导致医生采取防范性沟通、保守性治疗的重要原因之一。医生评职称只看硬性指标,不看软性指标。所谓硬性指标是指论文、课题数量等。软性指标,是指病人的口碑、临床治疗效果。

"我们医生现在评职称只看你科研成果,不看软性指标,不看你临床治疗,不看病人对你的口碑,只看你的论文、课题,个别医生职称升得很高,但是不会看病,没有临床经验。曾经还有一个医生,以前是护工,他没有文凭,后来缺医生,他经过短期培训就去当医生了,结果发现他手非常灵巧,手术做得非常好,我们很多医生自己生病都找他做手术,但是他因为没有学历,职称一直上不上去,就这样退休了。"②

医疗纠纷属于硬性指标,一旦发生医疗纠纷,不管这个医生软性指标多好,不论该医生临床技术有多高超、病人评价有多好,在职称晋升中都是通不过的。

"只要出了一桩医疗纠纷,领导就会说:'这个人还有一桩医疗纠纷。'我们医院今年评职称,打分排名,有一个医生,资格非常老,经验非常丰富,获奖很多,博士后,还是行政主任,各方面都很好,但他的排名就比较靠后,就因为一个医疗纠纷,而且这个医疗纠纷还是 2 年前的,他本人并没有错,他其实是好意,一个创新技术,他使用在病人身上没有达到预期效果,伤口没有长好,病人投诉他,他也比较冤枉,只要出一例这样的医疗纠纷就会影响这个医生很多年,所以

---

① 对某三甲医院匿名医生访谈资料,2023 年 7 月 20 日,电话访谈。
② 对上海某三甲医院副主任医生 L 访谈资料,2018 年 8 月 27 日,电话访谈。

现在医生为了保护自己,都会尽量降低医疗风险。"①

医患纠纷对医生职业生涯的影响非常恶劣,而且影响深远。一旦发生一起医患纠纷,就会长期影响当事医生的职称晋升。所以,现在医生越来越不愿意冒险为病人治病,纷纷采取保守治疗的方式应对紧张的医患关系。所谓"多做多错,不做不错",医生防御性策略导致的结果之一就是表面上医患纠纷数量的减少。

三、舆情层面:媒体利用官方回复引发舆情讨论

（一）舆论对医患报道选题的价值

公众比较关心的问题会更受媒体关注,特别是普遍性的、全局性的问题,会成为媒体考虑选题时的优先选题。记者、编辑在寻找新闻线索过程中,会优先考虑微信微博上的热点话题。人民日报副主编告诉笔者:"舆论对选题肯定是有影响的,我们会选择老百姓中呼声比较高,能够反映人民疾苦的一些问题,我们的报道价值也是体现在这里,是一些普遍性的,全局性的问题,其影响范围、程度都是我们选题价值的来源。我们不会无视公众诉求,也不会迫于舆论压力,只会依照事实的是非曲直来报道。老百姓关注的,特别是普遍性的,全局性的问题,都是我们报道的重点。"②

"如果一件事情公众关注度高的话,媒体会关注,但是根据公众的观点、看法、倾向来调整媒体报道倾向的话,这种情况在澎湃是不可能存在的。"③媒体天然具有追逐舆论热点的倾向,舆论热点成为媒体选题来源的可能性极大。

（二）利用官方回复引发第二波舆情讨论

专业性原则要求媒体在新闻报道的写作过程中,把意见和事实分开,要求媒体要保持客观中立,避免用媒介观点去影响受众立场。但是,在实际操作中,记者可以在不违背专业性原则的前提下,通过一种隐匿操作左右受众立场,那就是利用官方回复去引发第二波舆情。

这种操作需要符合一定条件,当某机构、组织对某一热点事件的回复表现

---

① 对某三甲医院匿名医生访谈资料,2023 年 7 月 20 日,电话访谈。
② 对人民日报副主编访谈资料,2018 年 8 月 3 日,电话访谈。
③ 对前澎湃新闻记者 B 访谈资料,2018 年 8 月 13 日,电话访谈。

敷衍、缺乏诚意、逻辑有误或缺乏说服力时,记者会故意利用这种糟糕敷衍的官方回复去引发第二波受众舆情。

在此类报道的文本写作中,记者会在前文铺垫较多当事人、旁观者的夸张、愤怒、离奇的说辞,然后在文末出现官方简单敷衍的回复,两者形成鲜明对比和冲突,激起公众对官方敷衍态度的不满情绪,激发产生爆点,掀起第二波舆情。

"医院给了情况说明之后,记者还能去做进一步的采访和调查吗?是这样的,如果他们给了一个不可信的、可笑的回复,那网友会去挑刺,说这个回复理由非常蠢,这就会形成第二波舆情。有些是媒体故意的,舆情会自发产生第二波舆情。"[①]

第七节　医患报道倾向转变与社会系统层次框架

本小节从技术层面,围绕核心问题"技术如何影响了医患报道倾向转变"展开讨论。

从读报到读手机,媒介技术的升级一方面倒逼媒体建立第三方核查机制,另一方面又改变了新闻线索来源和记者的薪酬标准。

一、技术对编辑室生产规则的影响

（一）微信微博改变了医患报道倾向

微信、微博传播迅速,大大缩短了医患事件从发生到被报道的时间,各家媒体为了应对报道速度的提速,改由医疗卫生条线记者代替群工部/社会部记者处理医患投诉。

在纸媒时代,医患投诉均由群工部/社会部记者负责(大部分媒体将各类投诉事件划归群工部负责,小部分媒体划归社会部负责),群工部/社会部记者负责跟采社会各类投诉线索,不专门对接某一条线。由于群工部/社会部记者平日和医院没有联系,若接到一起医患投诉,群工部/社会部记者通常会通过网络查找医院相关部门电话或医院总机,致电医院进行采访,或是直接上门采访。

医院和群工部/社会部记者平日没有接触,面对陌生记者来访,医院是非常

---

① 对新民网卫生条线记者 L 访谈资料,2018 年 7 月 26 日,人民广场来福士商场星巴克。

谨慎的,通常不会贸然接受采访。据某记者回忆,大约在 2010 年左右,医院工作人员媒介素养普遍不高,对媒体有抵触心理,如果医院总机接到记者电话,会直接回答:"我不清楚,不知道发生了什么"来搪塞记者。

这种情况在纸媒时代还不是一个大问题,纸媒最多一天出一期,更多事件细节可以在第二天报纸中补充,纸媒年代这类患者投诉的报道即使缺少医院的确切说法,文末通常以一句"已致电医院,医院称不清楚该事件"就收篇了,由于当时各家媒体都这么做,也就被行业内普遍接受。

但是,到了自媒体时代,微博微信的传递速度大大加快,几分钟前发生的事件,几分钟后就被上传朋友圈,这一变化倒逼主流媒体必须加快速度挖掘出事情真相。于是,"快速找到事实"在新媒体时代被媒体奉为圭臬。

如何能快速找到事实? 重新调整采访人员是编辑室采取的应对策略,改由医疗卫生条线记者来代替不熟悉医院的群工部/社会部记者,可以更快地收集到更多细节和事实。医疗卫生条线记者和医院宣传部门、通讯员保持长期联系,有些甚至有长达几十年的交情,这种关系已经远远超出工作关系,更多是朋友。在中国,人情的重要性毋庸置疑,群工部/社会部记者打一天电话联系不到的人、了解不到的内幕,条线记者利用医院人脉可以轻松快速获得。

条线记者和条线关系之好,在笔者访谈记者过程中屡屡被提及,澎湃新闻记者坦言:"这个不是秘密,不单是医疗卫生条线,科技、政治、经济条线,所有条线的记者都和条线关系好。"[1]某三甲医院宣传部门负责人佐证:"我和那些记者朋友关系非常非常好,我最早的一个记者朋友和我已经有超过 20 年的关系了,很多记者朋友逢年过节、生日我们都会聚一聚。"[2]

条线记者和条线的关系过于亲密,在媒体行业内也会被贬责。新民网医疗卫生条线记者坦言:"我们领导经常说我们'屁股坐歪'了,言下之意是批评我们条线记者总帮着医院说话,认为我们条线记者不够客观、公正。"[3]条线记者倍感委屈,认为不是自己屁股坐歪,而是自己比领导更了解医院情况,更能体会医生的不容易。

---

① 对前澎湃新闻记者 B 访谈资料,2018 年 8 月 13 日,电话访谈。
② 对某三甲医院宣传部副部长访谈资料。
③ 对新民网卫生条线记者 L 访谈资料,2018 年 7 月 26 日,人民广场来福士商场星巴克。

　　作为研究者从旁观者视角出发,旨在勾勒出这样一种弥漫在医疗条线记者、医院、编辑部之间的纠缠关系,这种关系带有明显中国式人情色彩。

　　医疗条线记者坦言:

　　"比如有人说某医院有偷孩子的,网友看到了,传来传去就会有人在网上说:'有人在医院里偷孩子哦!'这个事情以前就是社会条线记者去采。因为条线记者会觉得这和医疗没有关系,只是发生在医院里一件事,就不会跑这个新闻。社会记者采这条新闻时,就不会从医院的角度去考虑。但是现在是新媒体了,已经打破了记者之间的分工,没有说这个是社会记者该跑的,那个是条线记者该跑的,界限没有那么明确了,新媒体出现之后,因为条线记者和医院熟啊,为了抢快,让条线记者直接去问问医院有没有这回事不就行了,就不用社会记者打电话去医院总机,再找宣传科呀,社会记者又不认识谁,所以不会再出现'我是接电话的,我不知道这件事情'。现在就我直接去问,我熟悉的医院知情人就说这是个误会。作为条线记者,我能快速找到知情人,快速找到真相,我非常了解他说话的可信度,不会像社会条线的记者怀疑说'他是不是骗我,掩盖事实哦'。因为新媒体求快,所以改变了记者内部的分工,呈现出的报道结果也就不一样了。我感觉就是传播途径的变化在推着我们往前走。"①

　　新技术的出现改变了医患报道的倾向。为了应对新媒体快速求取新闻事实的要求,编辑室调整采访人员,由群工记者调整为医疗条线记者采访患者投诉案件。在纸媒时代,这类患者投诉案件由群工记者负责采写,由于群工记者不熟悉医生群体,缺乏消息来源,导致报道中医生、医院常常缺席,使得报道倾向偏向于患者。如今,医患投诉事件改由医疗条线记者采访,由于医疗条线记者和医院关系良好、条线记者熟悉医生医院情况,条线记者可以获得更多医患事件细节,而且由于事件细节由医院提供,往往说法有利于医院和医生群体,导致医患报道的倾向偏向于医生。

　　可以说,技术改变了生产方式,也改变了生产结果。技术打破了原先编辑部人员分工界限,推动记者、编辑转变原有工作方式,结果导致同一报社、同一部门对同一事件采写的医患报道转变了倾向。需要指出的是,这种转变不是主动进行的,而是被技术倒逼的。

---

① 对新民网卫生条线记者 L 访谈资料,2018 年 7 月 26 日,人民广场来福士商场星巴克。

（二）从"无图无真相"到"有图也无真相"与第三方核实机制

媒介技术的发展倒逼建立第三方核实机制，这一机制的建立与医患报道倾向的转变有着内在关联。当媒体因技术发展而遭遇无数次试错之后，倒逼媒体进行机制升级改革，可以说，媒体机制的升级改革，是媒体人逐步探索出的结果。这是一个新陈代谢过程，人被技术推着前进，在这个过程中，人们并没有事先想好各种应对措施，等着新技术一上线，一切就能展开新篇章。相反，新技术的出现导致了很多意外状况，倒逼各方慌乱调整姿态应对新局面，这种调整不是主动的、从容不迫的，而是被动的、措手不及的。

技术倒逼媒体进行第三方核实，这个过程可以描绘为从"无图无真相"走向"有图也无真相"。在BBS（论坛）"无图无真相"阶段，奉行"有图有真相"，意指只要报道配了图，大家就相信这是事实。5年前，PS技术逐渐普及，出现了众多手机自带简易版P图软件，P图这一原本较专业的技能，开始逐渐被大众普遍掌握，结果出现了很多"假图"。如今，随着美颜相机、美图秀秀、Faceu激萌等手机拍照修图软件的流行，每个人都可以瞬间变脸。P图技术变得越发简单，打开软件，导入照片，按钮操作，立马完成裁剪图片、放大缩小、美白瘦脸、小眼变大、睫毛变长等以往需要复杂技能才能完成的操作。

手机的具身性还打破了技术使用的时空限制。电脑时代，需要先在网络上找到软件资源；然后在电脑上完成下载、安装；再去论坛自学教材，还必须在电脑上操作输出，技术的使用上有相当的空间限制。手机客户端随时随地可以完成手机软件下载，在通勤、吃饭、开会间隙，人人都可以随时随地用手机操作P图软件。手机P图技术的简捷性和跨时空性，让新闻报道进入了"有图也无真相"时代。

"有图也无真相"倒逼媒体建立第三方核实机制。媒体在一次次试错过程中发现原先操作方式存在漏洞。原先，部分媒体为了抢快发布，对突发新闻的处理是只采提供新闻线索的那一方，通常不会向第三方核实，结果造成了很多失实报道，媒体尝到了苦头，被迫寻求解决方法，于是向第三方核实的机制开始被建立起来。第三方包括政府部门、专业机构，比如医患纠纷中的第三方是卫健委、警方，火灾案件的第三方是消防部门，凶杀案件的第三方是公安部门。

"以前比如着火了，记者到现场看到有火，就可以出稿子了，有时候火势很吓人,但可能并没有伤亡。现在的话,如果看到着火了,规定先要和消防部门核实下有没有伤亡情况,要采两方。原来只要采一方就可以发了,后来不行要采双方,领导说:眼见不一定为实。还比如网上会发几年前的火灾现场照片,或者是异地火灾照片,刚有了微博那段时间,抢新闻抢得很严重,看到了微博上的东西,大家就去写稿子了,写'网曝什么什么',没有核实,类似犯了很多错,传播了很多谣言、假新闻,走了很多弯路。还比如下雨了,微博上就有人发哪里被淹了,但是照片是其他省市的照片。所以,微博时代,有图也未必有真相了。那就需要去和第三方有关部门核实。一次一次试错过程中,媒体发现了(原有操作模式不行),媒体的操作模式开始发生改变,这就是传播方式的变化对媒体生产过程的影响。"①

媒体核实机制的确立又倒逼着第三方部门快速建立回复机制。"也就是因为速度快了,有关部门的回应也越来越快了,就因为我们记者老是去问有关部门,有关部门就发现,哦,我不但要回应这个媒体,还要回应那个媒体,就逼着有关部门建立常规回复机制,技术革新后,倒逼媒体、有关部门不断升级机制建设,为何公安都有微博微信呢? 这就是出口径的地方。媒体发现:无图无真相——有图有真相——有图也无真相之后,不断试错,不断试错,无数次谣言之后,媒体就要求向第三方有关部门核实,导致新闻生产也发生了变化。"②可以说,第三方核实机制的建立从源头遏止了医患领域的假新闻,也是导致医患报道倾向转变的原因之一。

(三)流量纳入绩效标准影响医患报道倾向

技术还改变了传统媒体记者的薪酬标准。2009—2010 年微博出现伊始,新媒体发布新闻速度远超传统媒体,传统媒体一方面急于抢占网络阵地,另一方面又不知所措,恐慌情绪迅速发酵。慌不择路,相当传统媒体将流量与记者绩效工资直接挂钩,甚至部分媒体以网络流量作为记者唯一绩效标准,以刺激业绩。某些记者为了抢夺流量,僭越新闻专业主义,开始疯狂抢新闻,编造骇人听闻标题、夸大新闻事实、避实就虚,结果导致该时期谣言、假新闻泛滥,新闻内容低俗化、片面化、极端化。

---

① 　对新民网卫生条线记者 L 访谈资料,2018 年 7 月 26 日,人民广场来福士商场星巴克。
② 　对新民网卫生条线记者 L 访谈资料,2018 年 7 月 26 日,人民广场来福士商场星巴克。

　　记者基本收入非常低,据澎湃新闻记者透露,其基本工资每月只有 800 元,剩余收入全部靠绩效,而唯流量至上的绩效标准,引导记者尽量刊发流量稿。

　　"曾经有段时间就只看流量,大概在微博刚出现的那个时候,一个精神病在人民广场裸奔,这种稿子流量肯定高,但是不好啊。微博、微信出现都是很重要的节点。微博微信改变了记者行业的生存状态。"①

　　"流量对记者意味着什么? 和考核有关,以前有段时间考核只看流量,对记者的绩效考核都是看点击率的,我们后台会有流量数据,一条新闻的点击率多少、阅读数多少。点击率是指 App 上的,阅读数是指微信上的……不管你点开来看没看,你点了就算一个点击率。"②

　　唯流量至上时期,标题成为吸引读者的重要因素。不管读者有没有读完整条新闻,只要读者点击一次,哪怕直接返回主页面,后台也会记录一次点击率,所以,标题的吸引度成为重要因素。

　　对流量稿的追求促使媒体为了获取读者点击率,不问稿件质量,一味迎合受众,忽略社会责任。2010 年左右,只有医生负面出场的报道才是受读者欢迎的报道。那段时间,媒体集体妖魔化医生,医生被网民形容为"白衣恶魔"。2009—2012 年那段时间里,读者一片倒地骂医生,媒体为了迎合读者喜好,医患报道明显偏向患者,医生几乎都是负面出场,"那个时候很少有媒体敢说医生好",《新民周刊》资深编辑说,"在医患关系最不和谐的那几年里,媒体不敢得罪读者。"③

　　2010 年的"缝肛门"、2011 年的"八毛门",这一时期,医生负面报道达至顶峰,也恰是微博(2009 年)、微信(2011 年)上线大约 1 年至 1 年半左右,正是在这一时期里,很多传统媒体以流量作为记者唯一绩效标准,两个时间段不谋而合,可以说,记者绩效标准的改变与大量医生负面报道的出现存在内在关联。

　　唯流量至上的绩效标准大约持续到 2012 年左右结束,之后媒体放弃了唯流量至上的绩效设计,逐渐恢复"流量＋质量"的绩效路径上来,逐渐回归理性。

　　"现在,流量是影响力的指标之一,还有有关部门的反馈,沪上某媒体做过

①　对前澎湃新闻记者 B 访谈资料,2018 年 8 月 13 日,电话访谈。

②　对前澎湃新闻记者 B 访谈资料,2018 年 8 月 13 日,电话访谈。

③　对新民周刊资深编辑 H 访谈资料,2018 年 9 月 3 日,新民周刊。

一个关于短缺药的报道,李克强总理作了批示,要求加快替代药品的生产,这个就是报道影响力。绩效主要就分这三部分:①点击率/阅读数;②报社领导的评价;③同行认可度。如果新华社转载了你的稿子,也是影响力表现之一。我们部门领导主要就做这个,记者每个月报自己报道的流量给部门领导。"①

"大概有一年到一年半左右的时间唯流量论,后台流量上一千的打 10 分,上万的打 15 分、20 分。现在还看稿子的价值,用心去做的稿子,即使流量不高,也会打高分。有些稿子信息性强,信息性强点击率就会高,点击率高流量也会给你打高分。"②

"我们记者的绩效是一个综合评价,一个是有形的工作量,主要取决于报道的篇数、篇幅和位置,这个指的是纸质报纸。第二个是无形的绩效,我们记者的报道能否推动问题的解决、制度的完善、机制的健全,从而提升党报的传播力、影响力、引导力和公信力,比如说,一个事情得到了国家领导批示,得到了解决。"③

对比 2010—2018 年以来记者的绩效标准和医患报道倾向间关系,会发现两者存在某种内在联系。当绩效标准是"唯流量"设计时,医患报道倾向大多为黑化医生,偏向患者;当绩效标准是"流量＋质量"设计时,医患报道倾向开始回归理性,偏向医生。

二、技术对媒体行业业态的影响

(一)早期媒体抢快发布恶化医生形象

早期,媒体抢快发布恶化医生形象。媒体行业的核心在于时效性,网络时代难以获取独家情报,媒体在内容上难分胜负,唯有在时效性上进行比拼。

但是,医院出口径的速度往往较慢。医院行政岗位大部分由医生兼职,"这样会有些额外的行政岗位津贴。"④医院处理医患纠纷的宣传部门、医疗纠纷处理部门的工作人员很多都是医生,他们平日需要坐门诊,不坐门诊的时候才兼职坐班,加上医院内部处理医患纠纷流程繁琐,限制了医院发布口径的速度。

---

① 对沪上某媒体医疗卫生条线记者 X 访谈资料,2018 年 8 月 9 日。
② 对新民网卫生条线记者 L 访谈资料,2018 年 7 月 26 日,人民广场来福士商场星巴克。
③ 对人民日报某健康记者访谈资料,2018 年 8 月 3 日,电话访谈。
④ 对某三甲医院匿名医生访谈资料。

"医院其实不愿意和媒体打交道，因为医院觉得我自己都还没搞定，跟你说什么，你要把这些老专家召集起来，把当时的事情搞清楚，大家都很忙，医院里处理医疗纠纷的工作人员白天也是要看门诊的，他们是医生，不是全职搞行政的，如果出这么大一个事情，处理医疗纠纷的医生门诊也不看了，那也不行。如果门诊不看了，也要找人去顶班，如果不看门诊了，预约的病人过来，怎么办？还是要吵啊，即使你安排了其他医生顶班，病人还是要吵啊，我要看的不是这个医生，所以总是有很多事情（要处理），医院总会慢一拍。"[①]

早期，医院处理医患纠纷速度拖沓。由于医疗纠纷处理流程繁琐、行政人员兼职等原因，导致早期大部分医院在事发之后需要相当一段时间才能给出口径，那就意味着需要媒体等待。

媒体将时效性奉为圭臬。如果有一家媒体在医院没有给出口径的情况下发了稿，那就意味着捷足先登，获取了首批阅读流量。由于受众不倾向持续关注某事件报道，热点新闻周期一般不超过一周，一旦一家媒体发布，则意味着这则新闻进入了 7 天热点倒计时，那么晚发布的媒体就失去了首发关注优势。

早期部分媒体为了避免自身陷入后发失势的被动境地，可能会在医院没有给出统一口径的情况下就抢先发布。由于缺乏医院说法，容易给读者造成"患者无辜""医院无良"印象。社会心理学首因效应理论指出"第一印象"会长远地影响人们对某人、某事件的总体印象。再加上，读者注意力有限，即使媒体在后续补充报道了该医院口径，但由于此话题已过了热点期，受众转移了注意力，可能不再关注后续报道，最终酿成祸端，恶化了医生形象。

（二）更迭式报道导致对报道的片面理解

更迭式报道是网络技术产生的一种新型报道方式。它是指通过超链接附录文后的方式报道一个完整的新闻事件。更迭式报道产生的后果是使得受众对于一个事件的了解变得片面化，容易导致对事件的一知半解，甚至是误解。

移动媒体时代，新闻线索传播速度越来越快，一个事件线索，很多媒体会同步获得、同时跟采。各家媒体为了抢快抢先发布，会把手头上不完整的信息先发布出去，以求获取首批受众的大流量，从而拔得头筹。网络信息爆炸，受众阅读模式呈现碎片化，更迭式报道无疑使情况雪上加霜。假设，人们在阅读完了

---

① 对某三甲医院匿名医生访谈资料。

一篇缺乏医院声明的医患报道之后，可能会对医院、医生产生不良印象，即使媒体后续以更迭式报道形式发布了医院声明，但是又有多少受众会点击原文下方的超链接进一步阅读？

更迭式报道存在的另一个问题，就是会导致网络报道显得琐碎。一个事件，每篇报道只提供一小部分信息，只有阅读文后附载多个超链接，才能了解到完整事件的前因后果。"新媒体时代，一个事件发生会有很多媒体跟，更迭式报道有好处也有坏处，好处是它能随时更新，能够让读者了解更新的情况，坏处是容易显得琐碎，不连贯，不成体系。"①"很多新媒体都有这个问题，网站和 App 没有版面限制，随时可以发稿子，所以就像挤牙膏一样，有一点新闻就发上去，每次只发一点点。它有好处，好处就是可以做新闻合辑，从一开始到最新的报道都可以连在一起，坏处是容易显得琐碎。"②

产生更迭式报道的原因有两方面，一方面是新媒体移动技术大大增加了各种信息被呈现的机会，导致信息爆炸。第二方面是人们的注意力通道容量有限。认知心理学关于注意力的"衰减理论""过滤器""后期选择""多阶段选择"等理论均预设人类大脑加工能力有限③。有限注意力面对爆炸信息，导致人们关注某一热点的注意力减少，受众注意力的迅速转移倒逼媒体为了吸引受众，更快速地更新信息。"这种形式大部分记者未必喜欢，但是没有办法，现在整个新媒体行业风格、操作方式如此，大家对一条新闻一拥而上，没法避免，现在是注意力经济时代，对一个事件的热情有限，热点很快，两三天一个热点就翻过去了。"④

（三）技术"自然论"假设

新媒体技术传播的快速性，加速催生了省市级宣传部的应对机制。在纸媒时代，由于信息传递速度慢，报纸一天发一期，加上报纸需要实物传递，传播空间受限，舆情形成速度自然也较慢。此外，由于纸媒时代人际传播地域空间受限，大部分情况下，人们只和面对面的人谈论某话题，因此社会上很难广泛形成某一事件"全民话题"程度的舆情，宣传部的应对反应也自然较慢。"BBS（论

① 对前澎湃新闻记者 B 访谈资料，2018 年 8 月 13 日，电话访谈。
② 对前澎湃新闻记者 B 访谈资料，2018 年 8 月 13 日，电话访谈。
③ 索尔所.认知心理学[M].第 7 版.邵志芳，等译.上海：上海人民出版社，2008.
④ 对前澎湃新闻记者 B 访谈资料，2018 年 8 月 13 日，电话访谈。

坛)时期之前,如果发生舆情,宣传部一般一周出宣传通知,后来提速到 1～2 天出宣传通知。"①新媒体技术出现,导致舆情发生的概率加大、速度加快、范围增广,倒逼政府应对舆情效率迅速提高,"自从有了微信,事件发生 1～2 小时,宣传通知就下来了。"②伴随宣传通知下发的速度提升,"空窗期"从原来的 1 周变为 1～2 小时,新媒体技术的升级缩短了媒体可自由报道的"空窗期"。

媒体为了在越来越短的空窗期内抢发新闻,不得不加速提升采访、写作、发布速度。可以说,媒体的提速一方面是因为同行、自媒体的竞争,另一方面也是和政府竞跑,看谁能跑得更快,看哪家媒体可以在宣传通知下来之前发布新闻,赚取足够流量,看哪家媒体的子弹可以先飞,飞得更久。

于是,整个新闻生产流程在急速压缩。首先,新媒体技术的升级产生了自媒体,自媒体的活跃加剧了媒体行业竞争,媒体行业竞争倒逼传统媒体调整策略快速应对。然后,媒体行业的快速应对和移动媒体技术的普及导致舆情快速发酵,舆情的快速发酵引燃了政府焦虑,倒逼政府升级应对策略加速出手控制场面。最后,政府应对提速倒逼媒体更快速行动,突围空窗期。

如果把主流媒体、自媒体、政府比作流程循环上的三个加速器,那么新媒体技术就是源动力。技术这只看不见的手,从源头推动了整个流程进入启动程序,接下来的运行不再受技术控制,流程自发运行、提速。整个流程持续加速运转,主流媒体、自媒体、政府这三个加速器互相牵制,一个加速,带动另外两个提速,每一方都力图超速另两方。每个加速器都在不断加速,不断加速,结果导致整个流程越转越快,越转越快。

新媒体技术启动了流程,而流程上的三个加速器自发进入运转且不断自我提速。哲学"自然神论"思想认为上帝创造了宇宙和它存在的规则,在此之后上帝并不再对这个世界的发展产生直接影响,而让世界按照它本身的规律存在和发展下去。"自然神论"deism 思想区别于传统一神论 theism 思想的主要之处在于,"自然神论"强调上帝创造了宇宙之后,又"抛弃直接影响"世界。技术也存在"创造启动"和"抛弃直接影响",技术的"创造启动"比较好理解,是指新媒体技术的出现启动了媒体和政府的运行。"抛弃直接影响"指的是技术一旦启

---

① 对某媒体卫生条线记者 L 访谈资料。
② 对某媒体卫生条线记者 L 访谈资料。

动流程,整个过程就自发运转下去,技术不再产生直接影响,而是由过程中涉及的几方(媒体、政府)互相角力、纠缠、互动,直至产生质变。从这一层面而言,技术具有"自然论"特征。

本章小结　影响医患报道倾向转变的因素

本章从五个框架层面对医患报道倾向转变的原因尝试做出回答。为何医患报道倾向会发生转变? 本书认为,在众多原因中,医患报道倾向发生转变主要是与媒体从业人员对新事物的认知发展过程有关。在医患报道领域,新事物是指 20 世纪末取消了公费医疗的新型医患关系,此时医疗行业实际上已经成为一个全新的行业领域,发生了很多新现象、新问题和新矛盾,对媒体从业人员来说,当时的医疗行业完全是一个新事物。

早期,媒体从业人员对医生群体表现出种种敌意,刊发了大量负面医患报道,实际上是因为媒体从业人员对医疗行业的无知所致。到了中期,在发生"八毛门""缝肛门"等性质严重的不实医患报道之后,医媒关系陷入冰点,医生群体对记者充满敌意,两个群体对立严重。此后,医生群体转变对媒策略,以主动态势开始发声,医院宣传部门也加大发声力度,加强和媒体接触频率及程度,大大改善了医媒关系。医患报道倾向此时开始发生转变,有一批先行的记者和医院医生建立起了紧密关系,记者开始逐渐深入了解医生群体和医疗行业,认真审视医疗行业背后存在的问题,一批为医生正名的医患报道开始涌现。

在这个过程中,有一个记者群体和医生建立了更为紧密的关系,就是医疗卫生条线记者,他们比一般记者走得更远,在一定程度上成为医生群体的代言人,甚至为维护医院声誉,不惜和媒介组织领导层产生对抗。

虽然本章将医患报道倾向的转变原因分为五个层面展开讨论,但是本书想强调的是每一个层面的转变发生实际上都是作用在媒体从业人员认知改变的基础上的。从媒体从业者越发了解医疗行业的深层问题;到理解医生的辛苦与处境;从呼吁医疗制度改革却发现无力改变现实;到职业成就感的缺失;从对医患新闻线索价值公共性的再审视;到担心杀医报道导致社会效仿效应的出现;从早期故意制造戏剧性医患冲突爆点;到寻找解决方案的文本框架转型;从编辑室内部的文化传承；到记者对编辑室标准的内化。几乎在每一个层面的转变上，都涉及媒体从业人员本身对医疗行业认知的加深。

本研究发现，促使媒体从业人员对医疗行业认知转变有两个重要动力，一个是人际关系，另一个是媒介技术。

人际关系对医患报道倾向转变有着深刻影响。这里的人际关系特指医生群体和记者群体之间关系，里面包含着丰富的中国文化特有的人情交往特征。可以通过一个对比来说明，不同条线记者的新闻线索采集路径与医患报道倾向的转变有着很大关系。涉及医患报道的记者分为两个条线，一个是医疗条线记者，还有一个是社会部/群工部条线记者，两者对同一条新闻线索的采写态度是完全不同的。医疗条线记者由于和医院有着长期密切联系，和医生、医院宣传部门关系非常好，其采写的医患报道倾向明显偏向于医生和医院。而社会部/群工部条线记者缺乏和医院之间的联系，和医生关系疏远，其采写的医患报道倾向往往偏向患者。是人际关系在其中发挥着作用，医媒关系（这里的"媒"指医疗条线记者）的紧密在很大程度上改变了记者对医疗行业的认知，从而间接改变了医患报道的倾向。

媒介技术推动了医患报道倾向的转变。微信、微博技术从改变新闻编辑室的运作规则开始，潜移默化地改变了医患报道的倾向。随着移动技术的发展，编辑室为了加快发布新闻，几乎将所有的医患报道线索交由掌握医院丰富人脉的医疗条线记者采访。此外，由于自媒体技术发展迅速，出现了漫天谣言和大量假新闻，从而导致新闻业加强了行业自律，建立起了第三方事实核查机制，从源头减少了医患假新闻。技术压缩了空间，加快了速度，改变了编辑室的规则，不知不觉间接推动了医患报道倾向的转变。

第四章

医患报道的受众框架

第一节 研究现状与研究设计

目前国内对于医患报道的受众研究主要可分为四方面。

一是考察受众对医患报道、医患关系的总体认知情况(马丽敏,2013[①];高越,2018[②];陈雪春,2017[③];刘安琪,2017[④];孙帅,2013[⑤];阳欣哲,2012[⑥];石慧敏,2009[⑦];钟智锦,2018[⑧];陆健泽,2015[⑨]),这类研究主要了解受众对医患报道、医患关系、医生群体的态度和总体认知情况。

二是考察医患报道对受众的影响(史国华、古丽娜尔·马木尔别克,

① 马丽敏. 我国新闻媒体医患关系报道的受众研究——以西安市为例[D].西安:陕西师范大学,2013.
② 高越. 医患关系报道的媒体偏见及受众敌意偏见感知研究[D].南充:西华师范大学,2018.
③ 陈雪春. 沈阳地区报纸医患关系报道的呈现与受众认知研究[D].沈阳:辽宁大学,2017.
④ 刘安琪. 媒体医患纠纷事件报道对公众影响研究[D].长春:吉林大学,2017.
⑤ 孙帅. 医患关系议题的媒体呈现及其对受众的认知影响[D].重庆:西南政法大学,2013.
⑥ 阳欣哲. 媒体传播对医患关系影响研究[D].上海:上海交通大学,2012.
⑦ 石慧敏. 浅析医患关系报道中的媒体策略——一个传播心理学的视角[J].浙江传媒学院学报,2009(03):9-11.
⑧ 钟智锦. 医患关系如何影响遵循医嘱行为:人际沟通的视角[J].学术研究,2018(04):67-73.
⑨ 陆健泽. 医生职业形象:论涵化理论的流变——以成都市受众的调查结果为案例[J].东南传播,2015(12):77-79.

2015[①]；任慧珍，2016[②]；石慧敏，2009[③]；阳欣哲，2012[④]；左秋怡，2016[⑤]；王晶晶，2015[⑥]；张狄，2015[⑦]；赵兴隆，2015[⑧]），此类研究重点考察医患报道案例、报道方式对受众的影响。

三是考察受众认知和媒体表达间的差异（高越，2018[⑨]；叶张翔，2017；马丽敏，2013；任艳妮，2015；邓绍希，2016[⑩]；张楚黛，2016[⑪]），此类研究通过比较受众认知框架和媒体表达框架，分析受众接受和媒体呈现之间的差异。

四是从人口学变量、媒介素养等方面分析受众对医患报道的认知差异（马丽敏，2013；高越，2018；陈雪春，2017；刘安琪，2017；孙帅，2013；阳欣哲，2012），这类研究注重考察受众对医患报道、医患关系的认知与各类人口统计学变量（性别、年龄、职业、教育程度等）和受众媒介素养（媒体使用与受众医患关系认知态度、关注程度与受众医患关系认知态度、参与度与受众医患关系认知态度、关注渠道与受众医患关系认知态度）之间的相关性。

研究方法上，医患报道受众研究运用最多的是调查问卷法（阳欣哲，2012；马丽敏，2013 年；陈雪春，2017；晁晚霏，2017[⑫]；邓绍希，2016[⑬]；王晶晶，2015[⑭]；赵兴隆，2015[⑮]），这类研究采用定量分析，运用统计工具，对各类变量进行测量与检验。其次，是访谈和焦点小组访谈（左秋怡，2016[⑯]；侯琳，2016[⑰]；孙帅，2013），这类研究属于定性研究，针对个案对个体受众进行一对一，或者一对多

---

①　史国华，古丽娜尔·马木尔别克.刍议新疆网络媒体有关医患纠纷报道对受众的影响[J].新西部（理论版），2016(16)：14-15.
②　任慧珍. 医患关系报道中的受众心理分析[J].视听，2016(04)：139-140.
③　石慧敏. 媒体医患关系报道的受众心理分析[J].青年记者，2011(36)：46-47.
④　阳欣哲. 媒体传播对医患关系影响研究[D].上海：上海交通大学，2012.
⑤　左秋怡. 形象建构与关系认知：电视医疗内容对广州受众的影响研究[D].广州：暨南大学，2016.
⑥　王晶晶. 大众传播对医院形象影响的研究[D].唐山：华北理工大学，2015.
⑦　张狄. 网络媒体对医患关系的影响研究[D].西安：西北大学，2015.
⑧　赵兴隆. 医院的环境媒体对患者的影响——以医院候诊区为例[D].上海：上海师范大学，2015.
⑨　高越. 医患关系报道的媒体偏见及受众敌意偏见感知研究[D].南充：西华师范大学，2018.
⑩　邓绍希. 医患冲突中的信息不对称问题研究[D].成都：成都理工大学，2016.
⑪　张楚黛. 医患冲突事件的微博公众话语呈现及其与媒体的互动分析[D].上海：华东师范大学，2016.
⑫　晁晚霏. 医患纠纷与媒体报道研究[D].郑州：郑州大学，2017.
⑬　邓绍希. 医患冲突中的信息不对称问题研究[D].成都：成都理工大学，2016.
⑭　王晶晶. 大众传播对医院形象影响的研究[D].唐山：华北理工大学，2015.
⑮　赵兴隆. 医院的环境媒体对患者的影响——以医院候诊区为例[D].上海：上海师范大学，2015.
⑯　左秋怡. 形象建构与关系认知：电视医疗内容对广州受众的影响研究[D].广州：暨南大学，2016.
⑰　侯琳.《南方周末》和《钱江晚报》医患关系报道的框架分析[D].杭州：浙江传媒学院，2016.

的访谈。再次,是内容分析法(任慧珍,2016[①];高越,2018;李楠,2018[②]),这类研究通过批判性反思阐释案例的文本意义。此外,民族志方法对田野调查时间、调查精力要求较高,在医患报道的受众研究中鲜有使用。

本研究设计借鉴前人研究经验,从以下三方面展开医患报道的受众研究:①调查受众对医患报道、医患关系的总体认知情况;②比较医患报道的受众接受框架和媒体呈现框架间的差异;③从人口学变量、媒介素养两方面分析受众对医患报道的认知差异。

在研究方法上,采取问卷调查法。问卷设计主要分为以下五方面:人口统计学变量、媒体使用情况、对医患报道的认知、对医患关系的卷入度、责任推定与评价。人口统计学变量包括:受众的性别、年龄、受教育程度等;媒体使用情况包括:接触媒介的渠道、接触媒介的平台、阅览媒体的时间;对医患报道的认知包括:医患报道的议题、医患报道消息来源、医患报道的立场、医患报道的基调、医患报道的客观性;对医患话题的卷入度包括:对医患话题的关心程度、与他人讨论程度;责任推定与评价包括:医患关系紧张原因的推定、医患纠纷责任归属的推定。

第二节　数据测量与基本情况

通过方便抽样方法,对受众进行电子问卷调查,共回收问卷956份,剔除答题时间过短的问卷(答题时间少于100秒),得到有效问卷933份,有效问卷率为97.6%。问卷按照调查目的分为:人口统计学变量、媒体使用情况、对医患报道的认知、对医患话题的卷入度、责任推定与评价。

一、人口统计学变量

(一)年龄

如图4-1所示,有效问卷中,调查对象按照比例从高到低依次为:31~40岁有236人,占25.29%;18~25岁有188人,占20.15%;60岁以上的有140

---

① 任慧珍.医患关系报道中的受众心理分析[J].视听,2016(04):139-140.

② 李楠.新媒体环境下医患事件的媒介呈现研究[D].上海:上海师范大学,2018.

人,占 15.01％;41～50 岁有 129 人,占 13.83％;51～60 岁有 126 人,占 13.5％;26～30 岁有 112 人,占 12％;18 岁以下的有 2 人,占 0.21％。

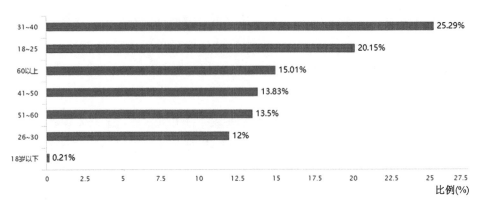

图 4 - 1 样本受众年龄统计图

(二) 性别

如图 4 - 2 所示,有效问卷中,女性调查对象有 578 人,占 61.95％;男性调查对象有 355 人,占 38.05％。

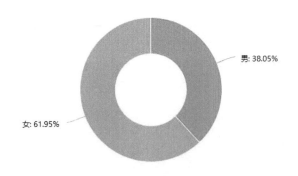

图 4 - 2 样本受众性别统计图

(三) 教育程度

如图 4 - 3 所示,有效问卷中,调查对象的教育程度为本科的有 398 人,占 42.66％;硕士及以上学历为 206 人,占 22.08％;大专学历为 159 人,占 17.04％;

高中学历为 130 人,占 13.93%;初中学历为 38 人,占 4.07%;小学学历为 2 人,占 0.21%。

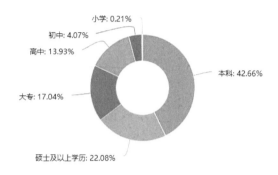

图 4 - 3　样本受众教育程度统计图

二、受众媒介使用情况

(一)接触频率

如图 4 - 4 所示,调查对象每天接触手机客户端或者网页版新闻报道的时间频率最高的是 16~30 分钟,有 308 人,占 33.01%;15 分钟以下的有 182 人,占 19.51%;1 小时以上的有 178 人,占 19.08%;31~45 分钟的有 98 人,占 10.5%;46 分钟~1 小时有 98 人,占 10.5%;几乎不看的有 36 人,占 3.86%。

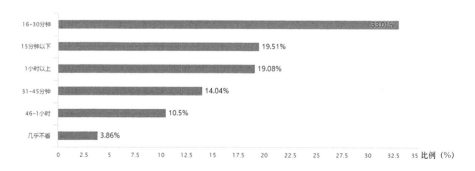

图 4 - 4　样本受众每天平均阅览手机客户端或者网页版新闻报道的时间

（二）媒介渠道

如图4-5所示，有效问卷中，调查对象通过手机新闻客户端了解医患报道的有734人，占78.67%；通过电脑网络了解医患报道的有456人，占比48.87%；通过电视了解医患报道的有450人，占比48.23%；通过与别人交谈了解医患报道的有291人，占比31.19%；通过广播了解医患报道的有86人，占比9.22%；通过报纸了解医患报道的有70人，占比7.5%；通过杂志了解医患报道的有22人，占比2.36%。从调查结果可见，手机、网络、电视是受众了解医患报道的三大主要媒介渠道。

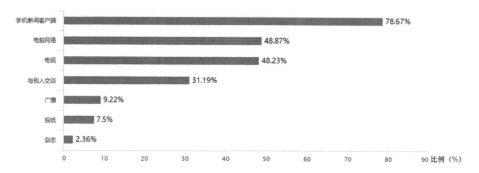

图4-5 样本受众了解医患报道的主要媒介渠道

（三）手机客户端渠道

如图4-6所示，有效问卷中，游览过凤凰App客户端的调查对象有296人，占31.73%；游览过澎湃新闻App客户端的调查对象有314人，占比33.65%；游览过人民日报App客户端的调查对象有344人，占比36.87%；以上客户端都不看的调查对象有366人，占比39.23%。

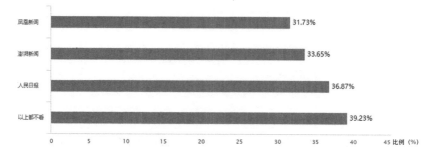

图4-6 样本受众平时阅览过以下哪几个手机客户端（App）

三、受众对医患报道和医患关系的认知

（一）受众对医患报道的认知

1. 受众关注医患关系报道情况

如图 4 - 7 所示，有效问卷中，偶尔关注医患关系报道的调查对象占绝大多数，共有 704 人，占比 75.46％；经常关注医患关系报道的调查对象有 204 人，占 21.86％；从不关注医患关系报道的调查对象有 25 人，占 2.68％。

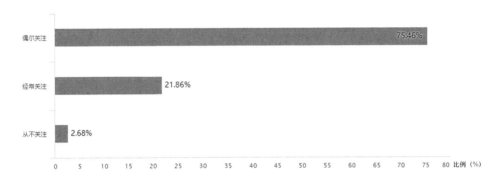

图 4 - 7　样本受众关注医患关系报道情况

2. 受众对医患报道的客观度及可信度的认知

如图 4 - 8 所示，超过一半的调查对象认为目前医患关系报道客观度及可信度一般（539 人，57.77％）。近 1/4 的调查对象认为目前医患关系报道比较客观、可信（221 人，23.69％）。12.43％的调查对象认为目前医患关系报道比较不客观度、不可信（116 人）。3.43％调查对象认为目前医患关系报道客观、可信（32 人）。2.68％调查对象认为目前医患关系报道很不客观、很不可信（25 人）。

从数据结果来看，大多数调查对象对医患报道的客观度和可信度持中立态度（57.77％）。27.12％调查对象认为目前医患关系报道偏向客观、可信（比较客观、可信 23.69％＋客观、可信 3.43％）；15.11％调查对象认为目前医患关系报道偏向不客观、不可信（不客观度、不可信 12.43％＋很不客观、很不可信 2.68％）。总体而言，认为目前医患关系报道偏向客观、可信的受众要比认为不客观、不可信的受众占比高。

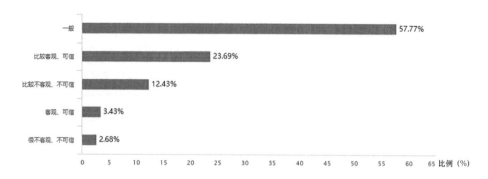

图 4-8　样本受众认为的目前医患关系报道客观度及可信度

（二）受众对医患关系的认知

1. 受众参与讨论医患议题情况

如图 4-9 所示，有效问卷中，很少讨论医患议题的调查对象占大多数，共有 632 人，占 67.74%；几乎不讨论医患议题的调查对象有 168 人，占 18.01%；经常讨论医患议题的调查对象有 133 人，占 14.26%。

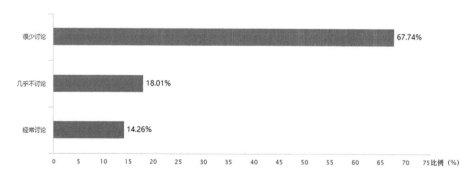

图 4-9　样本受众参与讨论医患议题情况

2. 受众对医患纠纷发生程度的认知

如图 4-10 所示，大部分调查对象认为近两年来我国医患纠纷比较频繁（606 人，64.95%）。近 1/4 的调查对象认为近两年来我国医患纠纷不太频繁（196 人）。13.72% 调查对象认为近两年来我国医患纠纷非常频繁（128 人）。

只有 0.32% 的调查对象认为近两年来我国医患纠纷几乎没有(3 人)。

从数据结果来看,绝大多数调查对象(78.67%)认为近两年来我国医患纠纷频发(比较频繁 64.95% +非常频繁 13.72%)。

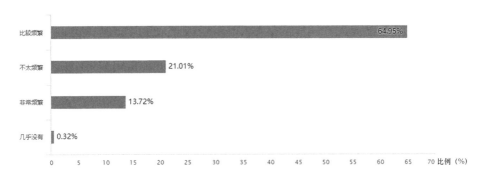

图 4 - 10　样本受众认为近两年来我国医患纠纷发生程度

3. 受众对目前我国医患关系和谐度的认知

如图 4 - 11 所示,近一半的调查对象认为目前我国医患关系不太好,对立多于和谐(433 人,46.41%)。近 1/3 的调查对象认为目前我国医患关系一般(271 人,29.05%)。12.86% 的调查对象认为目前我国医患关系非常紧张,医患尖锐对立(120 人)。11.25% 的调查对象认为目前我国医患关系较好,和谐多于对立(105 人)。只有 0.43% 的调查对象认为目前我国医患关系非常融洽,关系和谐(4 人)。

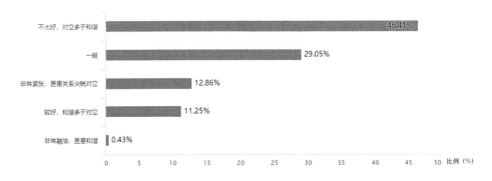

图 4 - 11　样本受众对目前我国医患关系和谐度的认知

从数据结果来看,绝大多数的调查对象(88.32%)认为医患关系比较紧张(不太好,对立多于和谐46.41%＋关系一般29.05%＋非常紧张12.86%)。只有少数调查对象(11.68%)认为医患关系比较和谐(关系较好11.25%＋非常融洽0.43%)。

第三节　受众细分框架

这一部分将在人口学指标和媒介使用两个层面上对受众框架展开交叉分析,旨在析出受众的细分框架。

人口学指标层面,在文化程度、年龄两个维度上,发现受众框架存在显著差异。不同文化程度、年龄的受众对医患关系、医患报道存在着不同的认知框架,也说明文化程度、年龄是影响受众对医患报道、医患关系认知的重要因素。在受众性别维度上,没有发现受众框架的显著差异。

媒介使用层面,在阅览时间维度上,发现受众框架存在显著差异。受众浏览新闻客户端时间越长,越容易认为我国当前医患关系紧张、医患纠纷频繁;更关注、主动与人讨论医患报道,且将医患纠纷责任更多归于医生群体,越认为医患报道偏袒医生。

一、受众文化程度与接受框架差异

受众学历越高,在议题方面,越关注就医现状,越少关注医患情;归因方面,更多的归因到信息不对称,更少归因到医生群体;报道偏向方面,越认为医患报道大多偏向于患者,越认为我国医患关系紧张、医患纠纷频繁。

（一）受众学历越低越关注"医患情"议题,学历越高越关注"就医现状"议题

从图4-12可见,学历越低的受众越关注"医患情、医患暖闻"议题。硕士及以上学历只有18.93%受众关注该议题;本科学历有22.36%受众关注该议题;大专学历有22.64%受众关注该议题;高中学历有32.31%受众关注该议题;初中学历有39.47%受众关注该议题;小学学历100%受众关注该议题。

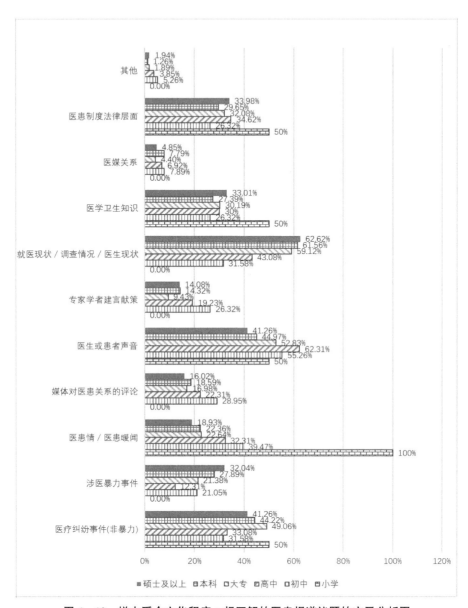

图 4-12　样本受众文化程度 * 想了解的医患报道议题的交叉分析图

　　学历越高的调查受众越关注"就医现状、调查情况、医生现状"。小学学历没有受众关注该议题(0%);初中学历有 31.58%受众关注该议题;高中学历有 43.08%受众关注该议题;大专学历有 59.12%受众关注该议题;本科学历有 61.56%受众关注该议题;硕士及以上学历有 62.62%受众关注该议题。

（二）受众学历越低越归因于医生群体，学历越高越少归因于医生群体

如图 4-13 所示，学历越低的受众越归因于医生群体。首先，学历越低的受众越归因于"医院/医生拿红包收回扣/为盈利过度治疗"。硕士及以上学历 45.63%；本科学历 45.98%；大专学历 60.38%；高中学历 75.38%；初中学历 71.05%；小学学历 100%。其次，学历越低的受众越归因于"医生对患者缺乏人文关怀和责任心"。硕士及以上学历 29.13%；本科学历 30.4%；大专学历 44.03%；高中学历 49.23%；初中学历 42.11%；小学学历 100%。

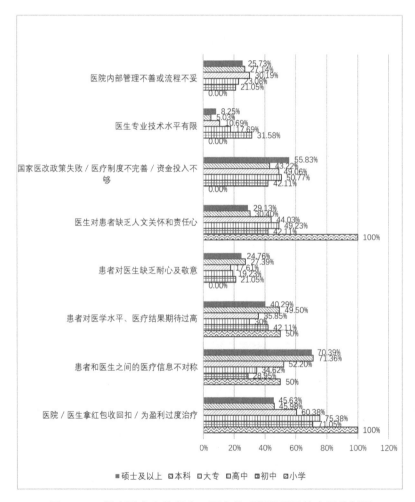

图 4-13　样本受众文化程度＊医患关系紧张原因的交叉分析图

学历越高的受众越少归因于医生群体。首先,学历越高的受众越多归因于"患者和医生之间的医疗信息不对称"。小学学历 50%;初中学历 28.95%;高中学历 34.62%;大专学历 52.2%;本科学历 71.36%;硕士及以上学历 70.39%。其次,学历越高的受众越少归因于"医院/医生拿红包收回扣/为盈利过度治疗"。

(三)受众学历越低越将纠纷责任归属于医方,学历越高越将纠纷责任归属于患方

如图 4-14 所示,学历越低的受众越将纠纷责任归属于医生群体。首先,学历越低的受众越归因于"多数在医生"。硕士及以上学历 9.71%;本科学历 9.05%;大专学历 15.09%;高中学历 29.23%;初中学历 18.42%;小学学历 50%。其次,学历越低的受众越归因于"完全在医护人员"。硕士及以上学历 0.49%;本科学历 0.5%;大专学历 1.26%;高中学历 3.85%;初中学历 5.26%。

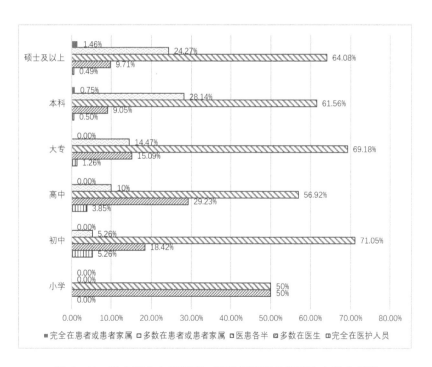

图 4-14 样本受众文化程度 * 医患纠纷责任归属的交叉分析图

　　学历越高的受众越将纠纷责任归属于患者及患者家属。小学学历 0%;初中学历 5.26%;高中学历 10%;大专学历 14.47%;本科学历 28.14%;硕士及以上学历 24.27%。另有 0.75% 的本科学历和 1.46% 的硕士及以上学历的受众将纠纷责任完全归属于患者或患者家属,而大专及以下学历的受众将纠纷责任完全归属于患者或患者家属的比例为 0%。

　　(四)受众学历越低越认为报道倾向于医方,学历越高越认为报道倾向于患方

　　如图 4-15 所示,学历越低的受众越认为医患纠纷报道倾向偏向于医务人员。硕士及以上学历 32.04%;本科学历 33.92%;大专学历 26.42%;高中学历 45.38%;初中学历 44.74%;小学学历 50%。

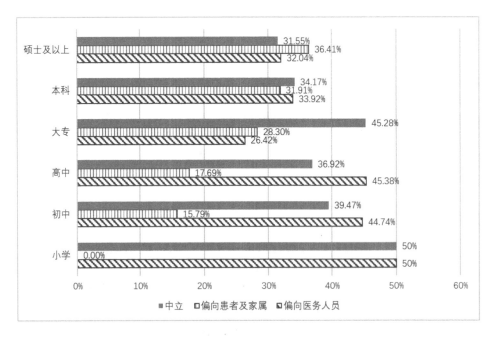

图 4-15　样本受众文化程度 * 医患纠纷报道倾向的交叉分析图

　　学历越高的受众越认为医患纠纷报道倾向偏向于患者及其家属。小学学历 0%;初中学历 15.79%;高中学历 17.69%;大专学历 28.3%;本科学历 31.91%;硕士及以上学历 36.41%。

从中发现一个现象:相当部分受众对报道的倾向有着自己的解读方式,并不按照报道写作者的本意去理解报道内容。受众倾向于认为报道偏袒自己不支持的那一方:学历越低的受众越将纠纷责任归属于医生群体,却越认为医患纠纷报道倾向偏向于医务人员;学历越高的受众越将纠纷责任归属于患者及患者家属,却越认为医患纠纷报道倾向偏向于患者及其家属。和实际报道偏向相比,受众原本的立场更为重要,受众原有的立场更大程度上影响了对医患报道倾向的解读。

受众在对医患纠纷报道的解读过程中存在"对抗式"倾向。不管是低学历的受众,还是高学历受众,始终有近 2/3～1/2 的受众认为医患纠纷报道的倾向是不公正的(这个比例随着学历的增加而不断增加),认为医患纠纷报道明显偏向对方,在为对方言说(低学历受众越认为报道偏向医生;高学历受众越认为报道偏向患者)。按照霍尔的解码方式[①],医患纠纷报道的大部分受众(50%～70%)对医患纠纷报道的解读符合"对抗式"解码。采取对抗式解码的受众占各学历层次比例为:小学学历受众为 50%;初中学历受众为 60.53%(15.79%＋44.74%);高中学历受众为 63.07%(17.69%＋45.38%);大专学历受众为 54.72%(28.3%＋26.42%);本科学历受众为 65.83%(31.91%＋33.92%);硕士及以上学历受众为 68.45%(36.41%＋32.04%)。可以发现,采取"对抗式"解读的受众比例随着学历的增加而不断增加,即意味着学历越高的受众越是采取"对抗式"的解读方式解读医患纠纷报道的倾向,学历越高的受众越认为医患纠纷报道的倾向不公正,报道倾向偏向高学历者较不支持的那一方(患者及患者家属)。

(五)受众学历越低对医患纠纷感知越少,学历越高对医患纠纷感知越多

如图 4-16 所示,学历越低的受众对医患纠纷频繁度的感知偏少,学历越高的受众对医患纠纷频繁度的感知偏多。

学历越低的受众对医患纠纷频繁度的感知偏少。学历越低的受众越认为医患纠纷"不太频繁"。硕士及以上学历 15.53%;本科学历 18.34%;大专学历 21.38%;高中学历 30%;初中学历 44.74%;小学学历 50%。

---

① 罗钢,刘象愚.编码,解码:文化研究读本[M].北京:中国社会科学出版社,2000.

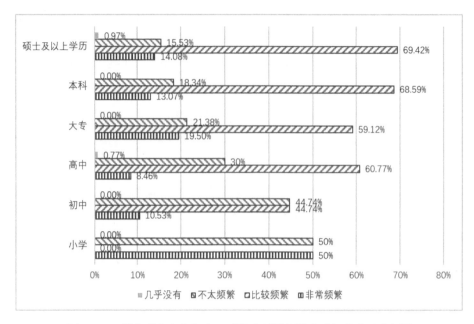

图 4‑16   样本受众文化程度 ＊ 对医患纠纷频繁度感知的交叉分析图

学历越高的受众对医患纠纷频繁度的感知偏多。学历越高的受众越认为医患纠纷"比较频繁"。小学学历 0％；初中学历 44.74％；高中学历 60.77％；大专学历 59.12％；本科学历 68.59％；硕士及以上学历 69.42％。

二、受众年龄与接受框架差异

受众年龄越大,越不愿意关注医患暴力、纠纷,更关注医患情、医学卫生知识、建议;印象中看到的医患暴力、纠纷数量相较于年轻人也较少;归因方面,年轻人越归因于信息不对称问题,老年人越倾向于归因于医生,认为医生专业水平有问题、对患者缺乏关心。

（一）受众年龄越大越不关注涉医暴力和纠纷事件,越关注医患声音和医学卫生知识

如图 4‑17 所示,年龄越大的受众越不关注涉医暴力事件和医疗纠纷事件。对医疗纠纷事件的关注度随着受众年龄的增长而衰减:18 岁以下 50％; 18～25 岁51.05％;26～30 岁 50％;31～40 岁 48.31％;41～50 岁 35.66％;50～ 60 岁 36.51％;60 岁以上 25.71％。对涉医暴力事件关注度随着受众年龄的增

长同样呈现衰减态势：18～25 岁 39.36％；26～30 岁 31.25％；31～40 岁 25.85％；41～50 岁 22.48％；50～60 岁 12.7％；60 岁以上 14.29％。可以发现，尤其 60 岁以上的受众明显不关注涉医暴力事件和医疗纠纷事件。

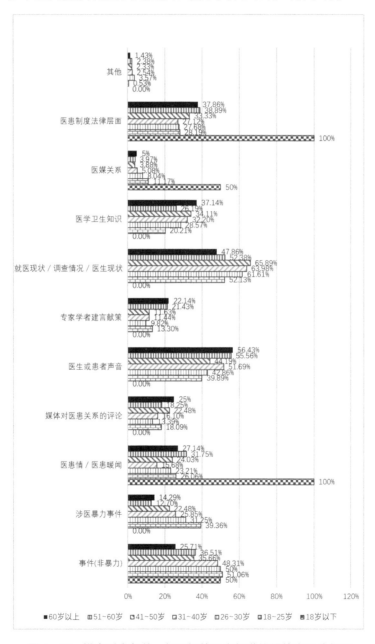

图 4‑17 样本受众年龄 * 想了解的医患报道议题的交叉分析图

年纪越大的受众越关注医生或患者声音和医学卫生知识。对医生或患者声音的关注度随着受众年龄的增长而增长：18岁以下0%；18～25岁39.89%；26～30岁42.86%；31～40岁51.69%；41～50岁44.19%；50～60岁55.56%；60岁以上56.43%。对医学卫生知识的关注度随着受众年龄的增长而增长：18岁以下0%；18～25岁20.21%；26～30岁28.57%；31～40岁32.2%；41～50岁34.11%；50～60岁26.19%；60岁以上37.14%。

（二）受众年龄越大印象中看到的医疗纠纷事件、涉医暴力事件的报道越少

如图4-18所示，年龄越大的受众印象中看到的医疗纠纷事件、涉医暴力事件的报道越少。年龄越大的受众印象中看到的医疗纠纷事件的报道越少：18～25岁60.64%；26～30岁64.29%；31～40岁61.86%；41～50岁63.57%；50～60岁54.76%；60岁以上39.29%。年龄越大的受众印象中看到的涉医暴力事件的报道也越少：18～25岁79.79%；26～30岁65.18%；31～40岁73.31%；41～50岁67.44%；50～60岁40.48%；60岁以上41.43%。明显可见，50岁以上的受众印象中看到的这两类议题的报道明显减少。

对"年龄越大的受众越不关注医疗纠纷事件、涉医暴力事件议题"进行原因推测，可能是由于年龄越大的受众主观上越不关注医疗纠纷事件、涉医暴力事件议题，所以在游览医患报道时，年龄大的受众会不自觉地忽略相关议题，造成主观上该两类议题报道较少的错觉。可以得出结论：受众本身的偏好会明显影响其对报道议题数量的认知。

（三）受众年龄越大越将医患关系紧张归因于医方，年龄越小越归因于患方

如图4-19所示，年龄越大的受众越将医患关系紧张归因在医生群体。表现在：①年龄越大的受众越将医患关系紧张归因于"医院/医生拿红包收回扣/为盈利过度治疗"比例越大：18～25岁43.09%；26～30岁44.64%；31～40岁51.27%；41～50岁51.16%；50～60岁69.05%；60岁以上67.86%。②年龄越大的受众越将医患关系紧张归因于"医生对患者缺乏人文关怀和责任心"比例越大：18～25岁23.94%；26～30岁32.14%；31～40岁30.51%；41～50岁35.66%；50～60岁49.21%；60岁以上50.71%。

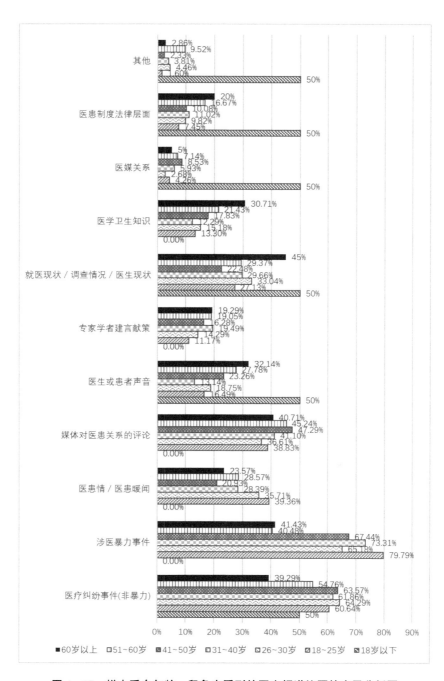

图4-18　样本受众年龄 * 印象中看到的医患报道议题的交叉分析图

图 4-19　样本受众年龄 * 造成医患关系紧张原因的交叉分析图

相对而言,年龄越小的受众越将医患关系紧张归因在患者群体。表现在:

①年龄越小的受众越将医患关系紧张归因于"患者和医生之间的医疗信息不对称"比例越大：60 岁以上 34.29%；50～60 岁 45.24%；41～50 岁 60.47%；31～40 岁 66.1%；26～30 岁 72.32%；18～25 岁 78.72%。②年龄越小的受众越将医患关系紧张归因于"患者对医学水平、医疗结果期待过高"比例越大：60 岁以上 32.14%；50～60 岁 38.1%；41～50 岁 44.96%；31～40 岁 42.37%；26～30 岁 42.86%；18～25 岁 49.47%。

把归因结果相对统一的受众进行归类，可以将受众分为三个年龄段：18～30 岁、31～50 岁、50 岁以上。年龄段内部受众态度明显趋同，年龄段之间受众态度明显趋异。从中可以发现存在 2 个年龄界限，一个是 30 岁，另一个是 50 岁。30 岁以下年轻人的态度明显趋同；30～50 岁的中年人态度明显趋同；50 岁以上老年人的态度明显趋同。如果进行简单标签式描述，30 岁以下的年轻人是"亲医派"；30～50 岁的中年人是"中立派"；50 岁以上老年人是"仇医派"。

（四）受众年龄越小越认为医患纠纷责任归属于患方，年龄越大越认为责任归属于医方

如图 4-20 所示，年龄越小的受众越认为一般情况下医患纠纷责任归属于患者或患者家属；年龄越大的受众越认为一般情况下医患纠纷责任归属于医生。

年龄越小的受众越认为一般情况下医患纠纷责任归属于患者或患者家属。一般情况下，认为医患纠纷责任归属于"多数在患者或患者家属"的被试随年龄的减小而增多：60 岁以上 12.14%；50～60 岁 11.11%；41～50 岁 24.81%；31～40 岁 21.61%；26～30 岁 20.54%；18～25 岁 33.51%。

年龄越大的受众越认为一般情况下医患纠纷责任归属于医生。一般情况下，认为医患纠纷责任归属于"多数在医生"的被试随年龄的增加而增加：18～25 岁 4.26%；26～30 岁 10.71%；31～40 岁 12.29%；41～50 岁 10.85%；50～60 岁 23.02%；60 岁以上 23.57%。

该项数据结果同样验证了年龄越小的受众越"亲医生"，年龄越大的受众越"仇医生"。

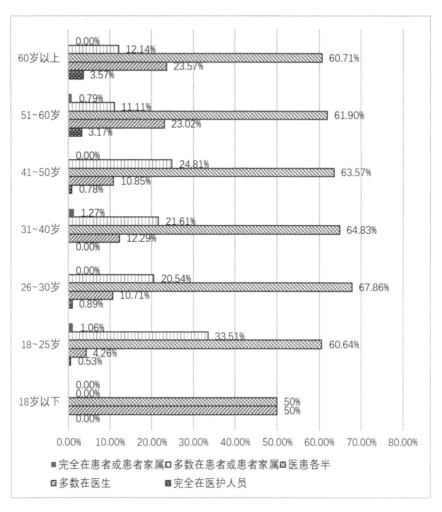

图 4 - 20　样本受众年龄 * 医患纠纷责任归属的交叉分析图

（五）受众年龄越小越认为医患纠纷报道倾向于患方，年龄越大越认为报道倾向于医方

如图 4 - 21 所示，年龄越小的受众越认为医患纠纷报道的倾向偏向患者及家属；年龄越大的受众越认为医患纠纷报道的倾向偏向医务人员。

年龄越小的受众越认为医患纠纷报道的倾向偏向患者及家属。60 岁以上 21.43％；50～60 岁 23.81％；41～50 岁 31.01％；31～40 岁 28.81％；26～30 岁 37.5％；18～25 岁 34.57％。

年龄越大的受众越认为医患纠纷报道的倾向偏向医务人员。18～25 岁 4.26％;26～30 岁 10.71％;31～40 岁 12.29％;41～50 岁 10.85％;50～60 岁 23.02％;60 岁以上 23.57％。

可以发现,越是"亲医生"的年轻受众越认为医患纠纷报道的倾向偏向患者及家属。越是"仇医生"(亲患者)的年长受众越认为医患纠纷报道的倾向偏向医务人员。即意味着,每个年龄段里都有部分受众采取"对抗"式的方式对医患报道的倾向进行解读。

采取"对抗"式的方式对医患报道的倾向进行解读的部分受众在每个年龄段里大约占 1/3 的比例。年轻人中认为医患报道的倾向偏向患者及家属的比例为:18～25 岁 34.57％;25～30 岁 37.5％。年龄大的受众中认为医患报道的倾向偏向医务人员的比例为:51～60 岁 42.86％;60 岁以上 38.57％。

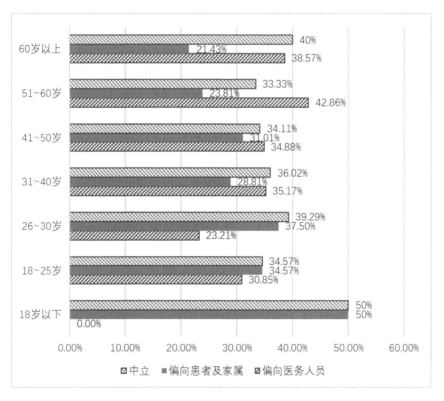

图 4‑21　样本受众年龄 ＊ 印象中医患纠纷报道倾向的交叉分析图

三、受众接触媒介时间与接受框架差异

受众浏览新闻客户端时间越长,越倾向认为我国当前医患关系紧张、医患纠纷频繁;会更加关注、主动与人讨论医患报道;且将医患纠纷责任更多归于医生群体;越认为医患报道倾向于医生。

(一)受众阅览时间越长越认为造成医患关系紧张的原因在于医院和医生

如图4-22所示,阅览时间越长的受众越认为造成医患关系紧张的原因在于医疗体制和医院医生。其中还存在一个转折期:"1小时以上"时间段,该时间内受众态度改变非常明显。表现在:①阅览时间达到1小时以上的受众越认为造成医患关系紧张的原因是"国家医改政策失败/医疗制度不完善/资金投入不够":46分钟~1小时为48.98%;1小时以上54.49%,增幅达5.51%。②阅览时间达到1小时以上的受众越认为造成医患关系紧张的原因是"医院/医生拿红包收回扣/为盈利过度治疗":46分钟~1小时为52.04%;1小时以上60.67%,增幅达8.63%。

相反,阅览时间越短的受众越认为造成医患关系紧张的原因在于患者身上。同样也存在一个转折期:"几乎不看"的时间段,该时间段受众态度改变明显。表现在:①阅览时间越短的受众,尤其是"几乎不看"的受众,越认为造成医患关系紧张的原因是"患者对医学水平、医疗结果期待过高":"几乎不看"为50%;15分钟以下为42.31%,下降非常明显,降幅达7.69%。②阅览时间越短的受众越认为造成医患关系紧张的原因是"患者和医生之间的医疗信息不对称":"几乎不看"为66.67%;15分钟以下为63.19%;16~30分钟为62.99%;31~45分钟59.54%;46分钟~1小时为62.24%;1小时以上为54.49%。③阅览时间越短的受众越认为造成医患关系紧张的原因是"患者对医生缺乏耐心及敬意":"几乎不看"为33.33%;15分钟以下为27.47%;16~30分钟为24.03%;31~45分钟20.61%。

(二)受众接触媒介时间越少越认为医患纠纷报道倾向于医务人员

如图4-23所示,从印象中医患纠纷报道倾向来看,阅览时间为"几乎不看"的受众明显认为医患纠纷报道倾向偏向医务人员,为47%,显著高于其他

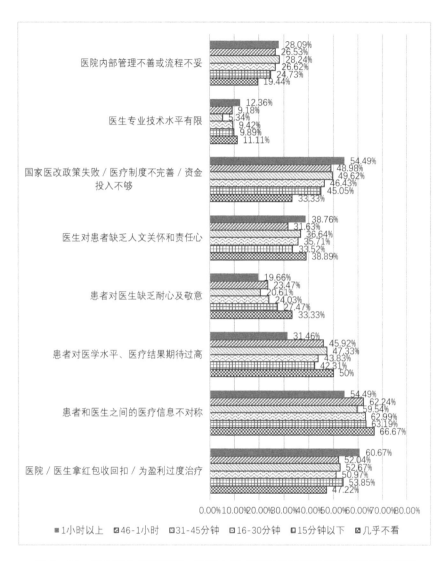

图 4‑22　样本受众阅览时间 * 印象中造成医患关系紧张原因的交叉分析图

阅览时间段的受众。阅览时间为"几乎不看"的受众很少认为医患纠纷报道倾向偏向患者及家属,为 17%。

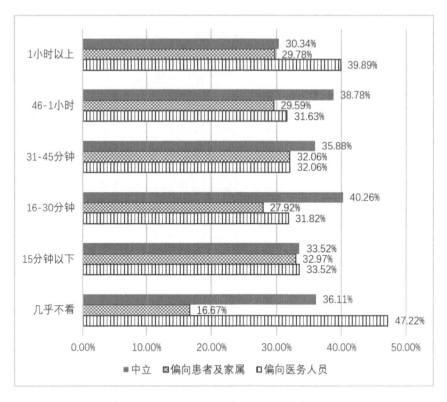

图 4 - 23　样本受众阅览时间 * 印象中医患纠纷报道倾向的交叉分析图

（三）受众接触媒介时间越长越认为医患关系恶劣

如图 4 - 24 所示，从印象中医患关系和谐度来看，有一个阅览时间段是"转折期"，即 31～45 分钟，在"转折期"后受众态度有了明显的上升和下降。

在"31～45 分钟"后，阅览时间越长的受众越认为医患关系恶劣。具体表现在"两升两降"。

"两升"分别是：①认为医患关系"非常紧张，医患关系尖锐对立"占比上升：31～45 分钟为 8.4％；46 分钟～1 小时为 18.37％；1 小时以上为 23.03％。②认为医患关系"不太好，对立对于和谐"占比上升：31～45 分钟为 41.22％；46 分钟～1 小时为 45.92％；1 小时以上为 47.75％。

"两降"分别是：①认为医患关系"一般"占比下降：31～45 分钟为 35.11％；46～1 小时为 23.47％；1 小时以上为 21.35％。②认为医患关系"较好，和谐对于对立"占比下降：31～45 分钟为 15.27％；46～1 小时为 11.22％；1 小时以上

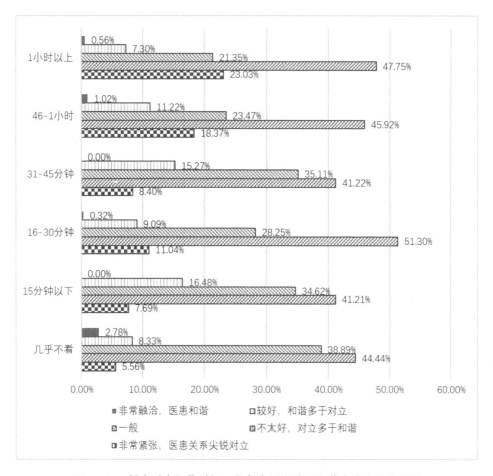

图 4 - 24　样本受众阅览时间 * 印象中医患关系和谐度的交叉分析图

为 7.3%。

（四）受众接触媒介时间越长越认为医患纠纷频发

如图 4 - 25 所示，随着阅览时间的增长，受众越觉得医患纠纷频发。具体表现在：①随着受众阅览时间的增长，认为医患纠纷"非常频繁"的占比总体增加，特别是 1 小时以上阅览时间的受众明显认为当前医患纠纷"非常频繁"，占比 20.79%，高于任意其他时间段。②随着受众阅览时间的增长，认为医患纠纷"不太频繁"的占比总体呈下降趋势。"几乎不看"为 41.67%；15 分钟以下为 23.08%；16～30 分钟为 20.78%；31～45 分钟 24.43%；46 分钟～1 小时为 17.35%；1 小时以上为 14.61%。

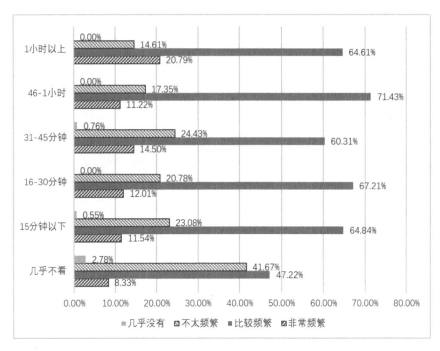

图4-25 样本受众阅览时间 * 印象中近两年来医患纠纷频繁度的交叉分析图

第四节 受众框架与媒体框架比较

一、受众关注的议题和媒体议题差异显著

如图4-26所示,受众关注的议题显著区别于媒体医患报道的议题。受众最希望了解和关注的议题是"就医现状/调查情况/医生现状"(536人,57.45%);第二位是"医生或患者声音"(48.34%);第三位是"医疗纠纷事件(非暴力)"(42.34%);第四位是"医患制度法律层面"(31.62%)。

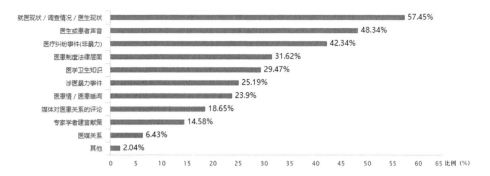

图 4－26　样本受众希望了解的医患报道的议题

　　如图 4－27 所示，三大新闻 App 客户端医患报道的前四位议题是："正面典型"（澎湃新闻、人民日报、凤凰 App 的占比分别是 33％、20％、54％）；"媒体评论"（澎湃新闻、人民日报、凤凰 App 的占比分别是 7％、34％、18％）；"涉医恶性事件"（澎湃新闻、人民日报、凤凰 App 的占比分别是 19％、16％、3％）；"医疗纠纷事件"（澎湃新闻、人民日报、凤凰 App 的占比分别是 18％、14％、6％）。

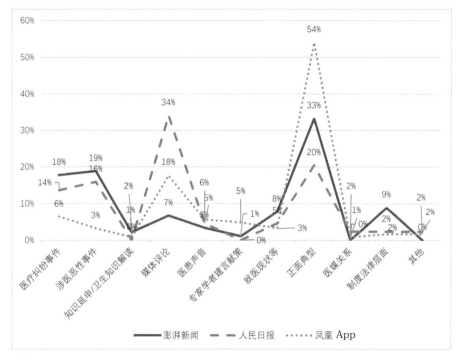

图 4－27　三家媒体 2017—2018 年医患报道议题比较图

　　除了"医疗纠纷事件(非暴力)"是受众和媒体共同较关注的议题之外,受众较关注的其他三个议题"就医现状/调查情况/医生现状""医生或患者声音""医患制度法律层面"均被媒体框架忽视。其中,"就医现状"议题在澎湃新闻、人民日报、凤凰 App 的占比分别只有 8％、5％、3％。"医生或患者声音"议题在澎湃新闻、人民日报、凤凰 App 的占比分别只有 3％、5％、6％。"医患制度法律层面"议题在澎湃新闻、人民日报、凤凰 App[①]的占比分别只有 9％、2％、2％。

二、媒体的医患暖闻议题对受众影响力有限

　　如图 4 - 28 所示,通过比较受众印象中的医患关系报道的议题和媒体实际报道过的医患关系议题,发现:媒体的医患暖闻(正面典型)议题框架对受众影响力较小。

　　在受众印象中,有三类医患报道议题是媒体报道得比较多的,按照从多至少的顺序排列,依次是"涉医暴力事件"(592 人,63.45％)、"医疗纠纷事件(非暴力)"(539 人,57.77％)、"媒体对医患关系的评论"(386 人,41.37％)。与人民日报、澎湃新闻、凤凰三大新闻 App 的 2017—2018 年医患关系报道排名 2～4 位的议题框架高度吻合。

　　但是,人民日报、澎湃新闻、凤凰三大新闻 App 中第一位议题"医患正面典型"没有成为受众印象中媒体的重要议题框架,这说明"医患正面典型"议题对受众影响力较小。

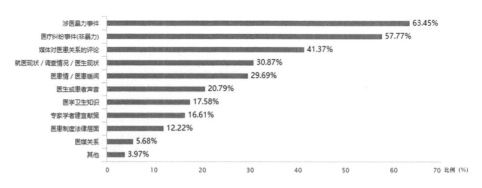

图 4 - 28　样本受众看到较多的医患关系报道议题

---

①　以下简称"凤凰"。

三、三分之一受众没有意识到医患报道倾向的转变

如图 4 - 29 所示,29.59%的调查对象认为医患报道的倾向偏向患者及家属(276 人),34.3%的调查对象认为医患报道的倾向偏向医务人员(320 人)。

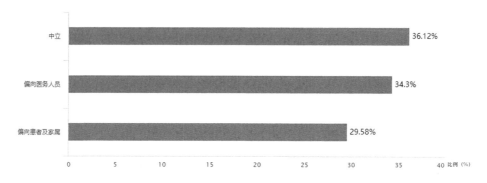

图 4 - 29　样本受众印象中医患报道的倾向

如图 4 - 30 所示,近 1/3 的调查对象(28.08%)认为近年来医患关系报道的基调偏向于患者,仍然以对医生群体的批评为主(262 人),该结果与上述《受众印象中医患报道的倾向》中受众认为医患报道偏向患者及家属的占比(276 人,29.59%)相当。

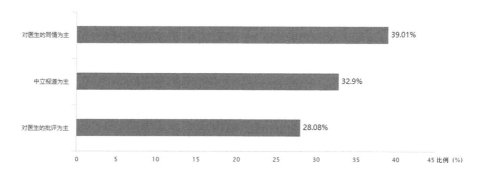

图 4 - 30　样本受众印象中近年来医患关系报道的基调

如图 4 - 31 所示,人民日报、澎湃新闻、凤凰三大新闻 App 近年来倾向于

患者的医患报道占比很少,分别只有 8％、16％、3％,与受众印象中的医患报道倾向、报道偏向相差甚远。这说明,受众没有意识到媒体近年来医患报道的倾向开始偏向于医生。

受众对媒体医患报道倾向的判断呈现平均分布现象:1/3 受众认为媒体医患报道倾向中立,1/3 受众认为媒体医患报道倾向偏向患者及家属,1/3 受众认为媒体医患报道倾向偏向医生。再看媒体框架,澎湃新闻、人民日报、凤凰近两年(2017—2018 年)偏向医生的医患报道占比分别为:38％、42％、58％,平均数为 46％,接近 1/2;偏向患者及家属的医患报道占比分别为:16％、8％、3％,平均数为 9％,不足 1/10;中立的医患报道占比分别为 39％、42％、32％,平均数为 37％,接近 1/3。

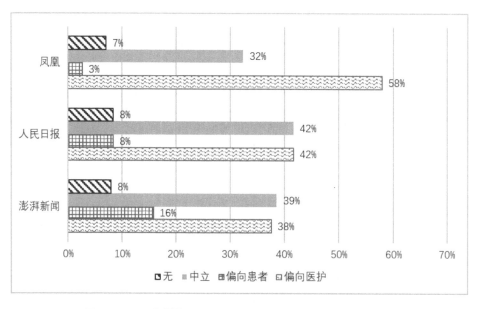

图 4‑31　三家媒体 2017—2018 年医患报道总体偏向比较图

将受众框架与媒体框架进行比较,在“中立”报道倾向上,两个框架比较接近。“偏向医生”报道倾向上,受众框架占比明显低于媒体框架占比,即受众认为的媒体医患报道倾向偏向医生的占比要明显低于实际上媒体医患报道倾向偏向医生的占比。“偏向患者及家属”报道倾向上,受众框架占比明显高于媒体框架占比,即受众认为的媒体医患报道倾向偏向患者和家属的占比要明显高于实际上媒体医患报道倾向偏向患者和家属的占比。

四、消息来源层面受众框架和媒体框架差异显著

如图 4-32 所示,患方(患者本人、患方家属)、媒体记者、网友评论是受众认为的医患报道最多引用的三大消息来源,分别占比:患方(患者本人、患方家属)(555 人,59.49%)、媒体记者(545 人,58.41%)、网友评论(468 人,50.16%)。

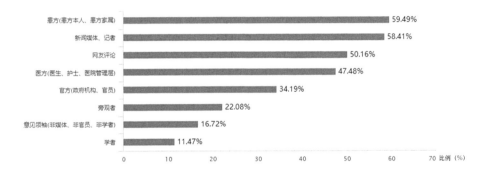

图 4-32　样本受众印象中近年来医患关系报道引用的消息来源

如图 4-33 所示,涉事医生、医院管理层、患方本人是医患报道实际上最多引用的三大消息来源,分别占比:涉事医生(人民日报 33%,澎湃新闻 18%,凤凰 12%)、医院管理层(人民日报 9%,澎湃新闻 8%,凤凰 29%)、患方本人(人民日报 16%,澎湃新闻 14%,凤凰 14%)。

对比受众框架与媒体框架发现,近年来媒体消息框架最频繁引用的涉事医生、医院管理层被受众框架明显忽视。受众印象中,患者仍然是医患报道近年来引用最频繁的消息来源。

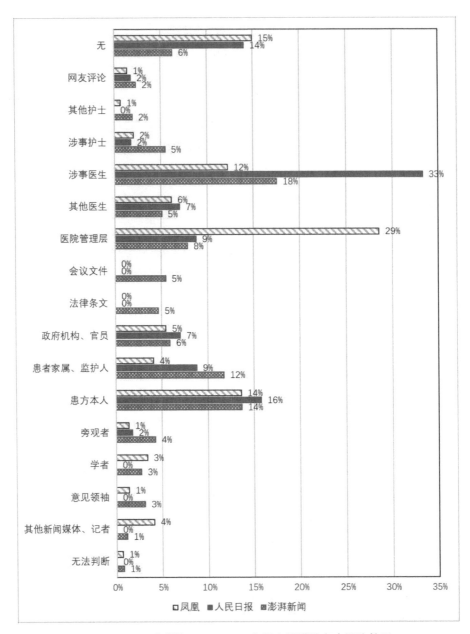

图 4‑33　三家媒体 2017—2018 年医患报道消息来源比较图

五、归因层面受众框架和媒体框架差异显著

如图 4-34 所示,患者和医生之间的信息不对称问题、医生拿红包过度治疗等道德层面问题、医改政策医疗制度等政府责任问题是造成医患关系紧张的三大原因。分别占比:患者和医生之间的信息不对称问题(569 人,60.99%)、医生拿红包过度治疗等道德层面问题(500 人,53.59%)、医改政策医疗制度等政府责任问题(447 人,47.91%)。而医生专业水平问题是受众认为最不重要的因素(仅 89 人,9.54%)。

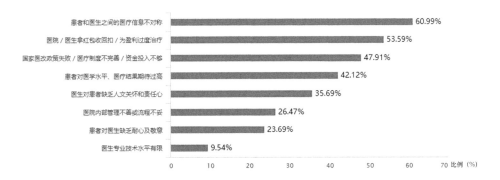

图 4-34　样本受众认为造成紧张医患关系的主要原因

如图 4-35 所示,医生的道德层面问题、医生的专业水平、政府责任是医患报道的三大归因框架,分别占比:医生的道德层面问题(人民日报 45%,澎湃新闻 33%,凤凰 71%)、医生的专业水平(人民日报 10%,澎湃新闻 21%,凤凰 10%)、政府责任(人民日报 14%,澎湃新闻 10%,凤凰 7%)。

对比受众框架与媒体框架发现,"政府责任"和"道德标准"是受众框架与媒体框架都较为认可的原因。但是,媒体框架认为比较重要的"医生专业水平"因素是受众框架认为最不重要的原因。受众框架认为比较重要的"医患信息不对称"因素是媒体框架认为比较不重要的原因。

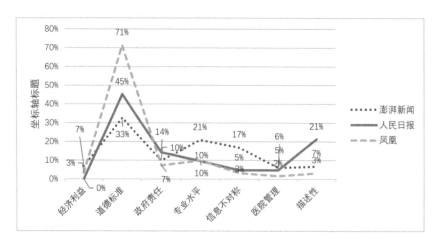

图 4‑35　三家媒体 2017—2018 年医患报道归因框架比较图

六、责任归属层面受众框架和媒体框架基本吻合

如图 4‑36 所示,绝大多数调查对象认为医患纠纷责任是医患各半(589人,63.13%)。约 22% 的调查对象认为医患纠纷责任在于患者或患者家属,其中,21.44% 的调查对象认为医患纠纷责任多数在患者或患者家属(200 人);0.64% 的调查对象认为医患纠纷责任完全在患者或患者家属(6 人)。另约14.8% 的调查对象认为医患纠纷责任在于医护人员,其中,13.5% 的调查对象认为医患纠纷责任多数在医生(126 人);1.29% 的调查对象认为医患纠纷责任完全在医护人员(12 人)。从数据结果来看,认为医患纠纷责任在医生的受众比起认为医患纠纷责任在患者或家属的受众的人数比例要少。

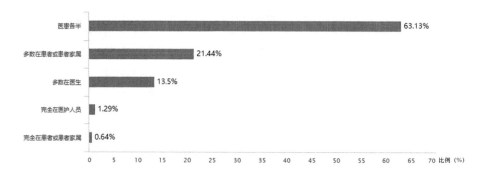

图 4‑36　样本受众认为的医患纠纷责任归属

如图 4-37 所示,近年来,近一半的医患报道是中立的(人民日报 42％,澎湃新闻 39％,凤凰 32％),大部分医患报道是偏向于医护人员的(人民日报42％,澎湃新闻 38％,凤凰 58％),少比例的医患报道偏向于患者(人民日报8％,澎湃新闻 16％,凤凰 3％)。

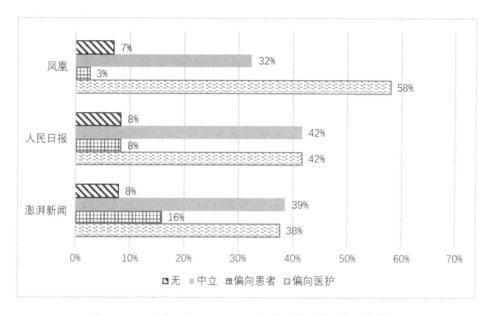

图 4-37　三家媒体 2017—2018 年医患报道总体偏向比较图

对比受众框架和媒体框架,发现两个框架基本吻合。两个框架一致认为,医患纠纷责任更应归属于患者及患者家属。

本章小结　受众框架和媒介框架间的断裂

1. 本章结论

本章对受众框架进行细分研究发现,有三项指标影响到受众对医患报道的态度,分别是:教育程度、年龄、阅览时间。

学历越低的受众越认为医患关系紧张由医生群体造成;学历越高的受众越少将医患关系紧张原因归结于医生群体。学历越低的受众越认为医患纠纷报道倾向偏向于医务人员；学历越高的受众越认为医患纠纷报道倾向偏向于患者及其家属。从上述分析来看，发现有相当比例受众对医患报道的倾向采取"对抗式"解码。即认为医患纠纷责任在于医生的低学历受众，越认为医患纠纷报道偏袒医生；认为医患纠纷责任在于患者的高学历受众，越认为医患纠纷报道偏袒患者。

由此发现，教育程度是影响受众态度的重要指标。究其原因，可能低学历受众看待医患问题更加表面化，缺乏从宏观层面深入剖析医患关系的能力。相比之下，高学历受众对医患关系的理解角度可能会更加宏观深入，从医疗体制、文化观念、医疗卫生环境等更加深层次角度去看待医患关系。

年龄越大的受众越认为医患关系紧张由医生群体造成。相对而言，年龄越小的受众越认为医患关系紧张由患者群体造成。根据归因，可以把受众划为三个年龄段：18～30 岁、31～50 岁、50 岁以上。30 岁以下的年轻人属于"亲医派"；30～50 岁的中年人属于"中立派"；50 岁以上老年人属于"仇医派"。

究其原因可能存在两方面：一方面，50 岁以上老年人是经常就医人群，接触医疗环境越多的人遇到不顺意事情的机会增加，从而产生对医生群体的不良印象。另一方面，结合上述教育程度对医患关系认知的结果进行推测，可能由于 50 岁以上老年人大多数是低学历者，符合上述低学历者对医患关系的认知特点，倾向于把医患冲突责任归属于医生群体。而年龄越低的受众相对学历也较高，符合上述高学历者对医患关系的认知特点，倾向于认为医患关系的紧张根源并不在于医生群体。

阅览时间越长的受众越认为医患关系恶劣，越觉得医患纠纷频发，越认为造成医患关系紧张的原因在于医疗体制和医院医生。究其原因，可能与早年媒体报道了大量负面医患报道有关，受众总对热点负面报道留有深刻印象。加上前文提到的受众记忆和媒体呈现之间存在断档期，受众忽略了近两年的正面医患报道。以上原因导致阅览时间越长的受众越认为医患关系恶劣。

需要指出的是，本研究样本主要在上海地区采样，以上调查结果主要说明了上海地区的市民情况，可能无法推广到全国，若要进一步掌握全国情况，需要扩大采样范围。

2. 讨论

受众框架和媒介框架存在的断裂主要表现在两方面：一方面，受众很少注意到近年来频繁出现的医患暖闻议题。另一方面,受众对医患报道倾向的解读存在"对抗性"解码。

医患暖闻体现了近年来医患报道倾向上的转变,但本章研究发现,医患暖闻对受众的影响却非常有限,受众印象中很少注意到医患暖闻的存在。究其原因,可能是医患暖闻写作手法僵化对受众缺乏吸引力。笔者对近两年 106 篇医患暖闻分析后发现,大部分医患暖闻主题都是患者赠送锦旗给医生,感谢医生挽救生命,多数配图是患者和医生站在锦旗后的合影[①]。根据此类原文出处,这类暖闻大多数是医院公众号的推文,手法老套,缺乏新意。比较好的暖闻写法,是通过纪实性体裁对医患故事进行情节描写和人物刻画,通过大量细节的堆叠,展现医生的生存境况和医患之间的浓浓情意。

受众印象中偏向医生的报道比例要明显低于实际上偏向医生的报道占比。受众认为偏向患者和家属的报道占比要明显高于实际上偏向患者和家属的报道占比。两者框架上的差异可能说明两个问题:①虽然近年来,媒体响应政府号召大力宣传正能量、主旋律,但是对受众的影响力却很有限。②"负能量"医患报道比"正能量"医患报道的传播效果要好得多。这两个问题存在内在关联性,负能量医患报道比正能量医患报道更能吸引受众眼球,即使近年来正能量报道明显增多,却引不起受众注意,导致正能量医患报道传播力有限。究其原因,可能由于负能量医患报道涉及的血腥场面和负面情绪,更能触发读者的感官神经,引发阅读快感。

相比之下,正能量医患报道惯常使用的典型人物写作手法,将医生刻板化、模式化,以及神化。在此类典型报道中,医生不再是活生生的人,而成为高高在上的神。医患典型报道中常将医生宣传成为病人牺牲自身、为大家舍弃小家、医生带病工作、女医生孕晚期高强度工作、动完手术医生猝死、为了救治病人延误自己治疗等,媒体将医生描绘成道德无瑕的神。这类医生典型报道看似是对医生的正面宣传,事实上却产生了负面影响,导致公众认为好医生就应该是这样,如果做不到就不是好医生。

媒体这种刻板的典型描写手法带有强烈的"二元意识",即好人就是完美无瑕的好,坏人就是彻底无限的恶。在相当多的正面典型报道中这种"二元意识"

---

① 　数据源自本研究对 380 篇医患报道的文本研究。

的确存在，一个医生典型人物就要尽力刻画他的好，全能的好，完美的好，不允许存在一丝瑕疵，对"医生完人"的描写和中国文化追求"圣人"的理想有关。中国文化强调"内圣外王"，一个做了"王者"的人必须得是一个"圣人"，圣人即意味着完美无缺，没有一丝缺点，中国文化向来很难接受一个真实的人，一个普通人成为王者，一个王者怎么能够是一个有着常人缺点的普通人呢？这是不能够的。

典型医患报道的"圣人化"特征可以看作中国文化"内圣外王"思想的体现。医患报道的"圣人化"给受众带来相当误解、给医生群体造成相当压力。使得受众认为好医生就该是圣人式的，如果一个医生责备、教训病人，或者是抱怨、拒绝病人，就不是好医生。同时也给医生群体带来很大压力，医生为了避免风险，会采取各种防御性治疗，多开检查以证明自身无责，尽量避免风险较大的治疗方案。

此外，近年来媒体消息框架频繁引用涉事医生、医院管理层这一点被受众明显忽视。在受众框架中，患者仍然是医患报道近年来引用最频繁的消息来源。从第二章医患报道的文本框架分析结果来看，2015年、2016年及之前的医患报道的确较为频繁地引用患者、患者家属作为消息来源，但从2017年开始有了明显的变化，2017、2018年医患报道较为频繁地引用医生群体作为消息来源。从受众角度来看，受众印象中医患报道的消息来源仍然是几年前的医患报道的主要消息来源，即患者和家属。为何几年前医患报道的消息来源会如此长久地作用于受众记忆呢？以至于当现实已经发生了变化，受众仍然执着于几年前的印象？究其原因，可能由于过去几年负面医患报道量大且性质恶劣，令受众印象深刻。"缝肛门""八毛门""走廊医生"等一系列著名的医患假新闻都属于负面报道，大部分负面报道几乎都是患者在诉说，消息来源以患者及家属为主，这些影响广泛的医患负面报道给读者留下了深刻印象。

基于此，本书提出一个假设，受众对某领域报道的印象主要受少数"关键性报道"引导，是报道的性质而非报道的数量决定了受众对某领域报道的印象。这就可以解释为什么近两年正面医患典型报道的量如此之大，但其传播影响力却有限。受众注意力有限，只能被少数几个关键事件的关键报道所吸引，受众无法关注所有的报道，而只能关注成为舆论话题的热门报道。李普曼说媒体就像探照灯，只照亮已经崭露头角的那一部分事件，或许，受众更像探照灯，只关注被媒体呈现的那几个最闪耀最惹人注目的热点事件。

第五章

新媒体技术下的医患报道改进路径

第一节 媒体层面

一、以第三方鉴定结果为证据，不偏信医患任何一方

偏听偏信是导致医患失实报道的主要原因。细考医患失实报道"八毛门""丢肾门""缝肛门"会发现，这类报道存在一个共同的特征：记者过于偏信患方，将患方说辞作为主要信源，忽视了医方和第三方权威机构等信源。可以说，偏听偏信导致了医患失实报道。新手记者在接受爆料过程中很容易受到患方激烈情绪的影响，往往会对患者产生同情，偏向采纳患方的信源。这种情况在社会条线记者(即接受社会爆料的热线记者)群体中尤为多见，社会记者(也称热线记者)不具备医院的人脉资源，在需要求证医方时，热线记者很难采访到医院和医生，因此热线记者的稿件容易出现偏向采用患方信源的情况，这就容易导致报道失衡。

此外，患者作为主动提供线索的一方，其爆料动机往往是十分复杂而现实的。常有患者试图利用媒体曝光作为谈判砝码要求医院增加赔偿额度，这种情况在涉及民营医院时更加多见。民营医院缺乏稳定患源，主要靠口碑吸引患者，如果发生了医患舆情，民营医院会倾向选择赔钱，避免影响医院口碑。医疗条线资深记者坦言："确实出现过，一些患者并非被医院欺负的那一方，也可能是想利用我们媒体平台去找医院赔钱。"[①]当患者和医院谈拢了合适的赔偿价

---

① 对澎湃新闻某资深医疗记者访谈资料，2023 年 8 月 19 日，电话访谈。

格,患者一方反过来会要求媒体撤稿,"病人反而来跟我们媒体搞,要求撤稿,或者是说不想再报道,不想我们再跟,不希望我们再写任何东西。"①患者爆料心态的复杂性要求年轻记者和热线记者对待医患爆料线索要格外警惕。当患者爆料动机掺杂过多现实因素时,患方会不自觉地倾向隐瞒对自己不利的证据。

但是,也并不意味着采访到医生就可以获得全部事实真相。医生和患者一样,总是倾向于自我保护,在面对媒体采访时,医生也会尽量避免阐述医方过失,所以,即使采访到医院和医生,也很难还原医患事件的全部事实过程。从事医疗报道十二年的资深医疗记者坦言:"经常是医院说医院有道理,患者说患者有道理。"②

当寻求第三方医生专家解答时,常会出现第三方专家因不掌握事件的具体细节,比如病历病史、病患个体情况、诊断记录,而没有办法给出确切解答。

"其他医生不了解详细情况,没有办法客观评价手术细节。你如果要去采访第三方医生,他会问你很多细节,你根本没有办法回答。除非患者自己去找到第三方医生,把所有详细诊断记录给他看。但是,病例诊断不可能把每个手术细节都记录得清清楚楚,很多细节还是只有当事医生才知道,所以即使找到了第三方专家也很难回答。"③

第三方专家不了解详细情况,无法进行客观评价,只能提供一般性、普遍性的解答,这就导致了"公说公有理,婆说婆有理,外人判不清"的局面。

因此,即使有了医患两方的信源,报道还是难以达到客观。那么,面对高度专业化的医疗议题,该如何保证医患报道的客观性和真实性呢?

大量教训与经验表明,借助第三方权威机构是保证医患报道真实性的重要途径。上海司法局下设的医疗纠纷人民调解委员会专门负责处理医疗纠纷,媒体可诉诸该机构获取定论。同时,越来越多的医院主张通过法律途径解决医疗纠纷,因此,法院和检察院提供的详细案发记录和审判书可作为媒体的主要信源依据。

复杂的医学知识形成了坚硬的信息壁垒,医患事件因而具有高度的信息不

---

① 对澎湃新闻某资深医疗记者访谈资料,2023年8月19日,电话访谈。
② 对澎湃新闻某资深医疗记者访谈资料,2023年8月19日,电话访谈。
③ 对澎湃新闻某资深医疗记者访谈资料,2023年8月19日,电话访谈。

对称性,这一信息不对称性对媒体提出了更高的要求。媒体若只采访当事双方的信源是远远不够的,诉诸第三方权威结构是保障医患报道客观性的基本要求。

二、主动推动医疗事件向明晰化方向发展,努力抵达更全面的真相

新闻要求呈现真相,但是真相却很难被定义。每个人眼中看到的真相各不相同,只有当各方的真相被完整拼凑,才有可能无限地接近真实。当事件迷雾重重时,记者有这个责任推动事件向着清晰的方向发展,并在此过程中获取全面的事实真相。

新媒体时代,一些缺乏社会责任心的媒体为了抢快发布获取流量,只截取了一个很短时间内的夺人眼球的"事实"进行描述,结果导致民愤激起,医生被污名化,医患信任遭到严重损害。虽然记者并没有撒谎,如实对所见所闻做了客观记录,但却不能说报道是客观的,因为真实并不是对"当下某一片刻发生了什么"的片面记录,而是在更长远的时间尺度上、在更广的空间范围内对"全部事实"的完整记录。

比如 2014 年 8 月某网媒首发的"湘潭产妇死亡事件"报道中称"产妇大出血眼含泪水死在手术台""医生护士全体失踪",标题中强调"产妇惨死手术台""医生护士跑路""医院称已尽全力"[①]。这些措辞并不能说是完全失实,也许记者的确是亲眼见到了产妇含泪死在手术台,手术室内没有见到医护人员,但是这"一瞬间的事实"离全部的真相却是相差甚远。事实上,产妇突发死亡率极高的"羊水栓塞",医护群体是由于害怕患者家属情绪激动做出出格行为而暂避旁室。这些关键信息并没有在报道中出现,记者只截取了"一个片面的事实"进行了重点刻画。

对片段的刻画并不能揭示完整的全面的真相,而"全面事实"的呈现需要记者对事件真相进行长期的挖掘。医疗行业具有巨大的信息壁垒,记者在没有掌握全部事实的情况下要避免断下结论。

"如果一个病人在床上,身边没有医生,嘴巴上还吐着血,这种场景资深记

---

① 新京报.产妇之死 舆论之思[EB/OL].(2014-8-14)[2023-8-20].https://www.bjnews.com.cn/focus/2014/08/14/329708.html.

者是不会去随便写的，因为这一场景背后隐藏了太多未知情况，必须把握这个场景是在什么样的情况下发生的，是否还有其他更重要的急需抢救的病例？当时医生人手是否不足？因为背后有太多你不能掌握的信息，我不会随便写一个在病床上面发生的场景，我只有在掌握这个事情的情况下再去写。"

"如果一个病人突然死在走廊里了，必须要去了解清楚当时是发生了一个什么情况，是不是病房里有更危重的病人在抢救？如果你照顾了这个病人，另外一个病人死了，又会发生什么样的场景？"[1]

有经验的医疗记者不会急于发稿，而是会主动推动事件向着清晰的方向发展，他们会利用医院的人脉资源，搭建医患沟通桥梁，或鼓励通过第三方调解机构。总之，负责任的医疗记者会想方设法弄清楚事情的来龙去脉，收集权威第三方机构结论，只有当掌握了全部的事实之后，判断该事件的确具有报道价值时，才有可能进行报道。

"在这种情况下，一般是以处理事情为主，我会给病人建议，希望他去找第三方协调机构去调解这个事情，医院能够坐下来去谈一下这个事情，或者是能让他找到律师介入这个事情。一来就可以安抚一下患者情绪，二来也可以让我们把这个情况反馈给医院。我不会为了要赶一个稿子，就急着把这个稿子发出去，因为没有这个必要，这个事情自己也不清不楚的，没有必要在这个时候为了赶个稿子，为了博点流量，急着发这个稿子。"[2]

一篇客观完整的医患报道通常是在事发 1～3 个月之后才会刊出，因为记者需要足够的时间仔细调查医疗事件发生的经过，采集相关证据，固定证据链，同时等待第三方权威机构出具结论。一般而言，1～3 个月左右的时间才有可能真实还原一个医患纠纷事件的全过程。如果媒体为了博取流量，快速发稿，就很容易产生医患失实报道。

可以说，平衡报道是保证新闻客观性的底线，但离获取真相还有距离。平衡报道并不是简单地将事实与建议分离，采纳各方信源，而是在更大程度上、更长时间上、更广范围内将事件查到水落石出，尽可能全面地把握事实真相后，再将医患双方信源、第三方证据进行合理呈现。

---

① 对澎湃新闻某资深医疗记者访谈资料，2023 年 8 月 19 日，电话访谈。
② 对澎湃新闻某资深医疗记者访谈资料，2023 年 8 月 19 日，电话访谈。

从这一层面来说,记者就像侦探一样,只是记者的委托人既不是患者,也不是医生,而是公众,记者需要对公众负责,帮助公众去辨别事实,获取真相,报告事实。

媒体的责任是弥合社会分裂,提供对话渠道,减少社会矛盾。如果为了获取流量博得眼球,而置社会责任于不顾,那么媒体不仅损害了自己口碑,也会伤害医生群体,激化社会矛盾,导致医患对立。媒体需要时刻考虑:这篇报道会产生什么样的社会效应?起到一个什么意义?

我国社会主义新闻事业应坚持"以正面宣传为主"的基本方针。医患关系作为我国医疗卫生领域较为突出的社会问题,媒体更要注重医患新闻的正面报道效果,在报道中尽量避免使用过度极端的言辞描述医患主体,以免因表达不当使受众对医生或者患者产生强烈不满看法。

同时,网络新闻工作者要注重核实网络新闻来源,在转载其他网站新闻时,尽量选取具有权威性的新闻媒体,并严格核查新闻真实性。网络媒体作为重要的新闻宣传渠道,要重视自己的作用,做一个崇尚真实的社会记录者,以自己的担当架起医患和谐的桥梁,促进社会的和谐与稳定。

三、快报事实慎报原因,动态式报道应对新媒体时代

新媒体技术的不断更迭加速了新闻生产的速度。面对新闻生产流程的不断加速,就医疗新闻而言,"快报事实,慎报原因"是一重要法门。

"快报事实,慎报原因"是指媒体应快速报道发生了什么(即事实),但谨慎报道为什么发生(即原因)。采取这种方法可以快速完成新闻发布,有效应对新媒体时代对时效性的要求。为了在短时间内完成新闻事实的筛查工作,记者和编辑对证据链的核查必须秉持一丝不苟的精神,仔细分辨、获取、核对每一项证据。

在无法获取全部新闻事实的情况下,"快报事实,慎报原因"原则要求媒体尽量只报道经医患双方确认的事实,以及病历上明确的医疗行为和医疗结果。一般而言,患方和医方通常只提供对我方有利的证据,因此,记者和编辑要做好证据甄别工作,仔细核对证据链条,筛查出双方重合的部分,甄别出双方存在异议的部分,只报道双方均认同且有证据支持的事实内容,对于有争议的部分,媒

体需进一步进行核查,拿到确凿证据之后再进行后续报道。

动态式报道是应对新媒体时代的有效方法。动态式报道会增加报道密度,扩充信源渠道,呈现更加多元的视角,动态式报道的每一次发布都有可能引发一波舆情,促发媒体进一步挖掘相关话题,报道的角度会变得更加丰富。

同时,动态式报道也会存在一些问题,比如报道会变得格外零散,每篇报道之间难以形成完整逻辑,受众需要自行进行信息拼凑才能完整了解医患事件的发展进程,这就会导致如果发生了一起医患失实报道,动态式报道对辟谣的开展可能存在某些不利因素,零散的报道形式可能会阻碍受众接受辟谣报道的速度。

四、情绪化语言的控制,理性克制的话语表达

新闻专业主义理念要求客观、公正、平衡的报道,其中最重要的就是将意见与事实分开。但是,即使一篇医患报道从字面上将事实与意见分离,字里行间仍可能存在误导性和倾向性话语,当报道语言带有明显的立场性和情绪化,会误导受众产生对医负面情绪,激化医患矛盾。因此,将意见与事实分开是保证新闻客观性的必要不充分条件。

比如"湘潭产妇羊水栓塞死亡"事件中,第一家报道此事的网媒在报道中采用了"产妇临终眼含热泪、满口鲜血""医生与护士失踪"等话语,并在标题中强调"医院称已尽力",全篇语言带有记者强烈的情绪色彩,夹杂记者个体的立场和偏好。这种语言表述虽然从表明上不存在什么大问题,"含泪""鲜血"或确是记者亲眼所见,但是对产妇临死惨状的过分刻画,加上对医护群体"失踪"这一表述的刻意强调,则会对受众产生严重诱导,引发"医生无良,遗弃遗体,集体消失,逃避责任"的印象,但是报道对于羊水栓塞之发病之急、致死率之高、事前之无法预料、医生之抢救措施等关键信息都未提及,传递给受众"产妇正常分娩却意外死亡,医生不专业逃避责任"的印象。在事后几次反转报道中发现,医生操作并不存在失误,也没有失踪。显然,首发媒体的报道话语呈现出明显的立场和鲜明的情绪化色彩。

"其首发媒体的记者在采访完家属后联系医院,院长通过电话表示自己正在汇报工作,政府已经介入,详细情况不便介绍。随后记者又与县卫生局取得

联系,获得的反馈是县政府、卫生局等已派来负责人,约死者家属、院方代表和政府代表三方在宾馆协商,但仍未达成一致。在获得以上简单回应之后,记者没有再请教专家解释病理或者等卫生行政部门给出权威调查意见,就于当天下午发出稿件,并在标题中强调'医院称已尽力',消息一出立即引发大量媒体跟进。"[1]

上述案例中,"产妇死亡,满口鲜血""医生与护士不见踪影"这类表述充斥了批判情绪,"含热泪""满口鲜血""医护失踪"这类词语充满了对患者的同情和对医护的愤恨,极其容易引导公众对医护产生不满情绪。

理性表达是在平衡性报道基础上更进一步的要求。对于医患事件,记者要格外谨慎语言的表达,一方面,因为医学问题过于复杂而专业,在没有医学专家的指导下,记者很容易产生误解。另一方面,面对患者家属强烈的情绪感染,记者难免会对患者产生同情,容易发生偏听偏信。最后,医患报道的风险放大效应远超其他领域,记者在报道医患事件时尤其要克制语言的情绪化倾向。

新闻专业主义要求的平衡报道、意见与事实分离是保证新闻客观性的底线,而理性克制的话语表达则是更高的要求。一名好记者要在平衡性报道的基础上,尽量要做到理性克制的表达,缓解医患矛盾,弥合社会分裂。"一名合格的新闻从业者不应该预设立场,在报道中'夹杂私货',传播个人观点,而要客观准确地还原新闻事件。对于那些没有经过事实求证和权威调查的信息,在报道中的措辞一定要谨慎,不可以夸大其词,更不能凭空揣测、捏造,误导受众对新闻事件的认识和判断。"[2]

记者良好的职业道德体现于避免将个人的立场、情绪和观点带入报道。记者在就医过程中难免遭遇个别的不良体验,当记者在采写医患报道时,容易带入个体经历和体验,将自身对医生群体的不满带入报道中。记者作为专业人员,在报道过程中必须将个体立场和报道事件隔离开,以第三人视角客观地进行采访和报道,平衡各方消息来源。

新闻工作者作为党和人民的耳目喉舌,应努力成为社会伤痕的弥合者,而非撕裂者;应恪守公平、公正的报道准则,在报道中摈弃和克服自己的情绪和偏

① 刘颖超.浅谈医疗题材新闻报道存在的问题及解决方法[J].新闻研究导刊,2017,8(12):150-151.
② 刘颖超.浅谈医疗题材新闻报道存在的问题及解决方法[J].新闻研究导刊,2017,8(12):150-151.

见,严格观察,深入研究;在事实没有调查清楚的情况下,不能随意发布任何倾向性的言论,努力做到忠实报道;在面对新闻事件的时候,要秉持平衡的原则,尽力客观呈现复杂而多元化的世界,促进社会和谐。

五、固定医患双方证据链,核查关键事实点

一般而言,医患双方为了借助媒体最大化自身利益,会倾向提供对自己有利的证据,因此,记者和编辑要仔细推敲医患双方说辞,反复核查关键事实点,细致审查双方提供的证据,固定证据链。自身媒体编辑坦言:"所有人给你的证据,或者给你说的话,其实都是有利于他的利益的,你需要去辨别有没有问题。"[1]事实辨别要求记者和编辑格外关注证据,医患双方的说辞需要提供证据以佐证,有时候患者会隐藏部分对自己不利的证据,记者和编辑要善于辨别,要求患者出示。

如果患者不愿提供某些证据,那么,这类患者不愿出示的证据往往是对医院有利的,这种情况下,记者就可以要求医院方出具,医院对此往往是乐意配合的。同样的,如果是医院不愿意出具的证据,有可能是对医院不利的,这时候记者可以要求患者提供。总之,记者和编辑要像侦探一样,游走在医患双方之间,对于任何一方的措辞都不能完全相信,只能相信由证据构建起的事实证据链。

"双方都不要相信,你要不但以最坏的'恶意'去揣测患者,也要以最坏的'恶意',当然我的恶意要打双引号,揣测医院和医疗机构,为什么? 因为都是利益。他只可能说对他自己更有利的事实,而隐去其他事实,但是你把两边的证词一碰,可能就能碰出最大公约数,报道最大公约数可能是比较安全的。只用最大公约数就是说你确认的事实和他的观点和他的利益无关的这些东西、事实层面的东西、医院和患者都认可的部分,所以可能报道最大公约数可能是比较安全的一种方式。"[2]

医疗事件的证据主要由病历报告和第三方机构的鉴定文书构成。除了病历之外,X光片、验血报告单、CT结果等检查结果,还有法院、检察院的口供记录和审判文书都是主要证据来源。

---

① 对澎湃新闻某资深编辑访谈资料,2023年8月17日,电话访谈。
② 对澎湃新闻某资深编辑访谈资料,2023年8月17日,电话访谈。

收集证据过程需注意不能轻信单一证据，必须掌握完整的证据链。医患双方都有可能为了隐瞒对自己不利的事实而隐瞒部分证据，记者和编辑必须要挖掘、拼凑出完整的证据链，才能最大程度还原事实真相。这就要求记者展开调查，"我们要看证据，就是要看双方提供的证据，然后我们自己去调查，很多爆料人给我的证据是对他自己有利的，我要重新走一遍，看一下你的这些东西是不是事实。"①在报道写作过程中，每一句话都要有事实和证据来支撑，从而避免被爆料者牵着鼻子走。

编辑部门在审查过程中要做一个理性主义者，不能完全相信记者，编辑要独立审核事件的全部过程。比如"肾消失门"事件，这个医患报道缺少了最关键的一个证据，就是手术后第一天的 X 光片，这张光片可以表明肾是手术后就消失的，还是几天之后消失的，如果术后第一张 X 光片显示肾存在，那么则可证明肾是术后萎缩消失的。但是，恰恰是这个最关键的证据在报道中缺失了，记者和编辑都没有做好事实核查，爆料者（患者一方）隐瞒了术后第一张 X 光片，记者和编辑并没有追要这一关键证据，记者和编辑对事实核查的疏漏是导致产生这一医患失实报道的主要原因。

"一看就知道这个里面最核心的一个工作没做，手术之后的第一张片子，其实这张片子患者隐瞒了，没有给记者，这张片子上就能看得出来，肾还在，手术之后肾是没有问题的，在的。这就是很简单的专业的能力，这个专业能力不仅仅面对医疗稿件，所有的稿件都需要专业地去判断。"②

媒体机构的每一位记者和编辑都应是理性的、冷静的。对外，记者对患者和医院提供的内容要保持高度怀疑；对内，编辑对记者也要高度"警惕"。同时，记者和编辑又要进行深度调查。对外，对患者和医方提供的事实要调查取证，分析出完整的证据链。对内，编辑对稿件中的内容要进行独立的调查，把好审查关。媒体机构内部是一个流程性系统，只要有一环能卡住，基本上就不会出现医患失实报道。

"编辑部门就是审核部门，应该要加强审核，不要只相信记者，要独立地去审核这个事件的全部过程，并且要求记者提供每一句可疑表述的证据，要对证

---

① 对澎湃新闻某资深编辑访谈资料，2023 年 8 月 17 日，电话访谈。
② 对澎湃新闻某资深编辑访谈资料，2023 年 8 月 17 日，电话访谈。

据进行核实,如果发现不合适的话就不能发布报道,要把所有的链条都给固定了,其实所有医患失实报道都是可以避免的。"①

六、拒绝妖魔化避免圣人化,还原真实的医护形象

媒体作为社会的守望者,应该引导社会舆情向着和谐方向发展,多关注、挖掘、报道正面的医患关系。近20年来,医患负面报道数量不断攀升。有实证研究发现,20世纪80—90年代我国媒体的医生形象以正面为主,主要强调医生的社会贡献,21世纪以来,媒体上的医生形象越来越趋向负面,逐渐趋向妖魔化②。本书第二章医患报道文本分析结果同样证实,至2015年医患负面报道达至顶峰。长达20年来,医患负面报道占据主流,医生收红包、态度冷漠、过度用药、过度检查、唯利是图成为报道主流,进一步恶化了医患关系。

媒介为社会公众提供了认知世界的框架。在现实的医疗行业中,大部分医患关系是较为和谐的,恶性医患事件只是少数③。医患失实报道和医患负面报道放大了医疗风险,激化了医患矛盾。

鉴于目前紧张的医患关系,媒体对于医患领域的关注焦点应该有所调整,应坚持"正面报道为主,负面报道为辅"的报道方针。媒体应明确自身的社会责任,避免污名化医生,进一步加强医患正面报道,在报道主题上多关注医患暖闻,注重宣传医生群体的敬业爱岗,无私奉献精神,营造积极的医生群体形象,这对促进公众对医学的理解,营造良好医患氛围,缓解医患矛盾,促进行业进步有着重要意义。

媒体既要避免妖魔化医生,也要避免圣人化医生。避免过度拔高医护人员的道德标准,避免过度宣扬医生损害自身健康救治病人。圣人化正面报道容易让人产生窒息感,更重要的是,它忽略了"踏实做好本职工作"的"平凡之美"。

医患正面报道应该歌颂平凡个体在平凡岗位的坚守,歌颂每个人都可以触及的由真实、人性、隐忍等词汇构建起的"平凡之美"。医护人员72小时不眠不休、生病了仍坚守岗位、永远对患者有求必应,这类宣传会营造一种不真实的医

---

① 对澎湃新闻某资深编辑访谈资料,2023年8月17日,电话访谈。
② 彭曼. 我国近期报纸医生的传媒形象研究[D].武汉:华中科技大学,2009.
③ 参考对沪上某三甲医院医生S,2023年7月25日,电话访谈。

护形象,受众在现实生活中很难遇到,会更加怀疑报道的真实性,产生抵触心理。媒体在塑造正面人物形象时应深入思考什么样的精神值得被赞扬？ 对医生群体会产生什么影响？ 对社会产生什么价值？

立体的人物形象需要"负面"细节来营造,过于完美的人设并不真实,难以走入人心。媒体可以适当呈现医护人员的多面性,比如医疗纪录片《人间世》之所以让人感到真实,就是因为它真实展现了医护人员在面对生死时的真实百态,情绪崩溃、抓狂骂人,一些"负面情绪"的细节被真实记录。医护人员也是活生生的人,对患者不遵医嘱会生气,面临生死时刻也会内心澎湃,他们有血有肉,也有很多负面情绪,人性化的"负面描写"更能展现医护人员承受的非凡压力。有血有肉的医护形象在一定程度上可以拉近公众与医护人员的距离,消除固有成见,从而改善医患关系[1]。

七、加大医疗记者医学素养培训,合理评估专家资源库价值

医学知识构建了强大的信息壁垒,在医媒之间形成了严重的信息不对称。从事医患报道的记者绝大多数不是医学专业出身,欠缺医学知识,难以和医生群体展开深入对话是影响医患报道质量的重要原因,因此,医疗条线记者需要终生学习医疗知识,持续提升医学素养。

"医疗记者要不断学习医学科普类知识,医疗是所有报道领域中专业性非常高的一个领域,通常做新闻的人不具备医学背景,医生在和记者沟通过程中习惯性使用专业术语,记者的采访时间又非常有限,因此,记者需要自行补课,查阅大量医学资料,学习消化医学知识,熟悉专业术语,形成对医学的基本理解。"[2]

医疗记者需要通过长期持续的学习才能基本理解医疗行业的复杂性。医疗记者入行时间非常漫长,3 年入门,5 年初出茅庐,10 年才算得上资深,10 年以上的医疗记者才能算对医疗行业有了较为深入的理解,才能体会医疗行业的复杂性[3]。医疗行业的复杂性超乎想象,以临床药品短缺为例,药品管理涉及

---

① 蒋玉鼐,庞晓华.新媒体环境下医患关系报道中的媒体失范与校正——以"手术室自拍"事件报道为例[J].中国记者,2015(02):87-88.
② 对澎湃新闻某资深医疗记者访谈资料,2023 年 8 月 19 日,电话访谈。
③ 对澎湃新闻某资深医疗记者访谈资料,2023 年 8 月 19 日,电话访谈。

的部门和流程非常庞大而复杂：药品生产归经信委，流通归药监局，买卖归商务委。一个药品能否进入医院不是医院能说了算的，还涉及医保问题①。医疗系统的复杂和医学知识的专业只有经过十多年的学习和实践才能体会，所以，越是资深的医疗记者下笔越是谨慎。

为了弥补医疗记者医学知识的缺失，进一步提升医患报道质量，很多学者指出，媒体应建立医学专家资源库，由专家作为中立第三方为具体医患纠纷事件提供咨询。"一旦遇到专业性较强的医疗题材报道，多听取专家库智囊的建议，请他们作为中立的第三方帮忙把关。"②"新媒体应聘请专业的医学顾问，对报道中涉及医学的相关内容进行专业把关，尤其是对于那些争议性较强的医患关系报道，必须咨询专业医学人士意见。"③

事实上，虽然媒体业界早已建立起了专家咨询库，专家也的确为医患报道提供了一定的咨询支持，但是专家库在新闻实践中的作用是有限的，最大问题是专家无法为具体的医疗个案提供咨询。一般而言，专家只对一般的普遍的情况提供咨询，比如对新冠疫情发展趋势的判断、猴痘疫情的预防建议等，但是如果涉及某个具体个案，专家并不能提供有效建议。因为专家对具体病例的病历、病人病史、个体差异等细节无法掌握，难以做出判断，只有当专家看到这一案例的所有病历才有可能给出确切建议。事实上，很多医学专家并不愿意针对某一具体案例提供意见，因为一来容易得罪同行，二来如果给出的建议和医疗事故鉴定委员会相左，会给自己职业声誉带来损失。因此，医疗结论最好由第三方权威机构给出更加合适。因此，虽然，建立专家库是媒体普及医疗知识的有效途径，但仅限于普遍性情况，对于具体个案，专家库的作用实则相当有限。

"所以如果遇到个案，我们媒体一般会采访当事双方，这边是患者及其家属，这边是医生及医院医疗机构，采访上级机构，比如说卫健委或者大学，还有采访第三方医疗鉴定机构这种方式来解决这个问题。"④

---

① 对澎湃新闻某资深医疗记者访谈资料，2023 年 8 月 19 日，电话访谈。
② 刘颖超.浅谈医疗题材新闻报道存在的问题及解决方法[J].新闻研究导刊，2017,8(12):150-151.
③ 呼东燕，李霞.新媒体环境下医患关系报道存在的问题与改进策略[J].传媒，2020(01):76-78.
④ 对澎湃新闻某资深医疗记者访谈资料，2023 年 8 月 19 日，电话访谈。

八、合理化媒体行业酬金分配机制，公共价值应回归主流

经济收入是规束个体行为的强大动因，酬金分配机制是形塑记者个体行为和重塑新闻价值标准的生成器。随着新媒体时代的来临，媒体行业的酬金分配将流量奉为圭臬，改变了原来以公共价值作为主流价值的新闻价值标准。因此，应合理化媒体行业酬金分配机制，让公共价值重新回归主流。

对记者而言，收入主要分为两大部分，一部分是基本工资，这部分收入是固定的，另一部分是奖金，这部分收入占了主要比例，这部分是浮动的。在媒体行业全面转战新媒体平台之前，奖金主要依照部门编辑的评价进行分配，编辑根据几十年积累的行业经验来判断稿件质量，主要看重报道的社会价值和社会意义。

自传统媒体全面转战新媒体平台之后，媒体机构的广告收入根据受众流量即点击率而定。假设一篇报道公共价值和社会意义很高，但是不具备刺激性元素，受众阅读量不高，那么这篇报道带来的广告收益则偏低。这种情况下，媒体行业的奖金分配机制也随之发生了变化，即改变了过去由报道的公共价值为重要依据转向了由报道的阅读量即受众点击率为依据，在新媒体新兴的那几年里，有些媒体机构甚至出现了"流量至上"式收入分配体系，即记者的收入完全由报道的阅读量来决定，彻底摒弃了报道的社会价值和公共价值等重要因素。

这一酬金分配机制造成了很多问题，不自觉地引导记者偏向撰写吸引眼球但社会价值低下的报道。比如精神病患者在人民广场裸奔这类题材成为记者竞相追逐的话题，这类题材既缺乏公共性意义也缺乏社会价值，按照新闻专业主义要求，理应不该成为记者追捧的议题，但是在新媒体时代，由于酬金机制的改变，催生出许多类似的报道。这类报道对推动社会进步没有裨益，对提升公众素养缺乏帮助，但是在经济收入的驱使下，很多记者开始陷入狂热，这是一种典型的媒体底线垮塌的表现。

新分配机制带来的后果是整个互联网医患新闻的垮塌。在传统媒体全面转战互联网的最初几年里，网络充斥着医学怪谈和奇闻异事以吸引读者点击，甚至有些记者故意制造医患矛盾以博取流量，"茶水验尿"事件就是一例。有些新闻的标题与正文内容几乎货不对版，这种伎俩与点击率的计算方式存在一定

关系,计算点击率的方式是只要受众点击,无论受众停留多久,都被算作一次有效点击。所以部分媒体为了获取流量,捏造各种耸人听闻的标题,即使受众发现被骗后马上返回退出,也帮助网站完成了一次点击率。

因此,提升医患报道质量需要完善媒体行业的酬金分配机制。近年来,一些媒体机构意识到了新酬金分配机制带来的严重后果,重新思考媒介经济收入与新闻价值之间的关系,开始逐渐回归理性。部分主流媒体开始调整记者的酬金计算方式,虽然仍把读者的阅读量算作重要参考因素,但是降低了其在酬金分配中的占比,并且提高了稿件质量的占比。如果一篇稿件具有相当高的社会价值和公共意义,即使这篇稿件阅读量偏低,编辑仍然会给予高分,促使记者愿意投入时间与精力在有价值的医患议题上。

"比如专业的健康科普,因为它太复杂了,涉及很多医学术语,社会知晓度又不高,你写得越专业就越没人看,越专业的东西阅读量就越低。"[①]媒体要承担社会责任,将公众利益和社会价值放在首位,如果过于强调经济效益,那么高价值的专业性的医学报道会大大减少。

第二节　医院层面

一、快速提供医疗事实,及时抢占舆论风口

快速提供事实是新媒体时代掌握舆论主动权的致胜圭臬。移动媒体时代,时效性是制胜关键,快速发布能够获取第一波流量,推动网络媒体不断抢快发布新闻。为了应对新媒体带来的时效性压缩,医院必须提高应对速度,缩短医疗纠纷事实的发布速度,及时抢占舆论风口。

医院需改变以往消极回避媒体的态度和做法。在前新媒体时代,医院面对媒体的采访往往消极回避,延误了第一发布时间。很多医院宁可采取私下赔偿的方式解决[②],不愿意把事情放到媒体"台面"上。这一传统应对方式在新媒体时代已然不适用,会给医院造成极大被动。

---

① 对澎湃新闻某资深医疗记者访谈资料,2023 年 8 月 19 日,电话访谈。
② 对某三甲医院匿名医生访谈资料,2023 年 6 月 15 日,电话访谈。

新媒体时代,谁能在第一时间提供新闻事实,就越有可能掌握主动。在医患纠纷中,提供新闻线索的通常是患者及其家属,虽然媒体会主动致电医院要求采访,但是面对医院普遍的拒绝,媒体往往无法获得医院方的说辞。新媒体技术的发展压缩了新闻生产的流程,放大了失衡报道的危害,如果医院无法在第一时间及时回应,网络媒体的报道会容易偏向患者,造成社会舆论"一面倒"现象。

因此,医院应完善医患事件的响应机制,提高响应速度,第一时间展开调查,主动提供医疗事实,及时抢占舆论风口,降低社会公众的误解。

事实上,绝大多数医疗纠纷起因于医患沟通,而不在于医疗技术。医生在治疗过程中是否向患者及家属解释清楚医疗知识和诊疗手段、是否交代清楚医疗风险是引发医患纠纷的主要原因。从事医疗新闻十二年的资深记者对此感受颇深:"大多数医患矛盾都是因为医生沟通,医生觉得这个问题太专业了,跟没有医学基础的老百姓解释不清楚,懒得跟你解释。"[1]"医患矛盾基本上都是沟通问题,医生可能少说了一句话,或者不愿意回答患者问题,或是态度比较差,就很容易引起医患纠纷。因为医疗技术导致的医患纠纷的比例,在临床上是很少的。"[2]

良好的医患沟通是增强医患理解的有效方式,能够从源头解决医患纠纷。比如,通过医患沟通情景剧训练医护人员的沟通技巧,通过模拟新闻发布会提高医护人员的媒介素养,邀请患者家属担任志愿者减少医患矛盾增进医患理解等。

加深医患沟通和医媒沟通是破解医患纠纷的首要途径。医院应加速提升医患纠纷的调查时间,缩短通稿刊发时间。医院应尽量在事发当天就给出统一口径,让记者在最短时间内拿到医院口径,能有效规避医患失实报道,提升医患报道质量。

二、普及医学常识通俗化医学术语,减少信息不对称

医患矛盾很大程度上是由于信息不对称导致的,减少医学信息不对称不仅

---

① 对澎湃新闻某资深医疗记者访谈资料,2023年8月19日,电话访谈。
② 对澎湃新闻某资深医疗记者访谈资料,2023年8月19日,电话访谈。

是减少医患矛盾的关键,也是降低医媒误解,提升医患报道质量的命门。

在医疗关系中,医生是掌握专业知识的信息强势方,患者是信息弱势方;在医媒关系中,医生是掌握专业信息的专家权威,媒体则是信息弱势方,所以,信息不对称不仅体现在医疗行为中,也体现在医患事件的媒体报道和解读中。

医学知识构筑起了坚硬的专业壁垒,医疗事故鉴定机构作为利益共同体,往往倾向于医院方。资深媒体编辑坦言,就其从业经历而言,很多时候医疗事故鉴定机构出具的医疗鉴定可能是不利于患者的[①]。医学知识复杂艰涩,医生通常不愿解释,即使解释了,患者和记者均难以完全理解。

如何降低医疗信息的不对称? 第一,医院宣传部门应努力普及医疗常识,将医学知识通俗化,这项工作实际上就是向公众解释医学知识。上海瑞金医院宣传部在这方面的做法值得借鉴。该院宣传部从新闻选题开始着手精挑细选,选择"新"且"奇"的话题,比如"全国最新""上海第一",采用讲故事手法展开线索,以故事来带人物,用真实发生的事件来引导描述事实[②]。再如丁香园这类医学公众号,通过漫画等手段形象地将复杂的医学知识、医学术语通俗化,向公众进行医学科普。

第二,对医生群体而言,提升对患者和媒体的医学科普能力是十分重要的。医生只接受了医学教育,并不具备传播医学知识的能力,导致很多医患矛盾是由沟通问题催化的,因此,医学知识的通俗化正变得越来越重要,"以前的医生不大了解通俗化的重要性,现在医生也慢慢开始有这个意识了。医生光技术高超算不得一个好医生,好医生一定是把复杂的医学问题讲得很明白的,让病人听得懂才是好医生。"[③]

第三,医院应适当提高医疗信息的透明度,在一定范围内公开病历,供监管部门、医学专家、患者本人联网查阅。部分医院为了掩饰医疗事故中医院方的过失,不愿意将病历电子化,一定程度上增加了第三方监管机构的核查成本,拖延了调查时间。一般而言,一个医疗事故的调查过程短则需要1~2月,长则需要一年,这种速度根本无法适应新媒体时代媒体报道的需求。资深医疗记者坦

---

① 　对澎湃新闻某资深编辑访谈资料,2023年8月17日,电话访谈。

② 　对瑞金医院党委宣传员朱凡访谈资料,2018年8月27日,瑞金医院。

③ 　对澎湃新闻某资深医疗记者访谈资料,2023年8月19日,电话访谈。

言,"医疗事故鉴定委员会的报告出来之后,我们根据报告结果做报道会好一点。但是在新媒体时代其实是很难的,为什么?因为报告出来可能都是几个月后或者一年之后了,等待的时间非常漫长。"①在合理范围内适当公开病历,可以提高监管机构的调查效率,加快调查结果的公布,帮助医院在第一时间把握舆论风口,澄清误解,赢得社会信誉。

三、主动提供新闻线索,对媒体进行议题反向设置

风险社会中的某些信号会通过媒体放大器的作用变得更强,信号涟漪会波及相关群体和行业,产生无法预估的后果,卡斯帕森将这一现象称为"风险的社会放大效应"。医疗事件是极其容易被风险放大的社会信息,医疗涉及每一个人,关系到生命健康,涉及面广且意义重大,因此,医疗信息,尤其是医患矛盾、医疗事故尤其容易被风险放大。

面对风险放大效应,医院对媒体进行议题设置的能力尤为重要。公众的网络漫游往往是无目的性的,容易受到网页前几页或热搜提供的信息影响,而对于更进一步的信息,受众往往并没有兴趣去深究。利用这种受众心态,企业和机构会采用在各类渠道投放大量正面报道来冲淡一则负面报道的做法来实施公关。

面对医患失实报道易被放大的风险效应,医院可以采取类似方式来平衡医生群体在公众心目中的形象。近期,自媒体因种种原因出现了为博流量而哗众取宠的医患负面新闻,破坏了医护人员的良好社会形象,这一现象就蕴含着社会风险放大效应,医院可以运用信息对冲的方法,主动设置议题,弱化风险放大效应。

医院应主动提供新闻线索,反向设置报道议题,运用大量正面报道对冲负面报道带来的放大效应。比如上海一些三甲医院曾邀请媒体跟踪采访医生坐诊过程,记者朋友们至今对此印象深刻,"夏天就医高峰医院邀请去体验医生生活,跟着医生坐班,体现医生和家属的苦和累,医院很会找典型呢,给你找个大肚子医生。"②"记得早些年,东方早报有一个记者想去体验医生情况,那个时候儿童医院,给她找个二胎妈妈医生,她从早上 8 点到中午 12 点病人都看不完,

---

① 对澎湃新闻某资深编辑访谈资料,2023 年 8 月 17 日,电话访谈。
② 对新民网卫生条线记者 L 访谈资料,2018 年 7 月 26 日,人民广场来福士商场星巴克。

你一看,真的是心疼!媒体这种报道能够让病人也看到医生的不容易,患者等了4小时,医生里面一刻不停一个班,其实是更辛苦的,换取互相理解。"[1]还比如瑞金医院参与医学纪录片《人间世》拍摄,直击医患双方面临生死考验时的艰难抉择,以及医生与死神的分秒抗争,真实展现了医生面临的种种医学难题和人情困境,经由理性的表达和换位思考,再现了医生群体的真实生存现状。除此之外,医院还可以主动向媒体提供新闻线索展现医患暖情,或者针对医师节策划系列报道活动等。

利用新媒体发声也是医院参与议题设置的有效方法。微信公众号、微博、抖音等平台赋予了医院强大的发声渠道,涌现出了一批拥有大量粉丝的医学类公众号,对媒体议题的设置产生了一定的推动作用。比如"急诊科女超人""烧伤科超人阿宝""成都下水道"等账号通过幽默敢言的语言风格吸引了一大批粉丝,凝聚了强大的舆论号召力,为医疗记者提供了丰富的新闻线索,并为媒体后续的深度报道提供了信源渠道。

就医生个体而言,医生可通过自媒体平台搭建患者沟通群,打造个人品牌。医生团队通过搭建患者微信群,提供出院患者以健康咨询、健康宣教、医生出诊等信息,设置医学小助手及时回答患者提问以减少患者就诊次数。这种"准人际沟通"方式在上海三甲医生群体中逐渐萌芽。在问诊结束或病人出院时,医护会主动要求患者加入医生个人微信群,为患者提供多样化的医学信息咨询服务。医生对"个人品牌"的打造拉近了患者和医生之间的情感,增进了医患沟通,增加了患者黏性,减少了医患误解。在医患矛盾高发的当下,医生个人信息平台的构建有效抵御了风险放大效应,为准人际式群体内部的积极议题设置提供了经验参照。

第三节　社会公众层面

一、合理化对医期待,缓解医患矛盾

公众对医期待过高是导致医患关系紧张的重要原因之一,合理化公众对医

---

[1]　对新民网卫生条线记者L访谈资料,2018年7月26日,人民广场来福士商场星巴克。

期待是促进医患理解的重要途径。患者对医期待主要包括对医疗水平的期待、对医疗服务的期待和对生存渴望的期待，具体表现为如下三方面。

第一，公众对医学水平的过高期待与有限的医疗水平之间存在张力。医学发展至今，很多疾病仍无法治愈。北京大学肿瘤医院的主任医师张晓东说，人类90％左右的疾病无法治愈[①]。更多医生承认，疾病自愈主要依靠病人自身的免疫系统[②]。美国医生特鲁多更是将"偶尔治愈，常常帮助，总是安慰"作为墓志铭，试图阐明：医生只能治愈少数疾病，常常以帮助病人为职责，总是安慰病人以对抗疾病的勇气。患者普遍对医学水平抱有过高期待，患者的高期待和医学水平的低现实之间的差距加剧了医患关系的矛盾。因此，媒体应加大医学科普力度，降低受众对医的过高期待，有利于降低医患纠纷的发生。

第二，公众对医疗服务的性质定位和医疗服务实质之间的矛盾。市场经济带来的消费观念已深入人心，公众普遍把就医过程当成一种消费行为，将医疗服务视为一种商品，将医生视为服务提供者。"商品化社会让人们养成了'花钱就要见效'的观念，却忽略了医疗不同于其他商品买卖。"[③]事实上，医疗和教育一样，是一种高智力的特殊服务，不能被视为普通的商品消费，不是"花一份钱就能得到一份货"。医疗存在个体差异，不同患者的基础疾病、身体素质、精神状况不同，都会导致同一种治疗方案对同疾病患者的治疗效果不尽相同。个体差异超出医生控制范围，医生只能根据每位患者的不同反应及时调整治疗方案。公众对医疗服务的过高期待和医疗服务现实之间的差距加剧了医患关系的内部张力。

第三，公众的生死观念与生命周期之间存在张力。长久以来，中国儒家文化强调现世的重要性，对死后世界避而不谈，孔子说："未知生，焉知死"，儒家文化拒绝讨论身后世界，缺乏对身后世界的具体想象。中国文化的现世性强调关注当下这一生，这种对现世的强烈渴求和对死亡的逃避，致使公众对"生"过于执着，对"死"强烈排斥，病患普遍怀有"横着进医院，站着出医院"这类强烈念想。即使患者已经病入膏肓，家属仍然抱有强大的对生的渴求，希望医生妙手

---

① 环球健康.90%的疾病都无法治愈,我们该如何与它相处?[EB/OL].(2017-05-14)[2023-8-7]. https://baijiahao.baidu.com/s? id=15664746464722439&wfr=spider&for=pc.

② 复旦大学附属儿科医院医生访谈资料,2023年5月18日,电话访谈.

③ 罗筑娟.医疗报道伦理失范问题及其改进策略[J].采写编,2017(02):50-51.

回春,患者能够起死回生,期盼家人能够康复离院。当患者家属对生的强烈渴求超出了医生能力和医学水平时则容易引发医患矛盾。

综上所述,患者及家属对医疗水平、医疗服务和生存渴望的过高期待和医学现实之间的张力是导致医患关系紧张的重要原因。提高公众对医疗卫生行业的基本认知,提升公众的医学素养;了解医学的个体差异性,理解医学局限性;降低公众对医学不切实际的期待水平,合理化公众对医疗行业的期待,是进一步缓解医患矛盾的努力方向。

二、发挥病友组织力量,科普医学知识

医学科普是打通医患信息壁垒的重要方式,医学科普需要全社会的参与,仅依靠媒体是远远不够的,因此,我们需要挖掘、动员更多的从事医学科普的专业组织。病友组织是一支重要的医学科普力量。病友组织有各种类型,如某一疾病类型的病友组织,比如淋巴癌病友组织、乳腺癌病友组织、双相情感障碍病友组织等;不同组织主体的病友组织,比如病友本人或家属的病友组织、医生组织的病友组织、公益基金组织的病友组织、药企组织的病友组织。

目前,国际上比较著名的病友组织是美国的 PatientsLikeMe 平台,患者可以上传自己的病历,平台会给出诊疗建议。国内比较著名的病友组织包括"淋巴瘤之家",该平台可供患者上传病历,分享就医经历,推荐医生和医院,提供淋巴瘤患者康复交流渠道,增进患者对淋巴瘤知识的了解,是淋巴瘤患者的温馨家园。另一个著名的病友组织是专注于肺癌的"51奇迹网",该平台病友可以分享病史,获得肺癌治疗知识、肺癌药物介绍、肺癌饮食安排等。病友可以在这些平台找到病症相似的病友,交流治疗经验,核实医疗诊断,获得优秀医生信息,分享最新药品信息和康复手段,更重要的是获得心理安慰和精神支持,重燃战胜疾病的信心。

病友组织具备丰富的医学知识和治疗经验,是推动大众理解医学的重要群体。病友组织和医生关系紧密,在和医生群体的交流过程中获得了前沿的医学知识,同时,作为患者本身,病友组织主动学习,查阅相关文献,善于深入浅出地向病友解释深奥的医学知识,弥补了医生群体在医学科普上的普遍缺失。资深医疗记者坦言:"有时候我们会采访一些患者组织,我们有一些健康知识也是从

患者组织那边获得,包括有一些病的诊疗误区,其实都是患者组织在帮病人和家属在做一些推广。"①

病友组织对患者具有强大的凝聚力,病友科普对患者具有良好的说服效果。共同的疾病遭遇使彼此更能互相理解和共情,病友的治疗经验和诊疗教训带给其他患者实用的参考价值。患者对病友具有天然的亲近感,比起媒体机构,病友组织的医学科普具有更明显的说服效果。在病友群体中,病友组织的影响力和辐射力大大超过了传统媒体。

病友组织不仅有利于患者了解医学知识,也有利于医生提高诊疗水平。对医生而言,病友组织便于医生集中进行科普和患者教育,更便利地收集各方面数据,通过数据对疾病的认识更加准确全面,提高临床诊治水平,为精准医疗提供数据保障。同时,通过病友组织的医学科普,患者对疾病有了更深的理解后,会在一定程度上降低医患冲突,缓解医患矛盾。

三、提升公众的媒介素养,完善社会舆论监督机制

在人人都拥有麦克风的时代,受众的媒介素养格外重要。媒介素养既涉及受众评估、理解信息的能力,更涉及质疑、批判信息的能力[②]。新媒体时代,互联网信息鱼龙混杂,大量虚假信息充斥着网络。谣言止于智者,高媒介素养者通过澄清、提出质疑,可以在一定程度上阻止医患谣言的扩散。可以说,受众对信息的筛选能力和质疑能力决定了一则医患失实报道的破坏力和影响力。

然而,我国网民的媒介素养却普遍低下。据 2020 年 4 月第 45 次《中国互联网络发展状况统计报告》统计数据显示,"从网民结构来看,年龄结构中 10～19 岁的群体在整体网民结构中占比 19.3%,中学生群体(26.9%)位列职业结构第一,而初中学历(41.1%)远高于高中专技校(22.2%)和大学专科及以上(19.6%),青少年网民占相当大比例。"[③]网络的迅速普及改变了过去以精英为主体的受众组成。如今,我国网民构成存在以下两个明显特征:一是整体学历偏低,初中学历占比最高;二是整体年龄偏低,中学生群体占比最高。

---

① 对澎湃新闻某资深医疗记者访谈资料,2023 年 8 月 19 日,电话访谈。
② 欧阳霏. 网络媒体医患报道的失衡现象研究[D].济南:山东师范大学,2018.
③ CNNIC.第 45 次中国互联网络发展状况统计报告[EB/OL].(2020－04－28)[2023－6－24]. https://baike.baidu.com/item.

随着各阶层网民不断涌入互联网,受众的媒介素养亟待提高。"受众媒介素养缺失主要表现在对传播者形象的盲目迷信或全盘否定、受众独立意识模糊产生传媒依赖、混淆传播媒介创造的拟态环境和客观环境、难以辨别纷繁庞杂的传播内容、传播效果方面产生信息恐慌等"①。据此,提升受众的媒介素养可考虑从如下几方面着手:①提高受众对信息的选择能力;②提高受众对信息的理解能力;③提高受众对信息的评估能力;④提高受众对信息的质疑能力;五提高受众的传播能力。

提高受众的媒介素养,可有效遏制涉医谣言的扩散。自媒体时代,每个人都可参与新闻生产,很多涉医谣言是由网民捏造的。比如,在新冠疫情期间,曾有网络谣言称"确诊钢琴老师教了100多个学生""上海某区正进行全员核酸检测""喝白酒、吃大蒜、黄桃罐头能够预防新冠病毒""抗原体检线越深体内病毒含量越多""戴了口罩会导致肺部结节",等。2020年新冠肺炎疫情防控以来,仅北京市公安局,就查处了编造、传播涉疫谣言类案件450起,采取刑事强制措施33人,行政拘留97人,作其他处理405人②。谣言传播的危害之大可见一斑。网民媒介素养缺乏不仅会导致谣言泛滥,还会进一步影响更多网民的立场。有研究表明,受众对医患新闻的评论会影响其他受众的态度。阅读了支持医生的评论的受众显著地更支持医生群体,阅读了支持患者的评论的受众显著地更支持患者群体③。受众的立场是如此轻易地受到他人影响,从中折射出公众普遍地缺乏对新闻的独立判断能力和分析能力。

就提升公众媒介素养的策略,学者提出"网民需要以'无害原则'为基础,在互联网传递信息时做到对国家、社会、公民无害,以此作为基本的道德准则。"④本书据此提出三个具体策略:①通过确认新闻的发布来源,来判定新闻的可信度。一般而言,国家主流媒体和权威机构发布的报道可信度较高,中央级媒体包括人民日报、新华社、人民网、新华网、央广网、中青网、中国日报网、光明网,

---

① 刘敏. 媒介生态视阈下的新闻平衡报道研究[D].上海:复旦大学,2012.
② 人民资讯.严打疫情谣言! 链家员工造谣被刑拘,学生PS检测报告被处罚[EB/OL].(2021-01-26)[2023-7-16]. https://baijiahao.baidu.com/s? id=1689911803081336682&wfr=spider&for=pc.
③ 王晓虹,周楚.医患纠纷报道在线评论与受众对医态度关系研究[J].新闻大学,2019(08):44-60+122.
④ 官田田.医患纠纷报道的媒体失范问题[D].呼和浩特:内蒙古大学,2015.

以及省级主流媒体《北京日报》《解放日报》《新华日报》《浙江日报》等。②提高法律意识和社会责任意识，避免随意转发网络上的轰动新闻，待权威机构确认后再进行传播，可有效避免谣言和失实报道的影响范围。③提升受众对信息的获取能力、分析能力、评价能力和传播能力。包括利用媒介技术收集、筛选、获取权威信息；在海量信息中辨别出信息价值的高低，对信息的事实提供、逻辑分析给出判断；对信息内容进行批判和质疑；对信息进行加工、制作、发布和传播。

第四节　政府层面

一、加强对新闻行业的支持力度，留住高端医疗新闻人才

近年来随着自媒体兴起，传统媒体逐渐式微，新闻行业人才流失严重，大量资深记者转行互联网和自媒体行业。行业的式微导致新闻学类专业录取分数线下降，影响了生源质量。行业人才流失、生源质量降低，对我国新闻业的长期发展带来了负面冲击。

媒体行业是劳动密集型产业，人才是最重要的资源。高端人才不断流失，资深记者的培养需要大量时间，新手又不具备足够经验，"好的记者都跑了转行了，媒体又培养不出来好的记者。"①传统媒体的人才体系出现了青黄不接的状况。

关键位置的资深记者一旦流失，其人脉、经验和资源均无法传承，一整个条线可能会崩塌。媒体行业不同于工厂流水线，采取的是独立的"工作坊式"生产方式，关键位置的资深记者一旦离职会带走一整个条线的人脉和资源，无法换个人交接后就直接上手。

"比如说我虽然把这些机构、委办局、医院联系方式交给你了，但是因为我跟他的私人关系非常好，所以他能给我料。如果交接了，你跟他没有构成生产关系，人脉这个东西是没有办法交接的，所以新手就要重新去建立关系。"②

医疗记者培养周期很长，3 年还是新手，5 年才算入门，长达十几年的人脉

---

① 对澎湃新闻某资深编辑访谈资料，2023 年 8 月 17 日，电话访谈。
② 对澎湃新闻某资深编辑访谈资料，2023 年 8 月 17 日，电话访谈。

和经验的积累才能培养出一个独掌条线的资深医疗记者。所以,一旦关键的资深医疗记者离职则会对该媒体机构医疗条线的报道产生毁灭性打击。

　　资深记者的丰富经验有助于保障医患报道质量,新手记者处理报道选题经验不足会在很大程度上影响医患报道质量。两者在操作医患选题时的路径差异很大,资深记者一接触到选题就能判断出关键证据有哪些,从哪里可以获得证据? 采取什么样的方式可以既保护自己又获取内幕? 优秀的记者具备严谨的逻辑、丰富的人脉,下手迅速,事实排摸清楚,用业内人的话来形容"资深记者明白套路,经验变成了一种记忆性东西,一拿到题目就知道怎么做了"①。相较之下,新手记者对选题一头雾水,人脉缺乏,不知从何下手,"虽然都是记者,但是差异太大了。新手根本无从下手,他都不知道怎么去做"②。表现在医患报道上,新手容易被爆料者(患者)"牵着鼻子走",放松了事实核查,疏于对证据链的收集和固定。

　　面对媒体行业人才流失现象,国家应该出台相关政策扶持媒体行业,提高媒体从业人员基本薪资待遇,不断优化媒体行业酬金分配机制;提高记者的社会地位,提升媒体从业人员的职业荣誉感;提供媒体从业人员高质量交流学习机会,增加工作自主性,保证人才队伍的发展壮大。

二、加强对医疗短视频内容的把关,加大对失实报道的问责力度

　　这两年短视频异常火爆,医学类短视频铺天盖地,但这一繁荣背后却存在严重隐患。有些医学短视频七拼八凑,断章取义,传播了错误医学理念;有些医学短视频内容偏激,观点极端,打着医学旗号销售药品;有些短视频请来网红,点评明星长相,制造容颜焦虑;有些医学短视频请来假医生披上白大褂,危言耸听,兜售三无养生产品。

　　目前,国家对短视频入驻平台缺乏完善的审核机制,给予大量医美机构、生物药品制品公司、个人营销号钻空子的机会,打着医学旗号疯狂输出。这些机构借助短视频平台夸大医学事实,放大医疗矛盾,捕风追影,故意制造社会焦虑,激化医患矛盾,其真实目的是为了获取经济利益。

---

① 对澎湃新闻某资深编辑访谈资料,2023 年 8 月 17 日,电话访谈。
② 对澎湃新闻某资深编辑访谈资料,2023 年 8 月 17 日,电话访谈。

短视频审核机制的缺位导致主流媒体被自媒体牵制,产生了"谣言在前面跑,真相在后面追"的局面。自媒体造谣 1 分钟,主流媒体辟谣 5 年。自媒体的一则医学谣言可以在短时间内迅速传遍全网,越是耸人听闻的谣言越是传播迅速。主流媒体辟谣则耗尽心力,记者需通过大量走访调研,取得权威说法后才能谨慎公布,导致主流媒体的回应总是"慢一拍"。更重要的是,有时辟谣效果却不理想,公众对某一话题的兴趣持续时间实则很短,当主流媒体花费大量时间发布了辟谣报道之后,公众的阅读兴趣却已经淡化了。

因此,政府相关部门需要完善对医疗短视频的把关机制。主要包括如下几方面:①加强对医学类短视频发布机构和个体身份的资格审查,严查非医学类专业机构和个体冒充医生和医疗机构发布医学类短视频。杜绝商业机构或网红以医生的身份在短视频平台推广医药产品和医疗信息。②加强对医疗短视频内容的审核,对于涉及医疗、医患、美容、整形等内容的短视频要加强内容审查,查处虚假内容和不实信息。③鼓励权威医学专家入住短视频平台科普医学信息,对虚假信息形成对冲。

此外,应加大对网络媒体医患失实报道的问责力度。调研发现,网络媒体是医患失实报道的始作俑者,一些网络媒体为了迎合热点,获取流量,降低了医患报道的审查门槛。有些网络媒体甚至策划医患事件,故意炒作医患假新闻。

导致假新闻难以杜绝的原因之一是此种做法收益很大,犯错成本却不大。一则网络假新闻能在短时间内获得巨大流量,为网络媒体带来可观的经济收入,但是对失实报道的处罚却相对较轻。主流媒体的资深编辑坦言:"一般而言,行业内部的行政处罚就是删稿并道歉,然后国家新闻出版署会罚款,这样就可以了。"①

对此,本书提出如下建议:第一,如已发布存在问题的医患报道,相应的媒体应主动纠错,建立媒体自查自纠机制,杜绝医患失实报道再次发生;第二,有关监管机构当以事实为依据、以法律为准绳,向相关责任方追究法律责任,并在行业内部整顿规范,以儆效尤;第三,如医患双方因不实报道而受到实质性侵害,有关媒体应当承担一定的经济赔偿。

---

① 对澎湃新闻某资深编辑访谈资料,2023 年 8 月 17 日,电话访谈。

主要参考文献

[1] BREED W. Social control in the newsroom: a functional analysis[J].
Social Force,1955(33):323 – 325.

[2] CHYI H I, MCCOMBS M E. Media salience and the process of framing:
coverage of the columbine school shootings. Journalism and Mass
Communication Quarterly,2004,81(1):22 – 35.

[3] DAVID H W. Thoughts on agenda setting, framing and priming[J].
Journal of Communication,2007(57):142 – 147.

[4] ENTMAN R M.Framing:toward clarification of a fractured paradigm[J].
Journal of Communication,1993,43(4):51 – 58.

[5] EPTEIN J E. News from nowhere: television and the news[M].New
York: Random House,1974.

[6] FISHMAN M.Manufacturing the news[M]. Austin: University of Texas
Press,1980.

[7] GAMSON W A,et al.Media& the social construction of reality[J].Annual
Review of Sociology,1992(18):373 – 393.

[8] GAMSON W A, MODIGLIANI A. The changing culture of affirmative
action[J].Research in Political Sociology,1987(3):143.

[9] GANS H J.Deciding what's news[M]. New York:Free Press,1979.

[10] TUCHMAN G. Making news by doing work: routinizing the
unexpected[J]. The American Journal of Sociology,1973,79 (1):110 –
131.

[11] TUCHMAN G. Making news: a study in the construction of reality [M], New York: The Free Press,1978.

[12] GITLIN T. The whole world is watching [M]. Berkeley, CA: The University of California Press,1980.

[13] GIBER W. Across the desk: a study of 16 telegraph editors [J]. Journalism Quarterly,1956(33):422 - 432.

[14] GOFFMAN E. Frame analysis:an essay on the organization of experience [J].Contemporary on Temporary Sociology-a Journal of Reviews,1981, 10(1):60 - 68.

[15] GREGORY B. A theory of play and fantasy: a report on theoretical aspects of the project of study of the role of the paradoxes of abstraction in communication[J].Psychiatric Research Reports,1955,12(2):39 - 51.

[16] HIRSCH P M. Occupation, organization, and institutional model in mass media research: toward and integrated framework[J]. In HIRSCH P M, Miller P V. Strategies for Communication Research. CA:Beverly Hills,1977.

[17] TANKARD J W.The empirical Approach to the study of media framing. In.REESE S D,. GANDY O H, GRANT A E. Framing public life: perspectives on media and our understanding of the social world[M]. New Jersey: Erlbaum,2003.

[18] LAWRENCE R G.Game-framing the issue:tracking the strategy frame in public policy News[J].Political Communication,2000,17(2):93.

[19] LEWIS D. Newspaper gatekeepers and forces in the news channel[J]. Public Opinion Quarterly,1967,31(1):61 - 68.

[20] USHER N. Marketplace public radio and news routines reconsidered: between structure and agents[J].Journalism,2012,9(13):1 - 16.

[21] ELIASOPH N.Routines and the making of oppositional news[J].Critical Studies in Mass Communication,1988,5(4):313 - 334.

[22] NORRIS P.The restless search light:network news framing of the post-

cold war world[J].Political Communication,1995(12):357-470.

[23] REESE S D,Gandy O H,Grant A E. Framing public life[M]. Mahwah: Erlbaum,2001.

[24] SCHEUFELE D A.Framing as a theory of media effects[J].Journal of Communication,1999(49):101-120.

[25] SEMETKO H A，VALKENBUR P M. Framing european politics：A content analysis of press and television news ［J］. Journal of Communication,2000,50(2):93-109.

[26] SHOEMAKER P J，REESE S D.Mediating the message：theories of influence on mass media content[M]. New York：Longman,1991.

[27] GAMSON W A，MODIGLIANI A. Media discourse and public opinion on nuclear power:a constructionist Approach[J].American Journal of Sociology,1989(95): 1-37.

[28] WHITE D M.The gatekeeper:a case study in the selection of news[J]. Journalism Quarterly,1950,24(4):383-390.

[29] WOLFSFELD G.Framing the intifada:people and media[M].Norwood, NJ:Ablex,1993.

[30] 安维复.社会建构主义:后现代知识论的"终结"[J].哲学研究,2005(9): 60-67.

[31] 伯纳·罗胥克. 制作新闻[M]. 姜雪影,译.台北:台北远流出版事业股份有限公司,1994.

[32] 陈阳.框架分析:一个亟待澄清的理论概念[J].国际新闻界,2007(4):19-23.

[33] 党明辉.公共舆论中负面情绪化表达的框架效应——基于在线新闻跟帖评论的计算机辅助内容分析[J].新闻与传播研究,2017(4):41-63.

[34] 杜涛.框中世界:媒介框架理论的起源、争议与发展[M].北京:知识产权出版社,2014.

[35] 冯菊红.中国医疗保险制度改革之我见[J].中国科技信息,2008(17):305-306.

[36] 古斯塔夫・勒庞.乌合之众:大众心理研究[M].何道宽,译.北京:北京大学出版社,2016.

[37] 简宁斯・布莱恩特,道尔夫・兹尔曼.媒介效果:理论与研究前沿[M].石义彬,译.北京:华夏出版社,2009.

[38] 盖伊・塔奇曼.做新闻[M].麻争旗,等译.北京:华夏出版社,2008.

[39] 罗钢,刘象愚.编码,解码:文化研究读本[M].北京:中国社会科学出版社,2000.

[40] 黄旦.传者图像:新闻专业主义的建构与消解[M].上海:复旦大学出版社,2005.

[41] 沃尔特・李普曼.公众舆论[M].阎克文,江红,译.上海:上海人民出版社,2006.

[42] 陆健泽.医生职业形象:论涵化理论的流变——以成都市受众的调查结果为案例[J].东南传播,2015(12):77-79.

[43] 迈克尔・帕伦蒂.美国的新闻自由[M].韩建中,刘先琴,译.郑州:河南人民出版社,1992.

[44] 潘忠党.架构分析:一个亟需理论澄清的领域[J].传播与社会学刊(香港),2006(01):17-46.

[45] 石慧敏.媒体医患关系报道的受众心理分析[J].青年记者,2011(36):46-47.

[46] 孙彩芹.框架理论发展35年文献综述[J].国际新闻界,2010(9):18-24,62.

[47] 唐闻佳.3·14西藏报道中的国际媒体分化形象分析[J].国际新闻界,2008(5):38-42.

[48] 托德・吉特林.新左派运动的媒介镜像[M].张锐,译.北京:华夏出版社,2007.

[49] 万小广.论架构分析在新闻传播学研究中的应用[J].国际新闻界,2010(9):6-12.

[50] 王敏.从"常规"到"惯习":一个研究框架的学术史考察[J].新闻与传播研究,2018,25(09):68-80,127.

[51] 王培培.近年新闻传播领域框架理论研究综述[J].青年记者,2009(21):
53-54.

[52] 王晓虹,周楚.医患纠纷报道在线评论与受众对医态度关系研究[J].新闻
大学,2019(08):44-60,122.

[53] 徐璐,杜伟钊.医疗类新闻报道倾向性研究[J].新闻爱好者,2011(15):
32-33.

[54] 夏倩芳,张明新.新闻框架与固定成见:1979—2005年中国大陆主流报纸
新闻中的党员形象与精英形象[J].新闻与传播研究,2007,14(2):29-41.

[55] 张志安.新闻场域的历史建构及其生产惯习——以《南方都市报》为个案
的研究[J].新闻大学,2010(04):48-55.

[56] 臧国仁.新闻报道与真实构建:新闻框架理论的观点[C].政治大学传播学
院,传播研究集刊,1998(12):36.

[57] 臧国仁.新闻媒体与消息来源:媒介框架与真实建构之论述[M].台北:三
民书局,1999.

[58] 臧国仁,钟蔚文.框架概念与公共关系策略——有关运用媒介框架的探析
[J].广告学研究,1997(9):99-130.

[59] 钟智锦.医患关系如何影响遵循医嘱行为:人际沟通的视角[J].学术研
究,2018(04):67-73.

索引